Schulz   Ökologie und Recht

Ökologie und Recht

Herausgegeben von Dr. Lorenz Schulz

Carl Heymanns Verlag KG · Köln · Berlin · Bonn · München

Das Werk ist urheberrechtlich geschützt. Die dadurch begründeten Rechte, insbesondere die der Übersetzung, des Nachdruckes, der Entnahme von Abbildungen, der Funksendung, der Wiedergabe auf photomechanischem oder ähnlichem Wege und der Speicherung in Datenverarbeitungsanlagen bleiben vorbehalten.

© Carl Heymanns Verlag KG · Köln · Berlin · Bonn · München 1991

ISBN 3-452-22098-2

Gedruckt von der Nettesheim Druck GmbH, Köln

Inhalt

Einleitung 1

Wilhelm Vossenkuhl
Ökologie und Ethik 9

Peter Cornelius Mayer-Tasch
Statt Vorsorge Nach-Sorgen. Das Präventivprinzip in der
internationalen Umweltpolitik 21

Rudolf Rengier
Überlegungen zu den Rechtsgütern und Deliktstypen im Umweltstrafrecht   33

Günter Heine
Verwaltungsakzessorietät des Umweltstrafrechts.
Rechtsvergleichende Funktionsanalysen – unbestimmte Rechtsbegriffe –
Reichweite von Genehmigungen 55

Michael Lehmann
Umwelthaftungsrecht: Ein Beitrag zur Internalisierung von negativen
externen Effekten 81

Reiner Schmidt
Umweltschutz als Verfassungsgebot 91

Keiichi Yamanaka
Umweltkatastrophen, Massenprozesse und rechtlicher
Ökologieschutz in Japan 105

Lorenz Schulz
Die Zeit drängt. Überlegungen zum Problem von Zeit und
beschleunigter Geschwindigkeit und ihrer Bedeutung im Recht 127

Wissenschaft im Dialog e.V. 165

Hinweise 167

Einleitung

> »...mit welchem Recht hat man hier eigentlich dekretiert, daß nur der 'homo sapiens' um seiner selbst willen Achtung und Rechtsschutz verdienen könne?« (Fritz von Hippel)

Drei entrindete, tote Bäume hingen an einem monumentalen Holzkreuz, das den Besucher der Vorlesungsreihe »Ökologie und Recht« empfing, die im Jahre 1990 von der interdisziplinären Vereinigung Wissenschaft im Dialog e.V. und der Münchner Stadtbibliothek im Münchner Kulturzentrum Gasteig veranstaltet wurde. Anders als ihr Vorbild wollte diese Kreuzigungsgruppe des ausgehenden zweiten Jahrtausends keine Hoffnung mehr wecken. Der Tod der Bäume, die stumm vom Leiden des sterbenden Waldes zeugten, kann nicht die Schuld der Menschheit kompensieren, wie es nach der biblischen Offenbarung und der kirchlichen Überlieferung der Kreuzestod Jesu von Nazareth tat. Die Verurteilten gemahnen an ein Gerichtsverfahren, dessen Ausgang nicht von Restitution und dem Beginn der Heilsgeschichte berichtet, sondern vom »Ende der Vorsehung« (C.Amery). Fragen drängen sich auf: Widerfuhr der gekreuzigten Kreatur Gerechtigkeit? Wurden ihre Rechte geachtet? Mußte sie sich selbst verteidigen oder wurden Fürsprecher zugelassen? Kam sie überhaupt zu Wort, war es nicht ein Prozeß, wie ihn Kafka beschrieb?

Diese Fragen bildeten die Folie, vor deren Hintergrund der Besucher die Schwierigkeiten von Philosophen und Juristen verfolgen konnte, diesen Konflikt zwischen Mensch und Natur zu analysieren und ethisch oder juristisch lösbar zu machen. Im Verlauf der Reihe wurde erkennbar, daß solche Fragen in kaum zu unterschätzendem Ausmaß auch die Fachwelt beschäftigen, selbst wenn für sie bei diesem Prozeß kaum noch auszumachen ist, wer Täter ist und was Tat, was Verantwortung heißt und wieweit der überkommene Schuldbegriff noch zu sinnvollen Ergebnissen führt.

Anliegen der Vorlesungsreihe »Ökologie und Recht« war es zunächst, Beiträge zum Stand der wissenschaftlichen Diskussion zu geben und diese damit voranzubringen. Darüberhinaus diente diese Veranstaltung, die mit Absicht nicht in den Räumen der Universität München stattfand, sondern in der weiteren Öffentlichkeit des Münchner Kulturzentrums, der Vermittlung zwischen Wissenschaft und Alltag. Daß beides gelang, lag zuerst an den Referenten, die durchweg der doppelten Anforderung, einen substantiellen Beitrag in allgemeinverständlicher Weise zu geben, genügten – eine Leistung, die gerade in Kerngebieten der juristischen Dogmatik der Bemerkung wert ist. Nicht zuletzt trug zum Gelingen ein überraschend großes Publikum bei, das sich sowohl an juristisch und philosophisch vorgebildeten Studenten, Dozenten und mit dem Thema praktisch Befaßten, als auch zu einem guten Teil aus interessierten Laien zusammensetzte, die sich nicht nur der Mühe der Information unterzogen, sondern auch kritisch mitwirkten.

Der vorliegende Band dokumentiert diese Reihe mit Beiträgen, die für diesen Zweck zum Teil erheblich überarbeitet wurden.

1. Zur Einführung gibt der Bayreuther Philosoph Wilhelm Vossenkuhl einen Überblick über die ökologische Ethik. Dabei wendet er sich gegen den Eindruck, dieser Zweig der Ethik sei eine neue, eine Alternative zur traditionellen Ethik. Neu sei allerdings, daß mit den natürlichen Lebensbedingungen nun eine zusätzliche Dimension der äußeren Bedingungen des moralischen Lebens erschlossen würde. Zu den klassischen Voraussetzungen des guten Lebens, dem individuellen Können und der sozialen, gesellschaftlichen Verträglichkeit, sei eine weitere Bedingung hinzugekommen. Dies entspreche der Fortführung einer geistesgeschichtlichen Entwicklung von der Antike über Mittelalter zu Moderne, die die Einsicht fördert, »daß das moralisch gute Leben und das Überleben der menschlichen Moralität von den natürlichen Voraussetzungen abhängig sind. Eine Voraussetzung dieser Einsicht ist, daß die Natur nicht nur als Gegenstand, mit dem wir richtig oder falsch umgehen, verstanden wird.« Deshalb dürfe sich die Ethik auch nicht dazu hergeben, dienstfertig Risiken wie das Betreiben von konventionellen Kraftwerken oder Atommeilern zu sanktionieren, die ethisch schlechterdings nicht zu rechtfertigen seien.

Diese Position zieht Konsequenzen für das juristische Argumentieren nach sich, mag auch das Verhältnis von Ethik und Recht im Detail offen bleiben. Versteht man nämlich die Natur nicht nur als Gegenstand, sondern als Bedingung des Rechtslebens, so ergibt sich die Frage, ob man der Natur nicht Rechtspositionen zuerkennen muß, die im Verlauf der historischen Entwicklung zunächst Individuen und später sozialen Gebilden zugesprochen wurden.

2. Der Vortrag des Münchner Politikwissenschaftlers Peter Mayer Tasch zum Verhältnis von Recht und Umweltpolitik gerät zu einer beeindrukkenden Philippika gegen das Fehlen einer nationalen und internationalen präventiven Umweltpolitik. Zwar bekenne man sich seit Mitte der siebziger Jahre in Regierungserklärungen zum Vorrang der Prävention, doch zeige bereits ein einfacher Zahlenvergleich den Status des Umweltschutzes an: Der Verkehrsetat der Bundesrepublik betrage das Hundertfache des Umweltetats. Unbestimmte Rechtsbegriffe und salvatorische Klauseln trügen zum eklatanten Auseinanderfallen von Absicht und Tun bei. Dieses Mißverhältnis setze sich auf europäischer und internationaler Ebene fort. Eine wirkliche präventive Politik, die sich nicht in »symbolischer Politik« erschöpft, bedürfe innenpolitisch in erster Linie eines weiter zunehmenden Drucks einer umweltbewußten Bevölkerung auf die Träger der politischen Willensbildung und außenpolitisch vor allem der Atmosphäre einer friedlichen und freundlichen Koexistenz.

3. Wie Konzeptionen selbständiger Rechtspositionen der Natur praktisch werden können, untersucht im strafrechtlichen Kontext der Konstanzer Strafrechtler Rudolf Rengier anhand der Frage, ob es unter den Rechtsgütern des Umweltstrafrechts nicht-anthropozentrische, strikt ökologische gibt. Der Rechtsprechung und herrschenden Lehre folgend, macht Rengier in den Normen des 28. Abschnitts des Strafgesetzbuches in vielen Tatbeständen »ökologisch anthropozentrische« Güter aus, legt allerdings Wert auf die Feststellung, daß es dazu erst mit der Novellierung des Umweltstrafrechts zu Beginn des letzten Jahrzehnts kam, während zuvor das Umweltstrafrecht rein anthropozentrisch orientiert war. Heute seien insbesondere bei § 227 StGB auch administrative Rechtsgüter anzuerkennen, die freilich über das Umweltverwaltungsrecht gleichfalls eine ökologisch-anthropozentrische Schutzrichtung haben. Daß die Entwicklung zum ökologischen Strafrechtsschutz fortschreite, sei nicht auszuschließen. Schon heute finde man vor allem im Bereich des Naturschutzes besonders augenfällige Rechtsgutskomponenten, bei denen der Bezug zum Menschen in den Hintergrund trete. Am Beispiel des § 325 StGB (Luftverunreinigung und Lärm) illustriert Rengier, wie wenig sich die Frage nach dem Rechtsgut allerdings vorderhand auf praktische Entscheidungen auswirken kann. Ob man im Rahmen dieser Norm neben der menschlichen Gesundheit und der menschlichen Umwelt auch die (Reinheit der) Luft und die (rekreative) Ruhe als selbständige Rechtsgüter betrachte, mache nur in reichlich fiktiven Fällen einen Unterschied, dann nämlich, wenn z.B. jemand auf einer Insel eine Lärmmaschine betreibe,

die nur dort eine Gesundheitsbeschädigung verursachen kann, allerdings Erholung suchende Schwimmer die vordem gesuchte Nähe der Insel meiden läßt. Im Ergebnis sei der Streit um den anthropozentrischen Bezug ohne praktische Bedeutung, da es auch bei einem rein ökologischen Rechtsgüterschutz letztlich um den Menschen gehe.

Vermuten läßt sich, daß ein Votum für ökologische Rechtsgüter den Bereich der Strafbarkeit ausdehnt. Über das abstrakte Gefährdungsdelikt hinaus einen neuen Deliktstypus des »Kumulationsdeliktes« zuzulassen, wird von Rengier abgelehnt. Er verwehrt sich allerdings auch gegen eine Einengung der Pönalisierung von abstrakten Gefährdungen durch die Figur eines »konkretabstrakten« oder »potentiellen« Gefährdungsdelikts. Eine Klausel, wonach die allgemeine Gefährdung im konkreten Fall zu prüfen ist, sei jedenfalls im Bereich der Abfallagerung verfehlt. Anerkannte Maßstäbe einer sicheren Lagerung könne es hier nicht geben.

4. Der Vorschlag eines »Kumulationsdelikts« gehört zu den Versuchen, einen Weg aus dem Dilemma der Summations-, Distanz- und Langzeitschäden zu finden, das durch das neuartige Gefahrenpotential der Industriegesellschaft in einem Strafrecht entsteht, das auf die Verletzung klassischer Rechtsgüter abstellt: »Denn Ursachen-Wirkungszusammenhänge zwischen Umweltbeeinträchtigungen und Schädigungen des menschlichen Lebens, der Gesundheit bzw. von Sachen sind«, so führt der Freiburger Strafrechtler Günter Heine aus, »teils nicht hinreichend erforscht, teils noch nicht genügend abgesichert. Jedenfalls aber sind die spezifischen Bedingungen, unter denen eine Umweltbelastung zu Schädigungen führt, noch nicht ausreichend bekannt, um hieraus für das Strafrecht relevante Folgerungen zu ziehen.« Wenn auch Heines Beitrag der Verwaltungsakzessorietät und der Verwendung unbestimmter Rechtsbegriffe im Umweltstrafrecht gilt und er auf die Frage der Gefährdungsdelikte nicht eingeht, verwahrt er sich gegen einen allzu rigorosen Umweltschutz im Strafrecht, z.B. gegen die diskutierten Vorschläge einer betrieblichen Gefährdungshaftung, einer Beweislastumkehr oder besonderen Durchsuchungsrechten. Wie andere spricht auch er kritisch von symbolischer Gesetzgebung. Die Anregung, diesen Abschnitt aus dem Strafgesetzbuch zu eliminieren, führe nicht weiter, da der symbolische Wert eines im 28. Abschnitt des Strafgesetzbuches zusammengefaßten Umweltstrafrechts nicht zu unterschätzen sei. Dieser Wert drohe aber vor allem durch eine politisch motivierte Erhöhung der bestehenden Strafdrohungen in einem faktisch leer laufenden Umweltstrafrecht in symbolischen Unwert umzuschlagen.

Die Verwaltungsakzessorietät analysiert Heine anhand von drei Regelungsmodellen, die sich aus einem internationalen Vergleich ergeben, nämlich dem klassischen absolut verwaltungsabhängigen Strafrecht und einem relativ verwaltungsabhängigen sowie einem verwaltungsunabhängigen Strafrecht, das mit den konkreten Menschen betreffenden Gefährdungsdelikten einhergehe. Heine votiert für die vermittelnde Lösung, da das rigorose Modell eines unabhängigen Strafrechts aufgrund der ungelösten Kausalitätsprobleme nicht greife: »Der Nachweis eines Zusammenhangs zwischen Umweltbelastung und konkreter Gefährdung ist angesichts kumulativer, summierender, ja häufig länderübergreifender Effekte von Emissionen und Einleitungen überaus schwierig zu führen; dies nicht zuletzt auch deshalb, weil derartige Wirkungszusammenhänge naturwissenschaftlich noch nicht hinreichend erforscht sind.« Demgegenüber erlaube die relative Verzahnung von straf- und verwaltungsrechtlichen Vorschriften sowie die Verwendung zulässiger unbestimmter Rechtsbegriffe jenen »vergleichsweise offenen, eher unbestimmten Normtypus«, der im Umweltrecht – einem »latenten Recht auf Zeit« – am meisten Erfolg verspreche.

5. Daß die Kausalitätsprobleme weiterhin einer Lösung harren, stellt der Münchner Zivilrechtler und Ökonom Michael Lehmann selbst in Hinsicht auf den inzwischen bereits Gesetz gewordenen Vorschlag einer Gefährdungshaftung im Umwelthaftungsrecht fest. Dem Wortlaut nach biete sich zwar die Regelung des § 830 BGB an: »Haben mehrere durch eine gemeinschaftlich begangene unerlaubte Handlung einen Schaden verursacht, so ist jeder für den Schaden verantwortlich. Das gleiche gilt, wenn sich nicht ermitteln läßt, wer von mehreren Beteiligten den Schaden durch seine Handlung verursacht hat«. Diese Vorschrift greift allerdings nicht. Das liegt nicht nur an der geforderten gemeinschaftlichen Begehungsweise, sondern vor allem an der Voraussetzung, daß ein Verursacher imstande ist, den gesamten Schaden zu verursachen.

Die Ansicht, das Zivilrecht sei keine geeignete Rechtsmaterie, um den präventiven Umweltschutz voranzubringen, teilt Lehmann vor allem in Hinblick auf die zunehmende Gefährdungshaftung nicht. Er moniert allerdings, daß die Verabschiedung des vorliegenden Entwurfs einer solchen Haftung im Umweltbereich nicht nur unnötigerweise verschleppt wurde, sondern der Entwurf auch im Schutz der Umweltmedien Wasser und Luft/Boden ohne zwingenden Grund differenziere.

6. Die Diskussion um selbständige Rechtspositionen der Natur wird auch im Verfassungsrecht praktisch, wie der Beitrag des Augsburger Ver-

fassungsrechtlers Reiner Schmidt zum Umweltschutz im Grundgesetz demonstriert. Dieser wendet sich zunächst gegen Versuche, aus dem Grundgesetz in seiner gegenwärtigen Form eine verfassungsrechtliche Pflicht des Staates zum Umweltschutz abzuleiten. Anhand der vorliegenden Vorschläge zur Inkorporation des Umweltschutzes als Staatszielbestimmung macht er die Differenz zwischen anthropozentrischen und transanthropozentrischen Ansätzen deutlich. Während der Entwurf des Bundesrates zu einem neuen Art. 20 a GG von den »natürlichen Lebensgrundlagen des Menschen« spricht, liest man im Entwurf der SPD-Fraktion nur von »natürlichen Lebensgrundlagen« ohne anthropozentrischen Zusatz. Der Gegensatz zwischen beiden Sichtweisen werde allerdings entschärft, wenn man berücksichtige, daß die Verfassung den Menschen als obersten Wert ansehe und damit der Anthropozentrik nicht zu entkommen sei: »Menschliche Interessen würden aber verkürzt und sogar falsch definiert, bezöge man sie nur auf die jetzt und hier feststellbaren wirtschaftlichen Interessen. Sie sind vielmehr allumfassend, im Hinblick auch auf langfristige Bedürfnisse und ökologische Interessen der Nachwelt zu bestimmen und sie hindern keineswegs die Anerkennung des Eigenwerts der Natur.«
Schmidt befürwortet aus diesem Grunde die Inkorporation einer entsprechenden Staatszielbestimmung. Mit der Hinwendung zum ökologischen Präventionsprinzips werde der Staat zum Umweltstaat.

7. Japans Umweltrecht wird seit einigen Jahren gerne Vorbildcharakter zugesprochen. In seinem abgewogenen und kritischen Überblick korrigiert der renommierte japanische Strafrechtler Keichi Yamanaka von der Kansai Universität in Osaka diesen Eindruck. Im Zentrum seiner Ausführungen findet sich der Vorschlag eines »epidemiologischen« Kausalbegriffs, der in vielen japanischen Zivilprozessen bereits Anwendung gefunden habe. Die Epidemieforschung will nicht die Mechanismen einzelner Viren oder Bakterien erklären, sondern aus der Makro-Betrachtung Massenphänomene untersuchen. Davon ausgehend, nennt Yamanaka vier Voraussetzungen für ein derartiges Kausalurteil, bei deren Vorliegen man man von einer Kausalität sprechen, die weder dem Gedanken des Beweisübergewichts (preponderance of evidence) noch einer Beweislastumkehrung entspreche. Auch wenn damit ein genuiner Kausalitätsbegriff vorliegt, mag jedoch in strafrechtlicher Hinsicht vorgebracht werden, was Rengier der Einführung eines Kumulationsdelikts vorhält: daß damit nämlich Bagatellschäden (bis hin zum Urinieren im Schwimmbad u.ä.) uferlos kriminalisiert werden.

8. Nach den dogmatisch orientierten Beiträgen, die den Schwerpunkt dieses Bandes bilden, ist der abschließende Beitrag des Herausgebers einem Aspekt der ökologischen Probleme gewidmet, der die Misere fast auswegslos erscheinen läßt: die Beschleunigung der Zerstörung von Welt und Umwelt. Anhand des Themas »Die Zeit drängt« erfolgt dabei eine Grenzwanderung zwischen Philosophie und Recht. Ausgehend von der Erfahrung, daß es »kurz vor zwölf« ist, wird nach den Formen der Erfahrung der Akzeleration und nach ihrer Bedeutung für das Recht gefragt. An die Darlegung der Phänomene von Geschwindigkeit und Beschleunigung als hervorstechender Merkmale der Moderne und ihrem Niederschlag im Recht schließt sich die These an, daß die Erfahrung der Beschleunigung in die Tradition der Eschatologie verweist. Wie diese Tradition für das Recht fruchtbar gemacht werden kann, bildet den Abschluß dieser Überlegungen. Dabei wird nicht nur gezeigt, daß das Recht nicht indifferent gegen eschatologische Symbolik ist. Wichtiger ist, daß der bewußte Rückgriff auf das »neue« Möglichkeiten zulassende modaltheoretische Prinzip dieser Tradition neuere, den Zeitfaktor spiegelnde Entwicklungen der juristischen Dogmatik durchsichtiger werden läßt und in mancher Hinsicht flexible Lösungen verheißt.

Wilhelm Vossenkuhl

Ökologie und Ethik

Die Moralphilosophen haben versucht, Antworten auf die Frage zu finden, warum wir moralisch sein sollen. Eine der überzeugendsten Antworten war: wie sollen moralisch sein um des guten Lebens willen. Das gute Leben, meinte Aristoteles, sei nichts anderes als das tugendhafte Leben. Wenn wir nur mutig, tapfer, gerecht, wohlwollend, wahrhaftig und weise sind, leben wir gut. Reichtum ist dazu nicht erforderlich, aber hungrige und kranke Menschen können kein gutes Leben führen. Aristoteles sah die Bedeutung der äußeren Voraussetzungen für das moralisch gute Leben. Allerdings machte er diese äußeren Voraussetzungen nicht zum Gegenstand moralischer Beurteilung.

Wenn Dir die Mittel fehlen, Bedürftigen zu helfen, kannst Du eben nicht wohlwollend handeln. Wenn Du Not leidest, kannst Du nicht gerecht sein, jedenfalls nicht, solange Du darunter leidest. Ich soll Dir helfen, wenn ich kann und so gut ich kann. Es wäre Aristoteles nicht in den Sinn gekommen, den Zustand der Bedürftigkeit bestimmter Menschen allgemein denen moralisch anzulasten, denen es gut geht. Wenn ich ein tugendhaftes Leben geführt, mich nicht auf kosten anderer bereichert und niemanden geschädigt habe, habe ich ursächlich und deshalb auch moralisch nichts mit der Not anderer zu tun.

Das christliche Mittelalter verband dann die Moralität des einzelnen mit sozialethischen Verpflichtungen. Mein gutes Leben kann nicht moralisch gut sein, wenn es meinem Nächsten schlecht geht. Das gute Leben aller Menschen wird zum Ziel des individuellen Handelns, freilich nicht zum vorrangigen. Immerhin werden bereits im Mittelalter die äußeren Bedingungen des moralisch guten Lebens moralisch beurteilt. Gegenüber der antiken Ethik ist der Radius der individuellen Pflichten gewachsen. Das moralisch gute Leben erschien nur in der Gemeinschaft mit anderen möglich, denen es nicht schlecht gehen sollte.

In den Ethiken der Moderne setzt sich diese ursprünglich christliche Tendenz in der Moralphilosophie fort. Der einzelne wird immer mehr in Pflicht für das Leben der anderen Menschen genommen. Die Grenze der Verpflichtung bilden das eigene Können und Vermögen und die Pflichten sich selbst gegenüber. Wenn ich die Lebensbedingungen der

Menschen in der Nähe oder Ferne nicht verbessern helfen kann, bin ich dazu auch nicht verpflichtet. Ebensowenig soll ich etwas tun, was mein Leben oder meine Gesundheit gefährdet. Über diese Grenzen der Verpflichtung für alle anderen Menschen gab es keine Meinungsunterschiede zwischen so unterschiedlichen Ethiken wie der von Kant und der des Utilitarismus. Was aber ich allein nicht kann, um das Leben aller andern zu verbessern, wird eine soziale und politische Aufgabe.

Hinter dieser radikalen Erweiterung der sozialen Aufgaben steht die Einsicht, daß das materiell gute Leben in einer Gesellschaft nur moralisch gut sein kann, wenn es den anderen Gesellschaften nicht schlecht geht. Die sozialen Verpflichtungen haben eine eigene Dimension, sie erwachsen aber aus den individuellen Verpflichtungen.

Das gute Leben der Menschen ist noch immer ein überzeugendes Ziel der Ethik. Der Radius der individuellen und sozialen Verpflichtungen ist aber noch einmal gewachsen. Zu den äußeren Bedingungen des guten Lebens gehören nicht mehr nur die sozialen und politischen Bedingungen. Wir wissen heute, daß das gute Leben der Menschen von den natürlichen Lebensbedingungen, von unserer Umwelt abhängt.

Ich habe an die Tradition der Idee des moralisch guten Lebens erinnert, um den Zusammenhang der Umweltethik, der ökologischen Ethik, mit den Entwicklungen der Ethik deutlich zu machen. Meine Absicht ist, dem Eindruck zu begegnen, die ökologische Ethik sei eine neue Ethik, eine Alternative zur traditionellen Ethik. Die ökologische Ethik folgt der traditionellen Fragestellung nach dem moralisch guten Leben. Der Unterschied zur traditionellen Ethik ist, daß sie mit den natürlichen Lebensbedingungen eine neue Dimension der äußeren Bedingungen des moralisch guten Lebens erschließt. Neben dem individuellen Können und den sozialen Bedingungen zählt nun auch die Umwelt zu den Voraussetzungen des guten Lebens und der Moralität.

Wir wissen nun, daß unser gutes Leben nur dann auch moralisch gut ist, wenn die natürlichen Voraussetzungen dazu gegeben sind. Wir wissen schon lange, daß unser Leben nicht gut im Sinn von gesund und zuträglich sein kann, wenn es der natürlichen Umwelt schlecht geht. Deshalb zieht es die Menschen in den Städten seit langer Zeit aufs Land und in die Berge. Neu ist aber die Einsicht, daß wir auch moralisch kein gutes Leben führen können, wenn es der natürlichen Umwelt schlecht geht.

Diese Einsicht hat die ökologische Ethik bewirkt, aber noch keineswegs in all ihren Aspekten erfaßt. Bisher geht es ihr primär um den moralisch richtigen Umgang mit der Natur und um dessen Begründung. Dies entspricht der Fixierung der ökologischen Ethik auf die Natur als einen neuen Gegenstandsbereich moralischen Argumentierens. Die Umwelt wird vorrangig als Opfer menschlichen Verhaltens verstanden, dessen Gefährdung den Menschen letztlich selbst gefährdet. Die Natur wird aber nicht oder nicht hinreichend als Bedingung der menschlichen Moralität selbst verstanden. Die natürliche Umwelt gilt für die Moral nicht so viel wie die soziale Umwelt.

Dies wird an Konflikten zwischen Pflichten gegenüber anderen Menschen und Pflichten gegenüber Tieren und Pflanzen deutlich. Wenn Menschen und Tiere in Not sind, betrachte ich es als meine vorrangige Pflicht, den Menschen zu helfen. Soziale Pflichten werden ihrem Verpflichtungsgrad nach höher eingeschätzt als Pflichten gegenüber der außermenschlichen Natur.

Diese Hierarchie der Pflichten ist nicht falsch, verleitet aber zu der irrigen Anschauung, die natürliche Umwelt sei zwar eine Bedingung des Lebens und Überlebens, aber keine Bedingung der Moralität des Menschen. Die ökologische Ethik sollte die Einsicht fördern, daß das moralisch gute Leben und das Überleben der menschlichen Moralität von den natürlichen Lebensbedingungen abhängig sind. Eine Voraussetzung dieser Einsicht ist, daß die Natur nicht nur als Gegenstand, mit dem wir richtig oder falsch umgehen, verstanden wird. Die natürliche Umwelt sollte so wie die soziale Umwelt verstanden werden, ohne die es keine Moralität geben kann.

Wir können sowenig jenseits der Natur wie jenseits der Gesellschaft gut und menschenwürdig leben. In einer verwüsteten Natur ist Moralität ebenso sinnlos wie in einer zerstörten Gesellschaft. Deshalb ist die Frage, ob es eine Verpflichtung gibt, Natur und Umwelt zu schützen ebenso töricht oder sinnvoll wie die Frage, ob wir unsere Gesellschaft schützen sollen. Wenn wir solche Fragen nicht als im voraus bejaht und diese Antwort nicht als selbstverständlich betrachten, geraten wir in Rechtfertigungsnot. Diese Not besteht darin, für Natur und Umwelt Zwecke zu finden, ihnen einen moralischen Wert beizumessen.

In diese Rechtfertigungsnot ist die ökologische Ethik bereits geraten. Es gibt eine ganze Palette an Zwecken, die bereits vorgeschlagen wurden, um dem Schutz, der Erhaltung und Pflege unserer Umwelt und der Natur einen moralischen Wert zuzubilligen: z. B. die Sicherung des Überlebens der Menschheit oder die Erhaltung der menschlichen Gesundheit.

Diese von der sog. anthropozentrischen Umweltethik[1] vorgeschlage-

---

[1] Mit der Unterscheidung zwischen anthropozentrischen, biozentrischen und holistischen Ansätzen der Umweltethik folge ich *Dieter Birnbacher*; vgl. *ders.*, »Ökologie,

nen Zwecke wurden zu Recht kritisiert. Sie billigen Natur und Umwelt lediglich einen instrumentellen Wert relativ zum Überleben oder Wohlergehen des Menschen zu. Solange das menschliche Überleben nicht gefährdet ist, wäre eine Gefährdung der Umwelt erlaubt. Natur und Umwelt hätten keinen eigenen Anspruch auf Schutz. Nur der Mensch hat in dieser Ethik einen eigenen moralischen Wert. Von ihm leiten sich scheinbar alle anderen moralischen Werte ab.

Die sog. pathozentrische Umweltethik vermeidet eine Instrumentalisierung der Natur für menschliche Zwecke. Sie schreibt allen leidensfähigen Naturwesen, insbesondere den höheren Tieren, einen eigenen moralischen Status und Wert zu. Niedere Tiere und Pflanzen haben in dieser Ethik dagegen keinen eigenen moralischen Wert. Es ist allerdings schwer, eine klare Grenze zwischen leidensfähigen und -unfähigen Tieren zu ziehen. Im übrigen ist der Schutz leidensfähiger Tiere ohne den Schutz und die Pflege ihrer Lebensbedingungen sinnlos. Diese Lebensbedingungen schließen die Mikroorganismen (Phytoplankton) der Meere ebenso ein wie die Pflanzen.

Die biozentrischen Ansätze der Umweltethik nehmen daher für alle Lebewesen einen moralische Eigenwert an. Einige dieser Ansätze billigen auch Pflanzen einen moralischen Wert zu. Unbefriedigend an diesen Ansätzen ist, daß sie mit diesen Wertzuschreibungen fragwürdige Werthierarchien schaffen. Die Folge solcher Hierarchien sind Wertberechnungen, die auf teilweise groteske Weise Verluste gegeneinander aufrechnen. Der Wertverlust ist z. B. bei Pflanzen geringer als bei Tieren. Der Verlust eines Baumes beträgt gar nur ein Millionstel des Werts eines Menschenlebens. Allerdings erscheint, wenn man sich auf diese Wertzumessungen einläßt, der Verlust eines Menschenlebens gerechtfertigt, wenn mehr als eine Million Bäume sterben müßten.[2]

Die sog. holistische Umweltethik von K. M. Meyer-Abich[3] schließt auch die unbelebte Natur in den Wertbereich ein. Die belebte und unbelebte Natur hat ihren Wert entsprechend ihrer Funktionen innerhalb des Systems der Natur, aber auch das System insgesamt hat im holistischen Ansatz einen moralischen Wert.

Ethik und neues Handeln«, in: Handbuch pragmatischen Denkens, Bd. III, hg. v. H. Stachowiak, Hamburg 1989, 393–417.
2 Vgl. *D. Birnbacher*, a.a.O., 398.
3 *K. M. Meyer-Abich*, »Vom bürgerlichen Rechtsstaat zur Rechtsgemeinschaft der Natur«, in: Scheidewege, 12 (1982), 581–605; *ders.*, Wege zum Frieden mit der Natur, München 1984.

Alle diese umweltethischen Ansätze, vom anthropozentrischen bis zum holistischen, halte ich für verfehlt. Ihr gemeinsamer Fehler ist, daß sie Wertzuschreibungen vornehmen, die es ermöglichen sollen, Wertverluste zu rechtfertigen.

Der anthropozentrische Ansatz schreibt dem Menschen – in der Nachfolge Kants – den höchsten und absoluten, nicht relativierbaren Wert zu. Damit lassen sich alle Wertverluste, die die Menschheit gefährden, rechtfertigen.

Der pathozentrische Ansatz mildert die Folgen einer anthropozentrischen Denkweise, identifiziert aber den biologischen Organisationsgrad von Lebewesen auf intuitive Weise mit einem moralischen Wert. Je höher der biologische Organisationsgrad ist, desto höher ist der moralische Wert; entsprechend groß erscheint dann die Schutzbedürftigkeit. Das führt – ähnlich wie beim anthropozentrischen Ansatz – dazu, daß z. B. der Verlust von niedrigen Lebewesen oder von Pflanzen gerechtfertigt erscheint. Bei kurzfristigen Kalkulationen scheint dies intuitiv plausibel zu sein. Wenn man aber die Abhängigkeit der höher organisierten Lebewesen von Pflanzen und niederen Lebewesen in der Nahrungskette berücksichtigt, sind die Versuche, die Verluste von Pflanzen und niederen Lebewesen zu rechtfertigen, absurd.

Ich las kürzlich, daß aus 10 000 Kilogramm Phytoplankton etwa 1000 Kilogramm Zooplankton, die Nahrung kleinster Fische und Krebse, entstehen. Von 1000 Kilogramm Zooplankton ernähren sich 100 Kilogramm Krebse und Kleinstfische. Diese bilden die Nahrungsgrundlage für 10 Kilogramm Kleinfische, aus denen wiederum 1 Kilogramm Fisch entsteht. Der Mensch bildet am Ende dieser Kette aus dem einen Kilogramm Fisch ganze 100 Gramm Fett und Muskeln.[4] Mancher mag das eine oder andere 100 Gramm Fett für verzichtbar halten. Es wäre aber fatal, die eine oder andere Menge des Phytoplanktons für verzichtbar zu halten, nur weil diese Lebewesen so weit entfernt von der unmittelbaren Nahrungsform der höheren Lebewesen und des Menschen sind.

Übrigens gefährdet, wie ich im gleichen Zusammenhang las, der Ozonschwund in bisher unterschätzter Weise das Phytoplankton und damit eine unverzichtbare Lebensgrundlage der höher organisierten Lebewesen.

Auf diesem Hintergrund sind wir vielleicht geneigt, dem biozentrischen oder noch mehr dem holistischen Ansatz der Umweltethik recht zu geben. Der biozentrische Ansatz vermeidet es jedenfalls, niederen

---

4 Süddeutsche Zeitung, Nr. 2775 (30. 11. 1989), 73.

Lebewesen generell einen geringeren Wert zuzumessen als höheren. Der holistische erlaubt sogar, klimatische Prozesse, wie den Ozonschwund und den Treibhauseffekt, in das ganze System der Natur einzubeziehen.

Trotz dieser Vorzüge halte ich auch den biozentrischen und holistischen Ansatz für verfehlt, weil auch sie Wertzuweisungen vornehmen und auf deren Basis Wertberechnungen anstellen. Was ist an solchen Wertzuweisungen und -berechnungen verkehrt? Kommen wir überhaupt ohne sie aus?

Es wäre töricht zu behaupten, wir kämen ohne Wertannahmen und Wertberechnungen aus. Was kritisiere ich dann an solchen Wertannahmen und -berechnungen? Ich kritisiere dreierlei:

Einmal sind sie meist intuitiv und überfordern die Kompetenz des gesunden Menschenverstandes und damit auch die des Moralphilosophen; sie basieren dazu auf wissenschaftlichen Daten, die sich ständig verändern oder deren Bedeutung durch die Entdeckung neuer Wirkungszusammenhänge neu zu bewerten sind. Die Wertberechnungen sind daher ad hoc, wirken langfristig und lassen sich nicht immer revidieren. Die Ethik verfängt sich in diesem Puzzle der Wissenschaften, wenn sie als moralische Rechtfertigungsinstanz auftritt, ohne zu wissen, was sie eigentlich rechtfertigt. Die Wahrscheinlichkeit, daß die Ethik unter diesen Voraussetzungen Entscheidungen billigt, die sich als falsch erweisen, ist hoch.

Zweitens wird es angesichts dieser Unklarheit und Fragwürdigkeit von Wertzuweisungen unmöglich, die Richtigkeit einer ethischen Rechtfertigung nachzuweisen. An die Stelle moralischer Entscheidungskriterien treten wissenschaftliche und empirische Hypothesen. Ethische Kriterien treten hinter diese Hypothesen zurück.

Drittens ignoriert der Versuch, kalkulierbare Verluste in Umwelt und Natur ethisch zu rechtfertigen, das systematische Problem moralischer Konflikte. Bereits der Rechtfertigungsversuch geht von der ungeprüften Annahme aus, es sei überhaupt möglich, unter mehreren miteinander unvereinbaren Verpflichtungen eine als verbindlich zu deklarieren.

Ich kritisiere also nicht die Kalkulation von Verlusten und Risiken in Natur und Umwelt. Ich kritisiere die Rolle der Ethik bei diesen Berechnungen. Eine ethische Rechtfertigung eines Verlustes oder eines Risikos halte ich für unmöglich.

Vor allem der dritte Kritikpunkt, die Ignoranz gegenüber moralischen Konflikten, ist für diese Unmöglichkeit entscheidend. Die bisherigen

Ansätze der Umweltethik gehen von der Lösbarkeit moralischer Konflikte aus. Sie setzen voraus, daß bei zwei oder mehreren miteinander unvereinbaren Pflichten eine von ihnen verbindlich ist, die übrigen Pflichten aber weniger oder gar nicht verbindlich sind.[5]

Nehmen wir an, es gebe die Verpflichtung, die Luft von gefährlichen Schadstoffen der Kohlekraftwerke zu befreien und die Verpflichtung, die Lebewesen von gefährlichen radioaktiven Strahlen der Kernkraftwerke zu schützen. Nehmen wir weiterhin an, die Risikoberechnungen zeigten, daß eine der beiden Kraftwerksarten längerfristig weniger gefährlich als die andere ist. Ließe sich daraus schließen, eine der beiden Verpflichtungen sei damit entfallen? Dann wäre es ethisch gerechtfertigt, die Menschen und die übrige Natur entweder der verseuchten Luft oder den gefährlichen Strahlen auszusetzen. Auf diese unvernünftige Weise ließen sich alle möglichen Gefährdungen rechtfertigen.

Noch einmal, ich argumentiere nicht gegen Risikoberechnungen, sondern gegen deren vorlaufende oder nachträgliche ethische Rechtfertigung. Mir geht es darum zu zeigen, daß solche Rechtfertigungen nicht möglich sind, daß es nicht Aufgabe der Ethik ist, solche Rechtfertigungen zu liefern. Die ethische Argumentation würde sich ad absurdum führen, wenn sie Verpflichtungen nur unter dem Vorbehalt eines bestimmten Schadensrisikos als gültig betrachten würde.

Dann wäre eine Verpflichtung nur bindend, wenn der erwartbare Schaden aus ihrer Mißachtung höher ist als der erwartbare Schaden aus einer anderen mißachteten Verpflichtung. Pflichten wären dann überhaupt nur gültig, wenn die Folgen ihrer Mißachtung in einem berechenbaren, quantifizierbaren Sinn schädlich wären. Verletzungen z. B. des subjektiven Wohlbefindens durch unschädlichen Gestank oder durch Lärm, durch menschenfeindliche Städte und den Anblick zerstörter Wälder sind aber ebensowenig berechenbar wie Verletzungen des Ehrgefühls, der Fürsorge, der Solidarität, der Freundschaft oder der guten Sitten. Niemand käme auf den Gedanken, Verletzungen dieser Art für gerechtfertigt zu halten, weil sie nicht als Schäden quantifizierbar sind.

Sie werden sich fragen, worauf meine Überlegungen hinauslaufen. Folgt aus ihnen nicht, daß ich die Ethik aus der Verantwortung gegenüber der Natur und Umwelt lösen will? Wenn Umweltrisiken tatsächlich

---

5 Die unterschiedlichen Ansätze zur Frage, ob es Konflikte zwischen moralischen Verpflichtungen gibt und inwieweit solche Konflikte den Verpflichtungscharakter bestimmter Gebote oder Verbote aufheben, hat *C. W. Gowans* übersichtlich zusammengestellt in: Moral Dilemmas, Oxford 1987.

ethisch nicht gerechtfertigt werden können, welche Aufgabe hat dann die Umweltethik? Ich sagte zu Beginn, die ökologische Ethik sollte die Einsicht fördern, daß das moralisch gute Leben und das Überleben der menschlichen Moralität von den natürlichen Lebensbedingungen ebenso abhängig sind wie von den sozialen. Was heißt dies konkret?

Ich sehe zwei konkrete Aufgaben der ökologischen Ethik, eine theoretisch-konstruktive und eine praktische. Die praktische besteht darin, in der öffentlichen Diskussion der Umweltgefährdungen den Blick dafür zu öffnen, daß die Gefährdung der natürlichen Umwelt eine Gefährdung der moralischen Natur des Menschen und damit eine Gefährdung des menschlichen Zusammenlebens und der Kultur ist. Die Diskussion der Umweltgefährdung darf nicht in biologische Fragen des Tier- und Artenschutzes, in klimatologische oder in medizinische Sachfragen zerfallen. Sie muß zu einem Ganzen der Gefährdung gebündelt werden in dem Bewußtsein, daß wir Natur und Umwelt gegenüber keine geringeren Pflichten haben als der Gesellschaft gegenüber.

Im Rahmen dieser praktischen Aufgabe sollte die ökologische Ethik aber auch deutlich machen, daß Risiken und Gefährdungen der Umwelt ethisch nicht zu rechtfertigen sind. Die Risiken, die als geringer erachtet und in kauf genommen werden, sind eine bleibende moralische Schuld der Natur und uns selbst gegenüber.

Zu der praktischen Aufgabe der ökologischen Ethik gehört es nach meiner Überzeugung auch, das Bewußtsein dafür zu fördern, daß die Umwelt nicht eine lediglich materielle, äußere und rein quantitative Bedingung des Lebens ist. Die Natur und Umwelt sind nicht nur eine Bedingung des Lebens, sondern von dem, was wir unter Leben verstehen, gar nicht trennbar. Sie sind qualitativ mit dem Leben verbunden.

Schließlich ist es Teil der praktischen Aufgabe der ökologischen Ethik, die Einzelaspekte moralischer Fragestellungen miteinander zu verbinden. Fragen der Eugenik, der Sterbehilfe, der Gentechnologie stehen in einem engen Zusammenhang mit Fragen der Ökologie. Sie sollten in ihrer wechselseitigen Abhängigkeit verstanden werden.[6] Dazu müssen wir ebenfalls erst das Bewußtsein schaffen.

Die ökologische Ethik sollte sich nicht auf Fragen der natürlichen Umwelt einschränken, sondern die kulturelle Umwelt und die natürliche

---

[6] Wie heterogen und wechselseitig unverträglich die Einstellungen zu diesen Fragen in der zeitgenössischen Diskussion sind, zeigt *J. Glover* in: Causing Death and Saving Lives, London ²1990.

Umwelt in ihrer wechselseitigen Verschränktheit erläutern. Die menschlichen Einstellungen zu Natur und Umwelt haben dieselben Wurzeln und sind von denselben Wertvorstellungen geleitet wie die Einstellungen zu Kultur, Politik und Gesellschaft. Die getrennte Behandlung und Beurteilung dieser Einstellungen ist künstlich und verdeckt die Unverträglichkeit der Wertvorstellungen, die wir mit diesen Bereichen verbinden.

Die theoretische Aufgabe der ökologischen Ethik ist eine doppelte. Einmal sollte sie ein theoretisches Fundament der moralischen Analyse und Beurteilung des menschlichen Verhaltens insgesamt angesichts der Gefährdungen von Natur und Umwelt erarbeiten. Diese Aufgabe läßt sich mit den verschiedenen Grunderneuerungen der Ethik etwa unter dem Einfluß des Christentums, der großen Revolutionen und Kriege oder der Aufklärung vergleichen. Eine bloße Adaptation von Theorieteilen der herkömmlichen ethischen Theorien auf die veränderte Problemlage führt zu den theoretischen Positionen, die ich aufgeführt habe.

Einer nur auf ökologische Probleme fixierten Ethik fehlt die Gesamtschau der Lebensbedingungen. Sie wird aus der verengten Perspektive wenig Urteile und Verhaltensnormen anbieten können, die für eine Verbesserung des Ganzen taugen. Außerdem steht sie in der Gefahr der meisten bisherigen Ansätze, über der Abwägung von Verlusten und Gefahren die Aufgabe der Ethik aus den Augen zu verlieren: aus der Sicht auf das moralisch gute Leben ein Motiv zu gewinnen, die Risiken und Verluste des Lebens nicht nur ertragen zu wollen, sondern das Leben kurz- und längerfristig zu verbessern.

Es gibt bereits Versuche, eine Ethik im Blick auf die Gefährdungen von Natur und Umwelt als ganze neu zu entwerfen. Ich nenne hier zwei recht unterschiedliche Entwürfe, den von *Robert Spaemann*[7] und den von *Dieter Birnbacher*.[8]

Robert Spaemann, der bereits vor der Ökologiebewegung auf die Gefährdung der Natur und Umwelt hinwies, bringt beispielhaft das Ganze des Lebens in seiner Kritik an der Genmanipulation in den Blick: »Die Würde des Menschen hängt ... unzertrennlich an seiner Naturwüchsigkeit. Seine Natur ist kontingent, gewiß. Aber jeder bewußt geplante Umbau der menschlichen Natur würde diese Kontingenz nicht vermindern, sondern sie erst ins Unerträgliche steigern.«[9]

---

7 *R. Spaemann*, Glück und Wohlwollen, Stuttgart 1989.
8 *D. Birnbacher*, Verantwortung für zukünftige Generationen, Stuttgart 1988.
9 *R. Spaemann*, a.a.O., 221.

Der zweite Teil der theoretischen Aufgabe der ökologischen Ethik ist die enge Zusammenarbeit mit den wissenschaftlichen Disziplinen, die sich mit den Problemen der Umwelt befassen. So wie der Dialog mit der Medizin und der Ökologie bereits eröffnet wurde, sollte es einen Dialog mit den Ingenieurs- und Naturwissenschaften geben. Auch hier sollte das Gesamtbild und nicht nur Segmente das Ziel der wechselseitigen Information und Kritik sein. Bloße Technikfolgenabschätzung ohne den Versuch, das gesamte Spektrum der Lebensbedingungen zu berücksichtigen, führt zu kurzatmigen Vorschlägen, die sich schnell als revisionsbedürftig erweisen. Die Ethik setzt ihre Glaubwürdigkeit und ihre argumentative Kraft aufs Spiel, wenn sie die Geltungsdauer ihrer Normenvorschläge der Dynamik und damit den Verfallszeiten des naturwissenschaftlichen Forschungsprozesses anpaßt.[10]

Die Ethik kann auch im Blick auf ökologische Probleme Normen für das menschliche Verhalten vorschlagen, die langfristig gültig sind. Ich zitiere als Beispiel eine der Normen, die Dieter Birnbacher vorgeschlagen hat: »Jeder sollte so handeln, daß die zukünftigen Mitglieder der Gruppe(n), als deren in der Gegenwart lebender Angehöriger er sich fühlt, in einer Welt leben können, die nicht ärmer, sondern reicher an materiellen und ideellen, natürlichen und kulturellen Ressourcen ist als die Welt, in der er selbst lebt.«[11] Er versteht diese Verantwortlichkeit für künftige Generationen auch als eine gefühlsmäßige Bindung, als »erweiterte Kindesliebe«.[12]

Birnbacher macht damit keinen Vorschlag, der unmittelbar operationalisierbar wäre, er weist aber in die Richtung auf das gute Leben künftiger Generationen. Mit Vorschlägen dieser Art kann die Ethik Verantwortung in unserer Welt übernehmen, nicht aber mit der moralischen Sanktionierung von Verlusten und Risiken.

---

10 Einen Hinweis auf die potentielle Verfallszeit naturwissenschaftlicher Forschung geben die teilweise konträren Hypothesen zu den Ursachen des sog. Ozonlochs und zu den Ursachen und Folgen des sog. Treibhauseffekts. Im ersten Fall gibt es bisher keine wissenschaftlich gesicherte Ursache; gleichwohl glauben viele Wissenschaftler und Laien, daß die Fluorkohlenwasserstoffe die entscheidende Ursache sind. Im zweiten Fall stehen sich unverträgliche Hypothesen gegenüber. Sie reichen vom stärkeren Abschmelzen der Polkappen mit der Folge verheerender Überschwemmungen in flachen Küstenbereichen bis zur stärkeren Vereisung der Polkappen und einer Absenkung der mittleren Meeresspiegel.

11 *D. Birnbacher*, a.a.O., 218/19.

12 A.a.O., 219.

Ich stelle mir den Beitrag der Ethik in einer Welt mit wachsenden ökologischen Problemen ähnlich vor wie den Beitrag der Sozialethik in einer Welt mit wachsenden sozialen und ökonomischen Spannungen. Es können im einen wie im andern Fall vernünftige Analysen, eine Kritik von Übeln, die Diskussion von Modellen und Vorschlägen angeboten werden. Niemand würde verlangen, daß die Ethik sozialpolitische Verantwortung übernehmen soll. Niemand sollte deshalb verlangen, daß die Ethik ökologische Verantwortung tragen soll. Genau dies tun aber Politiker, die der Ethik die Aufgabe übertragen wollen, die Schäden des wissenschaftlichen und technischen Fortschritts zu kompensieren.

So nützlich kann keine Ethik sein. Sie darf auch nicht so nützlich sein, daß sich ihr Sinn in der Lösung lebenspraktischer Aufgaben erschöpfen würde. Jedes Versagen würde die Glaubwürdigkeit der Ethik insgesamt infrage stellen. Im Augenblick wollen einige Ethiker aber die Nützlichkeit ihres Bemühens anzeigen. Sie haben dazu derzeit gute Chancen. Ihre Überzeugungskraft verdankt sich aber zu einem guten Teil dem aktuellen ängstlichen Bewußtsein der globalen Gefährdung des Lebens und weniger der Überzeugungskraft ihrer Argumente.

In diesem Zusammenhang ist es sinnvoll, sich vor Augen zu führen, welche Folgen eine immer stärkere Orientierung der ethischen Theoriebildung an der wissenschaftlichen Entwicklung einerseits und an aktuellen ökologischen, medizinischen und sozialen Problemen andererseits haben kann. Wenn die Überzeugungskraft der Argumente ethischer Theorien von der Nützlichkeit bei der Behandlung aktueller Probleme in den genannten Bereichen abhängig wird, erhalten diese Theorien einen Marktwert. Jeder Marktwert wird von Angebot und Nachfrage bestimmt. Es darf nicht überraschen, wenn dem derzeit hohen »Ethikbedarf«, unter Marktbedingungen und angesichts der geringen Erfolgsaussichten bei der Lösung ökologischer Probleme durch ethische Beratung, ein entsprechender »Ethikverbrauch« folgt. Der »Ethikverbrauch« wird unvermeidlich, wenn sich bestimmte ethische Ansätze von naturwissenschaftlichen Hypothesen abhängig machen. Solche Hypothesen sind nicht nur potentiell falsifizierbar, sondern haben – zumindest potentiell – eine bestimmte »Verfallszeit«. Die ethische Beratung gerät in den Strudel dieser »Verfallszeiten«. Ihr Überzeugungsanspruch wird darunter nicht nur leiden, sondern zusehens selbst verfallen. Die Vertreter Ethischer Theorien sollen sich dem Beratungsbedarf stellen. Mit der Beratung und Analyse sollte aber nicht der Anspruch auf die autonome Kompetenz der Ethik, Kriterien des sittlichen Handelns zu formulieren, zur Disposition gestellt werden. Der Ethikbedarf sollte nicht zum Ethikverbrauch führen.

Zu Beginn wies ich auf einen der stärksten Gründe hin, warum wir moralisch sein sollen, auf das gute Leben. Ich bin von diesem Motiv der Moralität noch immer überzeugt. Mehr denn je wäre es aber töricht, die Bedeutung dieses Motivs von der Vorstellbarkeit eines guten Lebens abhängig zu machen. Die Menschen konnten sich zu keiner Zeit ein gutes Leben als reale Möglichkeit vorstellen. Deshalb wählten sie stattdessen die literarische Form der Utopien, um sich das vorzustellen, was nicht vorstellbar ist.

Heute ist das gute Leben nicht nur wegen der teilweise irreversiblen Schäden unserer Umwelt nicht vorstellbar. Selbst ein utopischer Entwurf des guten Lebens müßte heute ein Problem bewältigen, das systematischer Natur ist: das Problem des inneren Konflikts zwischen den Erfordernissen des sozialen Lebens in einer immer größeren Menschheit und den Erfordernissen des Schutzes und der Pflege der Natur. Das soziale Gut und das Gute der Natur stehen im Konflikt miteinander, ähnlich wie das individuelle Gute und das soziale Gute miteinander im Konflikt stehen.

Wenn wir am Motiv des guten Lebens festhalten wollen und wenn Natur und Umwelt unmittelbare Voraussetzungen auch des moralisch guten Lebens sind, müssen die Konflikte zwischen den natürlichen, den sozialen und den individuellen Gütern beherrschbar werden. Lösbar sind diese Konflikte nur in einer Utopie. Zur Utopie sind wir nicht verpflichtet, wohl aber zur Beherrschung jener unlösbaren Konflikte. Was wir brauchen ist eine Ethik der Beherrschung des Konflikts zwischen den Lebensbedürfnissen der Menschheit und den Lebensbedürfnissen der Natur, die ein Teil des menschlichen Lebens ist.

P. C. Mayer-Tasch

Statt Vorsorge Nach-Sorgen
Das Präventivprinzip in der internationalen Umweltpolitik*

Der Titel dieses Vortrags läßt sich zugleich auch als Postulat verstehen. Zumindest in ihrer Zielrichtung sollte eine internationale Umweltpolitik, die diesen Namen verdient, in erster Linie *präventive* Umweltpolitik sein. Heute freilich besteht sie – soweit überhaupt – vorwiegend in der (inter)nationalen Nachsorge für unterbliebene (inter)nationale Vorsorge. Auch dies ist natürlich unumgänglich. Aber es sollte nicht das Primäre sein. Da Luft und Wasser keine Grenzen kennen, auf nationalem Staatsgebiet entstehende Emissionen also wenn nicht immer, so doch häufig in Nachbarstaaten Umweltschäden verursachen, die staatliche Normsetzungsbefugnis jedoch an den Grenzen des jeweiligen Staatsgebiets endet, ergibt sich für Regierungen, die geschworen haben, »den Nutzen des Volkes zu mehren und Schaden von ihm zu wenden« (wie die bundesdeutsche Eidesformel lautet), die verfassungsmäßige Pflicht zu einer in erster Linie vor- und erst in zweiter Linie nachsorgende internationale Umweltpolitik – zu einer Umweltpolitik, deren euphemistische Umschreibung als »internationale Zusammenarbeit in Umweltfragen« häufig nur die sprichwörtliche Spitze des nicht minder sprichwörtlichen Eisbergs zu markieren vermag.

Über die Notwendigkeit einer grenzüberschreitenden, ja weltumspannenden umweltpolitischen Kooperation dürfte eigentlich spätestens seit dem Offenbarwerden eines grassierenden Waldsterbens und allerspätestens seit Tschernobyl unter all denjenigen kein Dissens mehr bestehen, für die die – vom Bundesverfassungsgericht in seiner Kalkar-Entscheidung voreilig beschworene – »Schwelle praktischer Vernunft« nicht unerreichbar hoch liegt. Und auch diejenigen, die sich von den Leib, Leben und Lebensfreude beeinträchtigenden ökologischen Kreuz-und-Quer-

---

* Die Darstellung folgt weitgehend den folgenden Veröffentlichungen: P. C. Mayer-Tasch (i. Verb. mit F. Kohout, B. Malunat und K. P. Merk): Die verseuchte Landkarte. Das grenzen-lose Versagen der internationalen Umweltpolitik. München 1987. Sowie P. C. Mayer-Tasch und K. P. Merk: Präventive internationale Umweltpolitik. in: Udo E. Simonis (Hrsg.): Präventive Umweltpolitik. Frankfurt 1988.

Invasion nicht allzu sehr betroffen fühlen, müßten sich wenigstens durch die – allmählich auch nicht mehr zu vertuschenden – ökonomischen Auswirkungen der nationalen und internationalen Umweltproblematik beeindrucken lassen. Als der Berliner TU-Professor und Direktor am Umweltbundesamt *Lutz Wicke* vor etwa vier Jahren Schätzungen vorlegte, nach denen sich die allein in der Bundesrepublik verursachten Umweltschäden auf ca. 100 Milliarden belaufen sollten, ging ein Aufsehen durch die von solchen Daten berührbare »Szene«. Inzwischen gehören diese Schätzungen längst zum alten Eisen. Neuere Schätzungen beziffern die jährlichen Umweltschäden auf ca. 140 (UNO) oder gar 400 (Prognos) Milliarden jährlich nur für den Bereich der »alten« BRD (deren Jahreshaushalt sich zuletzt auf ca. 280 Milliarden belief) – Zahlen also, die das vielen Zeitgenossen liebgewonnene Gerede von dem Spannungsverhältnis von Ökologie und Ökonomie ins Museum der Zeitgeschichte verweist. Und dies umso mehr als der Bundesregierung das Umweltressort ganze 0,2 % des Gesamtetats wert ist – hundert Mal weniger als das Verkehrsressort und zweihundert Mal weniger als das Verteidigungsressort: Ziffern, die den wahren Stellenwert der Präventivpolitik in unserem Lande schonungslos enthüllen. Ziffern für die Importierten und die exportierten Umweltschäden stehen noch aus. Auch solche Berechnungen zu fördern, wäre eine politische Aufgabe höchsten Ranges. Sie könnten zu einem Grundpfeiler für die Konzeption einer soliden Außenpolitik werden, die sich dann auch nicht mehr – wie bisher – in mehr oder minder wirkungslosen Gesten erschöpfen dürfte und könnte. Eine echte, mit Blickrichtung auf den bzw. die Nachbarstaaten versuchte Prävention, ein Den-Schäden-Zuvorkommen also, ist bisher nirgendwo erkennbar. Diese nationale Prävention ist jedoch die Grundvoraussetzung für eine wirksame internationale Prävention. Von ihren Medien und Chancen mag daher zunächst die Rede sein.

I.

Einig ist man sich bislang auch auf nationaler Ebene vor allem in mehr oder minder theoretischen Deklarationen. Schon im »Umweltbericht '76« postulierte die Bundesregierung den unbedingten »Vorrang der Vorbeugung«. »Umweltpolitik«, heißt es dort, »erschöpft sich nicht in der Abwehr drohender Gefahren und der Beseitigung eingetretener Schäden. Vorsorgende Umweltpolitik verlangt darüber hinaus, daß die Grundlagen geschützt und schonend in Anspruch genommen werden. Durch vorausschauende und gestaltende planende Maßnahmen muß erreicht werden, daß alle gesellschaftlichen und staatlichen Kräfte sich umweltschonend verhalten und bei ihren Entscheidungen mögliche Umweltauswirkungen berücksichtigen.« In den »Leitlinien zur Umweltvorsorge« vom 4. 9. 1986 hat die Bundesregierung nach einem Jahrzehnt recht bescheidener umweltpolitischer Erfolge diesen Grundsatz von 1976 noch einmal bestätigt.

Was das *Vorsorgeprinzip* den vorherigen Bundesregierungen wie der jetzigen Bundesregierung wert war und ist, läßt sich jedoch nicht erst an seiner Umsetzung in konkretes Umweltrecht ablesen, sondern auch schon an seiner Ausformulierung als politisches Leitprinzip. So wie es im »Umweltbericht '76« und in den »Leitlinien zur Umweltvorsorge« verankert ist, verdient das umweltpolitische »Vorsorgeprinzip« diesen Namen nämlich nur in einem sehr eingeschränkten Maße. Echte Vorsorge vor Umweltschäden kann nur die Vermeidung von Umweltschäden bedeuten – nicht aber die bloß »schonende« Inspruchnahme der natürlichen Ressourcen, was lediglich beinhaltet, die ökologischen Schäden des staatlich geförderten und doch geduldeten Handels und Wandels in mehr oder minder vagen Grenzen zu halten. Ein recht verstandenes Vorsorgeprinzip kann mithin nur auf die Vermeidung von (Umwelt-)Schäden an der Quelle abzielen. Nur so läßt sich auch das Vorsorgeprinzip von den anderen für die Umweltpolitik bedeutsamen Prinzipien – dem Verursacher- und dem Kooperationsprinzip – sinnvoll abgrenzen.

Zum *Kooperationsprinzip* heißt es im »Umweltbericht '76«, daß sich nur aus der Mitverantwortlichkeit und der Mitwirkung der Betroffenen ein ausgewogenes Verhältnis zwischen individuellen Freiheiten und gesellschaftlichen Bedürfnissen ergeben könne. Eine frühzeitige Beteiligung der gesellschaftlichen Kräfte am umweltpolitischen Willensbildungs- und Entscheidungsprozeß sei deshalb vorangetrieben worden. Daß sich die Bundesregierung in diesem Zusammenhang bemüßigt fühlte, auf das Fortbestehen ihrer »Regierungsverantwortlichkeit« – einer verfassungspolitischen und verfassungsrechtlichen Selbstverständlichkeit – hinzuweisen, ist ein bemerkenswertes Indiz dafür, daß das Kooperationsprinzip bei entsprechender Bewußtseinslage durchaus die »Regierungsverantwortlichkeit« gefährden kann. In der umweltpolitischen Praxis der vergangenen Jahre (und Jahrzehnte) hat die Anwendung dieses Kooperationsprinzips vielfach zu recht fragwürdigen Resultaten geführt, Es sei hier nur auf die gescheiterten Bemühungen der Bundesregierung um die – vor allem vom Aldi-Konzern bekämpfte – Zurückdrängung der Einwegflasche, um die – vor allem den Profitinteressen der pharmazeutischen Industrie zuwiderlaufende – Kostenbegrenzung im Gesundheitswesen oder um die Verbesserung des Verhaltenskodex der chemischen Industrie beim Export von Pflanzenschutzmitteln verwiesen. In all diesen Fragen wurde das Kooperationsprinzip aufs großzügigste angewandt. Niemand wird daran zweifeln können, daß die »Regierungsverantwortlichkeit« dabei gewahrt blieb. Über die Art dieser Verantwortlichkeit freilich können angesichts derartiger umweltpolitischer Mißerfolge ebensowenig Zweifel aufkommen, wie über die Art der Kooperation. Und dies umso weniger, als im Rahmen umweltrechtlicher Bürgerbeteiligungsverfahren die Anwendung des Kooperationsprinzips ein ganz anderes Profil – nämlich Legitimationsdefizite – zu zeigen pflegte. Mit dem Vorsorgeprinzip möchte man ein derart praktiziertes Kooperationsprinzip jedenfalls ungern assoziiert sehen.

Ähnliches gilt aber auch für das Verhältnis des Vorsorgeprinzips zum *Verursacherprinzip*. Auch das Verursacherprinzip braucht nicht im Gegensatz zum Vorsorgeprinzip zu stehen, obwohl es einen ganz anderen systematische Ansatzpunkt hat. Während das Vorsorgeprinzip den Eintritt von Umweltschäden von vornherein zu verhindern trachtet, setzt das Verursacherprinzip einen bereits eingetretenen Schaden voraus und konzentriert sich sodann auf die Schadens- bzw. Kostenzurechnung. Da man »Geld nicht essen kann«, d.h. in unserem Falle: da die Funktion der ökologischen Systeme nicht beliebig durch Kapital substituierbar ist, ist die Vermeidung von weiteren Umweltschäden das einzige dem heutigen Stand der allgemeinen Umweltbelastung angemessene Verhaltensmuster. Dem Verursacherprinzip kommt daneben aber vor allem deshalb eine große Bedeutung zu, weil es den Aufmerksamkeitswert der ökologischen Krise erhöht. Die dramatischen Umweltschäden, die durch die Industrialisierung der letzten anderthalb Jahrhunderte, insbesondere aber durch den nach dem zweiten Weltkrieg einsetzenden industriellen Entwicklungsschub verursacht wurden, werden immer noch nicht ernst genug genommen. Die wahrscheinlich enormen Kosten der Entschärfung sog. Altlasten – insbesondere jene der chemischen Industrie – illustrieren dieses Phänomen aufs deutlichste. Die nachträgliche Kostenzuordnung für solche (nebenbei bemerkt: unaufhörlich neuproduzierten und daher verniedlichend und verschleiernd so genannten) »Alt«lasten ist wohl politisch als auch rechtlich schwierig bis unmöglich. Entsprechend würde die »vorsorgliche« Begründung einer strikten Folgenbeseitigungspflicht für den Verursacher von Umweltschäden die ökonomische Schmerzgrenze für die Verursachung ökologischer Schäden verschärfen und daher einen wichtigen Beitrag zur Lösung der jetzigen und der zukünftigen Umweltprobleme leisten. In den USA, deren Justiz der Gesundheit einen sehr viel höheren Rang einräumt als die Justiz der Bundesrepublik, wurde die Produkthaftung jüngst derart drastisch verschärft, daß Produktionsrisiken in weiten Bereichen kaum mehr versicherbar sind. In der Folge gibt es starke Anzeichen dafür, daß die amerikanischen Produzenten aufgrund der verschärften Rechtslage in Zukunft sehr großes Gewicht auf die Vermeidung von Gesundheitsgefahren durch ihre Produkte legen werden.

Bei einer konsequenten Anwendung könnte das Verursacherprinzip also durchaus Seite an Seite mit dem Vorsorge- und dem Kooperationsprinzip zu einem bedeutsamen Instrument (indirekter) umweltpolitischer Prävention werden. Daß jedoch das Verursacherprinzip heute noch gänzlich im Schatten des Gemeinlastprinzips steht, ist unverkennbar. Ein besonders krasses Beispiel für die Vernachlässigung der Chancen, die sich aus der konsequenten Anwendung des Verursacherprinzips ergeben könnten, bietet das Abwasserabgabengesetz. Das 1976 verabschiedete und 1981 in Kraft getretene Gesetz setzte die von den Einleitern zu entrichtenden Abwasserabgaben so niedrig an, daß das eigentliche »vorsorgliche« Fernziel des Gesetzes, die Einleiter zum Bau eigener Kläranlagen zu animieren bzw. die Abwasserintensität der Produktionsverfahren durch innerbetriebliche Maßnahmen zu verringern, weitgehend verfehlt wurde.

Wir müssen daher davon ausgehen, daß der Weg von dieser Einsicht in die (zumindest wahlpolitische) Notwendigkeit (der Ankündigung) einer ernsthaften präventiven Umweltpolitik bis zu ihrer Umsetzung in anwendbares Umweltrecht sehr weit ist. Der Bundesrepublik ist es trotz eines seit Anfang der 70er Jahre kontinuierlich wachsenden Drucks und trotz eines – im Weltmaßstab gesehen – relativ hohen Mitteleinsatzes bislang nicht gelungen, umweltpolitische Prävention in überzeugender Weise zu praktizieren. Und mit diesem Versagen steht sie in Europa und in der Welt leidet nicht vereinzelt da. Was sich aber schon auf nationaler Ebene trotz des Vorhandenseins zentraler Willensbildungs- und Willensdurchsetzungsinstanzen als schwierig erweist, erweist sich auf trans- und internationaler Ebene, wo es an solchen Instanzen fehlt, als doppelt schwierig. Schwierig ist es nicht zuletzt deshalb, weil unterschiedliche, zum Teil weit in die geistige und soziale Tradition der jeweiligen Länder zurückreichende Grundauffassungen von Natur und Gesellschaft auch unterschiedliche Grundhaltungen zur Umweltpolitik bewirken. Hinzu kommt die unterschiedliche geographische und klimatische Situation, die zumindest den Anschein unterschiedlicher umweltpolitischer Bedürfnisse zu fördern pflegt.

II.

Da sich die Staaten auf der internationalen Ebene als – zumindest rechtlich – gleichgeordnete Akteure gegenüberstehen, läßt sich eine wirksame umweltpolitische Prävention nur auf dem Wege des Konsenses, d.h. also durch zwischenstaatliche Vereinbarungen und deren innerstaatliche Umsetzung erreichen. Würden alle Nationalstaaten eine optimale nationale Umweltpolitik betreiben, so wäre dies zugleich auch die Basis für eine optimale internationale Umweltpolitik. Zum einen deshalb, weil das nationale Vorbild – Nachfolge heischend – in den nationalen Raum hineinwirkt. Zum anderen auch deshalb, weil die nationale Minderung der Umweltbelastung zugleich auch eine (zumindest indirekte) Minderung der trans- bzw. internationalen Umweltbelastung zur Folge hat. Die meisten Bestrebungen der zwischenstaalichen Umweltpolitik richten sich daher auch auf eine Verbesserung der innerstaalichen Umweltpolitik der einzelnen Nationalstaaten, nur ein kleiner Teil auf den genuin zwischenstaalichen Bereich (z.B. die Verschmutzung der Meere durch die Schifffahrt). Da jedoch heute noch nirgendwo eine unter allen denkbaren Aspekten optimale umweltpolitische Prävention gepflogen wird, stellt sich für die – euphemistischerweise so genannte – Völkergemeinschaft in immer stärkerem Maße die Aufgabe, eine präventive internationale Umweltpolitik auf dem Wege bi- und multinationaler Vereinbarungen zu forcieren.

Das Vorsorgeprinzip ist heute bereits in einer ganzen Reihe von zwischenstaatlichen Vereinbarungen verankert. So auch schon im ersten Aktionsprogramm der Europäischen Gemeinschaft. Die beste Umweltpolitik, so das Programm, bestehe darin, Umweltbelastungen von vornherein zu vermeiden, anstatt sie erst nachträglich in ihren Auswirkungen zu bekämpfen. Hauptziele der gemeinschaftlichen Umweltpolitik seien daher die Verhütung, die Verringerung und – soweit möglich – die Beseitigung von Umweltbelastungen.

Das erste Aktionsprogramm der Europäischen Gemeinschaft stammt aus dem Jahre 1973. Schon ein Jahr zuvor hatte die Stockholmer Umweltkonferenz der Vereinten Nationen eine Deklaration verabschiedet, deren für die Präventionsfrage bedeutsame Ziffer 21 weit über die – recht besehen ziemlich lasche – Formulierung des EG-Programmes hinausgeht »Die Staaten«, heißt es dort, »haben nach Maßgabe der Charta der Vereinten Nationen und der Grundsätze des Völkerrechts, das Souveräne Recht zur Ausbeutung ihrer eigenen Hilfsquellen nach Maßgabe ihrer eigenen Umweltpolitik, sowie der Pflicht, dafür zu sorgen, daß durch Tätigkeiten innerhalb ihres Hoheits- und Kontrollbereiches der Umwelt in anderen Staaten oder Gebieten außerhalb ihres nationalen Hoheitsbereiches kein Schaden zugefügt wird.

Bei diesem Kernsatz der Stockholmer Konferenz handelt es sich zwar nur um eine Deklaration; der Vereinbarung kommt also kein konstitutiver Charakter zu. Dies ist jedoch weder politisch noch rechtlich von Bedeutung: Politisch deshalb nicht, weil es an der Zielrichtung dieser Absichtserklärung nichts ändert, und rechtlich deshalb nicht, weil der wichtigste, zweite Halbsatz (in dem das Prinzip der beschränkt-territorialen Souveränität für die Umweltpolitik konkretisiert wird) bereits geltendes Völkergewohnheitsrecht spiegelt. Überdies wurde die Geltung dieses Grundsatzes auch noch in der – bemerkenswerterweise ohne Gegenstimme verabschiedeten – Resolution Nr. 2996 (XXVII) der Generalversammlung der Vereinten Nationen bestätigt. Es handelt sich dabei nicht nur um eine konkreten Ausgestaltung des Prinzips der guten Nachbarschaft gemäß der Präambel und Art. 74 der UN-Charta, sondern darüber hinaus auch um eine Verwirklichung des Vorsorgeprinzips in der hier vorausgesetzten unverfälschten Bedeutung.

Eine Bestätigung fand das derart abstrakt statuierte Vorsorgeprinzip schließlich auch auf der multilateralen Umweltkonferenz, die auf der Grundlage der – am 16. 11. 1979 verabschiedeten und am 11. 3. 1983 in Kraft getretenen – ECE-Konvention über weiträumige grenzüberschreitende Umweltverschmutzung im Juni 19884 in München stattfand. In Ziffer 12 der Schlußresolution vom 24. 6. 1984 wurde bekräftigt, daß die Emissionsminderung an der Quelle ein besonders wichtiger Grundsatz der Luftreinhaltepolitik sei. Was der Münchner Konferenz immerhin eine gewisse Bedeutung zukommen läßt, ist die Tatsache, daß Repräsentanten von 31 Staaten (darunter der USA und der UdSSR) und vier internationalen Organisationen daran teilnahmen. Gerade die Formulierung gemeinsamer Handlungsziele ist bei derartigen Konferenzen erfahrungsgemäß schwierig. Umso bemerkenswerter ist die Einmütigkeit, mit der man sich auf ein strikt verstandenes Vorsorgeprinzip einigte. Was den Stellenwert dieser Einmütigkeit dann freilich wieder erheblich relativierte, war und ist die Tatsache, daß die konkreten Fortschritte dieser Konferenz weit hinter den abstrakten Zielvorgaben herhinken. Über die Verpflichtung zu einer schrittweisen Reduktion der innerstaatlichen Schwefeldioxyd-Emissionen um zunächst 30 % bis zum Jahre 1993 ist man bislang nicht hinausgekommen. Daß einige »Freiwillige« sich bei der Münchner Konferenz bzw. im Anschluß daran zu einer weitergehenden Selbstverpflichtung bereiterklärt haben, mag man immerhin als ein hoffnungsvolles Zeichen werten.

Obwohl ein solches Verhalten schon im Zeichen einer nationalen Vorsorgepolitik eigentlich eine Selbstverständlichkeit darstellen müßte, ist es leider nicht die Regel. Die Regel ist vielmehr eine eklatante Diskrepanz zwischen wohltönend »harten« Absichtserklärungen und »weichen« Einschränkungen, die diesen harten Erklärungen umso sicherer auf dem Fuße zu folgen pflegen, je geringer ihre mutmaßliche politische Durchsetzungskraft ist. Hauptmedien solcher Einschränkungen sind unbestimmte Rechtsbegriffe wie »bestmöglich«, »mit einer ausgewogenen Entwicklung vereinbar« oder »wirtschaftlich vertretbar«, die letztlich alles offen lassen. Auch die auf den ersten Blick so kernig wirkende Bekräftigung des Vorsorgeprinzips in Ziffer 12 der Schlußresolution der Münchner Umweltkonferenz folgt diesem bewährten Relativierungsmuster, wenn sie den erwähnten Grundsatz »unter Einsatz der besten verfügbaren und wirtschaftlich vertretbaren Technologie« be- und verfolgt sehen will. Und auch bei dem eingangs erwähnten Aktionsprogramm wird man schwerlich sicheren Grund erreichen; die in ihm in Aussicht genommene Umweltpolitik kann und muß nämlich »mit der wirtschaftlichen und sozialen Entwicklung vereinbar« sein.

Wenn der Gastgeber der Münchner Umweltkonferenz, der bis 1986 noch für die Belange der bundesdeutschen Umweltpolitik primär zuständige Innenminister, in seinem Schlußwort den Umweltschutz nach der Sicherung des Friedens als die »wichtigste Aufgabe unserer Zeit« apostrophierte, so werden ihm viele ohne Zögern zustimmen können. An die Bereitschaft, solch markige Sätze dann auch konsequent in die politische Praxis umzusetzen, wird man allerdings – angesichts der zum normativen Relativierungssystem erhobenen Folge salvatorischer Klauseln, die sowohl das Vorsorgeprinzip im allgemeinen als auch den völkerrechtlichen Grundsatz der guten Nachbarschaft im besonderen gänzlich auszuhöhlen geeignet sind – nicht so recht glauben können. Wenn man von gewissen hoffnungsvoll stimmenden Ansätzen zu grenzübergreifender regionaler Zusammenarbeit (wie etwa der Internationalen Bodenseekonferenz) ansieht, so ist der Eindruck unabweisbar, daß ein gut Teil der Politischen Funktionseliten zwar die Bedeutung erkannt hat, die dem Umweltschutz in der öffentlichen und der veröffentlichten Meinung zukommt, diese Einschätzung jedoch aus den verschiedensten Gründen entweder nicht oder nur mit erheblichen Einschränkungen teilt oder jedenfalls nicht in die politische Praxis umzusetzen gewillt ist.

Wie anders könnte man es sich beispielsweise erklären, daß die Bundesregierung diese »wichtigste Aufgabe unserer Zeit« offenbar so gering achtet, daß sie bislang noch nicht einmal in der Lage war, die bereits im Juni

1985 verabschiedete EG-Richtlinie über die Umweltverträglichkeitsprüfung in nationales Recht zu überführen?

Um die potentiellen wahlpolitischen Nachteile zu vermeiden, die sich aus dem zuweilen offenkundigen »governmental lag« (Heiner Geißler) ergeben könnten, werden erhebliche Anstrengungen unternommen, die sich jedoch bei näherem Zusehen oft als normativ mehr oder minder wohl umhegte Scheinaktivitäten erweisen. So haben die Vorgänge um die beim Rheinisch-Westfälischen Institut für Wirtschaftsforschung und beim Öko-Institut in Auftrag gegebenen Gutachten über die wirtschaftliche Vertretbarkeit eines kurzfristigen Ausstieges aus der Atomenergie den Stellenwert dieser Art von »symbolischer Politik« (wie die Politikwissenschaft solches Agieren und Taktieren zu umschreiben pflegt) aufs deutlichste erhellt. Was auf nationaler Ebene zu konstatieren ist, gilt für die Internationale Ebene erst recht. Zur allgemeinen Konkurrenz ökonomischer Zielsetzungen und Interessen tritt hier noch die mehr oder minder rücksichtslose Verfolgung von (häufig genug nur vermeintlichen) nationalen Sonderinteressen. Die letztlich Geschädigten aber sind die Bürger diesseits und jenseits der jeweiligen Grenzen. Die Setzung und die Inanspruchnahme von salvatorischen Klauseln der erwähnten Art läßt das Vorsorgeprinzip in der umweltpolitischen Praxis zur Schimäre werden.

III.

Für die Zukunft ergibt sich mithin die Frage nach den politischen Voraussetzungen einer präventiven »Internationalen Umweltpolitik«, die diesen Namen verdient. Eine Umweltpolitik also, die an die Stelle einer vorzugsweise rhetorisch-programmatischen tritt: eine zupackende, potentielle Umweltschädigungen schon an der Quelle verhindernde Umweltpolitik, eine Umweltpolitik, die dann konsequenterweise in alle umweltrelevanten Politikbereiche (von der Wirtschafts- über die Verkehrs- bis zur Kulturpolitik) hineinwirken muß. Dabei liegt es nahe, zwischen den innenpolitischen und den außenpolitischen Voraussetzungen und Implikationen einer derart umfassend verstandenen Prävention zu unterscheiden.

Zu den *innenpolitischen* Voraussetzungen gehört in erster Linie der Druck einer zunehmend umweltbewußter werdenden Bevölkerung auf die Träger der politischen Willensbildung. Dieser Druck hat bereits Anfang der 70er Jahre begonnen, sich ab Mitte der 70er Jahre im Zeichen und im Umkreis der Anti-Atom-Kraft-Kampagne verstärkt, im Gefolge des grassierenden Waldsterbens, der Katastrophe von Tschernobyl und der sich abzeichnenden Klimakatastrophe eine neue Intensität gewonnen. Manche Anzeichen sprechen dafür, daß die Routiniertheit, mit der diese von der bürgerschaftlichen Basis aufsteigenden Wellen lange aufgefangen wurden (eine Routiniertheit, die von vielfältigen Artikulationen »symbolischer Politik« bis zur platten Einschränkung rechtsstaatlicher Gewährleistungen reichte), inzwischen einer Angestrengtheit gewichen ist, die man als Vorbotin einer mittelfristigen Umorientierung deuten mag. Da man – angesichts der vorliegenden wissenschaftlichen Hochrechnungen und angesichts offenkundig unzureichender Gegenmaßnahmen – leider davon ausgehen muß, daß sich sowohl die ökologische Krise in den Industrieländern als auch die hierdurch ausgelöste Sensibilisierung nicht zuletzt im Zeichen der sich immer deutlicher ankündigenden Klimakatastrophe in der Zukunft noch weiter intensivieren werden, kann man auch davon ausgehen, daß sich die von der Basis aufsteigenden umweltpolitischen Wellen immer weiter entwickeln und verstärken werden.

In ihnen wird man daher auch die zuverlässigsten Förderer einer wirkungsvollen präventiven Umweltpolitik sehen können. Haben sie in den vergangenen anderthalb Jahrzehnten die Programmatische und (bis zu einem gewissen Grade auch) normative Öffnung erzwungen, so werden sie in Zukunft wohl auch im Medium politischer Pressionen und soziokultureller Kontakt-Mutationen die stärkere praktische Öffnung der politischen und rechtlichen Funktionseliten gegenüber den Belangen des Umweltschutzes erzwingen.

Daß sich diese Druckwellen nicht in allen Ländern des Westens mit derselben Intensität – und in den meisten Ländern des Ostens angesichts der bis in die jüngste Vergangenheit erheblich eingeschränkten Bürgerrechte nur sehr schwach – zu artikulieren vermochten, ist unabweisbar. Mit der allmählichen Verstärkung ist jedoch in Hinblick auf die offenbar unaufhaltsame Entfaltung der »verseuchten Landkarte« auch in diesen Ländern zu rechnen; und für die Zwischenzeit wird man auf die – wenn auch noch so begrenzte – Einsicht der nun durchweg im Austausch begriffenen Funktionseliten dieser Länder in ihr umweltpolitisches Eigeninteresse hoffen dürfen. Die Intensität, mit der der ökologische Nachholbedarf von den die politische Umbildung fördernden Kräften heute zum Ausdruck gebracht wird, läßt hier immerhin Änderungen erhoffen.

Obwohl die zu erwartenden Konsequenzen der hier angesprochenen Druckwellen wohl in erster Linie zu einer Veränderung der innenpolitischen Prioritätensetzung führen können, werden sie über ihre schon eingangs betonte indirekte Bedeutung für die inter- bzw. transnationale Umweltpolitik hinaus auch direkte außenpolitische Auswirkungen haben. Zu den Druckwellen »von unten« werden sich die Druckwellen »von nebenan« gesellen. Bei einer Verstärkung der auf eine wirkungsvollere Umweltpolitik ausgerichteten innenpolitischen Druckwellen wird sich für die nationalen Regierungen auch die politische Notwendigkeit des Einsatzes außenpolitischer Mittel zur Erreichung umweltpolitischer Fortschritte auf internationaler Ebene ergeben.

Die von der österreichischen Bundesregierung nach Tschernobyl entfalteten diplomatischen Aktivitäten mit dem Ziel einer Verhinderung der grenznahen Wiederaufbereitungsanlage in Wackersdorf kann als Beispiel für derartige politische Sequenzen erwähnt werden. Das vergleichsweise hohe Umweltbewußtsein der österreichischen Bevölkerung, die sich schon vor mehr als zehn Jahren im Zwentendorf-Plebiszit mehrheitlich gegen die Nutzung der Atomenergie im eigenen Lande ausgesprochen hatte, legte der Regierung derartige Aktivitäten nahe. Daß umgekehrt aber auch außenpolitische Aktivitäten in Richtung einer präventiven internationalen Umweltpolitik in aller Regel auf die Verbesserung der nationalen Umweltpolitik zurückwirken werden, liegt ebenfalls nahe.

Die seit vielen Jahren gegen die Überfrachtung des Rheins durch französische Kalisalze protestierenden Unterlieger Bundesrepublik und Holland könnten es sich etwa – wollten sie nicht ihrer Glaubwürdigkeit gänzlich verlustig gehen – nicht leisten, was der Oberlieger Frankreich sich leistet, nämlich die Einleitung nationaler Abwässer in internationale Gewässer mit sehr viel geringeren Abwassergebühren zu belasten als die Einleitung von Abwässern in nationale Gewässer. Wer gegen Catenom (Frankreich) protestiert, wird es sich über kurz oder lang nicht mehr leisten können, emittierende Anlagen vom Kaliber des Kraftwerks Buschhaus oder der Wiederaufbereitungsanlage Wackersdorf an die Staatsgrenze zu setzen. Und wer Umweltschutzmaßnahmen jenseits der Grenze subventioniert, wird auch den Stil seiner nationalen Umweltpolitik an solchen Aktivitäten messen lassen müssen.

Weniger eindeutig als die innenpolitischen sind die außenpolitischen Voraussetzungen einer erfolgreichen internationalen Umweltpolitik zu bestimmen. Nur eines ist unverkennbar: daß sie eher in einer Atmosphäre der friedlich freundlichen Koexistenz als in einer Atmosphäre politischer Spannung zu gedeihen vermag, wo umweltpolitische Belange ständig im Schatten machtpolitischer Prioritäten stehen. Im übrigen ist der jeweils erforderliche Konsens auf verschiedene Weise erreichbar – kollektive Einsicht in das unsere Not Wendende oder durch mehr oder minder massiven politischen Druck von seiten der umweltpolitische progressiveren Länder gegenüber den umweltpolitisch retardierteren, wobei der Druck nicht nur in der Androhung von Sanktionen verschiedenster Art, sondern auch in der Bereitstellung von Subventionen für Umweltschutzmaßnahmen von grenzüberschreitender Wirkung bestehen mag.

Präventive internationale Umweltpolitik läßt sich, das sollte man deutlich sehen, nicht einfach dekretieren. Sie entsteht auch nicht im luftleeren Raum einer abstrakten Vernünftigkeit. Ihre rechtliche Durchführung in Form internationaler Abkommen mit nachfolgender nationaler Umsetzung oder in Form nationaler Vor- und Alleingänge mit nachfolgender Internationalisierung, ist ihrer politischen Vorbereitung akzessorisch. Diese politische Vorbereitung aber erfolgt in einer Interaktion von mehr oder minder sanften oder harten Bewußtseins- und Willensbildungsprozessen. Für die umweltpolitische Vorsorge ist daher auch in ihrer inter- bzw. transnationalen Dimension bis zu einem gewissen Grade jeder Reflektions-, Artikulations- und Pressionsfähige auf allen Ebenen des sozioökonomischen, soziopolitischen und soziokulturellen Lebens mitverantwortlich. Sich dessen klar bewußt zu sein (und danach zu handeln) ist sicher noch bedeutsamer als die ständige Verfertigung, Auffrischung oder gar Fälschung normativer Höhlenmalereien. Für die Völker-»gemeinschaft«, die sich bewußt wird, daß die Erhaltung einer lebens- und erlebenswerten Umwelt neben der Friedenserhaltung *tatsächlich* die »wichtigste Aufgabe unserer Zeit« ist, wird das Ineinandergreifen umweltpolitischer und umweltrechtlicher Instrumentarien – wie das Kooperations-, das Verursacher- und Vorsorgeprinzip – zu einer umfassenden Präventionspolitik zur Selbstverständlichkeit werden. Zu hoffen bleibt, daß es bis zur Erreichung dieses Bewußtseinsstandes nicht noch härterer Katastrophen als der in ihren Auswirkungen durchaus noch nicht absehbaren (und doch allenthalben schon munter verdrängten) von Tschernobyl bedürfen.

Rudolf Rengier, Konstanz

Überlegungen zu den Rechtsgütern und Deliktstypen im Umweltstrafrecht

A. Überblick

Die zentralen Vorschriften unseres heutigen Umweltstrafrechts befinden sich seit der grundlegenden Reform von 1980[1] als §§ 324–330 d StGB im 28. Abschnitt (»Straftaten gegen die Umwelt«) des Strafgesetzbuches. Damit ist zwar nicht der gesamte Bereich des Umweltstrafrechts erfaßt[2], aber doch der wichtigste, der auch im Mittelpunkt meiner Ausführungen steht. Ich will, vor allem um dem Nichtjuristen die Orientierung zu erleichtern, kurz die wichtigsten Tatbestände nennen[3]:

(1) § 324 StGB enthält den Tatbestand der Gewässerverunreinigung (wozu z. B. auch die Grundwasserverunreinigung gehört) und bestraft den Täter, der unbefugt ein Gewässer verunreinigt oder sonst dessen Eigenschaften nachteilig verändert[4].

(2) § 325 Abs. 1 Nr. 1 StGB bestraft bestimmte Luftverunreinigungen, die unter (grober) Verletzung verwaltungsrechtlicher Pflichten (Abs. 4) beim Betrieb einer Anlage hervorgerufen werden und geeignet sind, »die Gesundheit eines anderen, Tiere, Pflanzen oder andere Sachen von bedeutendem Wert zu schädigen«.

(3) § 325 Abs. 1 Nr. 2 StGB bestraft die Verursachung von Lärm, »der geeignet ist, außerhalb des zur Anlage gehörenden Bereichs die Gesundheit eines anderen zu schädigen«; die Tat muß wiederum beim Betrieb einer Anlage unter (grober) Verletzung verwaltungsrechtlicher Pflichten geschehen.

---

1 Gesetz zur Bekämpfung der Umweltkriminalität – 18. StrÄndG vom 28. 3. 1980 (BGBl. I S. 373).

2 Vgl. *Tiedemann*, Art. Umweltstrafrecht, in: Handwörterbuch des Umweltrechts II, 1988, Sp. 842 f.; *Möhrenschlager*, Art. Umweltstraftaten, in: Handwörterbuch des Wirtschafts- und Steuerstrafrechts, Stand 1990.

3 Die geplante Reform des Umweltstrafrechts – siehe BT-Drucks. 12/192 (Regierungsentwurf) – durch ein Zweites Gesetz zur Bekämpfung der Umweltkriminalität (2. UKG) läßt die genannten Straftatbestände inhaltlich im wesentlichen unberührt. Zum Teil ergeben sich neue Ziffern. Insbesondere werden § 325 Abs. 1 Nr. 1 und 2 StGB deutlicher getrennt (als § 325 Abs. 1 und § 325a Abs. 1 StGB n.F.).

4 Diese Vorschrift hat vor § 326 StGB die größte Bedeutung.

(4) § 326 StGB enthält mehrere Straftatbestände zum Schutz vor umweltgefährdenden Abfällen. Praktisch bedeutend ist vor allem § 326 Abs. 1 Nr. 3 StGB, der den Täter bestraft, der unbefugt Abfälle, die »nach Art, Beschaffenheit oder Menge geeignet sind, nachhaltig ein Gewässer, die Luft oder den Boden zu verunreinigen oder sonst nachteilig zu verändern«, außerhalb einer erlaubten Anlage oder unter Abweichung von einem erlaubten Verfahren behandelt, lagert, ablagert, abläßt oder sonst beseitigt. Ebenso wird z.b. das Beseitigen von giftigen oder mit Krankheitserregern durchsetzten Abfällen sanktioniert (§ 326 Abs. 1 Nr. 1 StGB).

(5) § 327 StGB bestraft das genehmigungslose Betreiben kerntechnischer Anlagen, von genehmigungsbedürftigen Anlagen im Sinne des Bundes-Immissionsschutzgesetzes (BImSchG) – das sind z.B. Anlagen zur Wärmeerzeugung, Anlagen zur Herstellung von Glas- und Baustoffen, Anlagen in der chemischen Industrie oder Stahlindustrie[5] – sowie von Abfallentsorgungsanlagen.

B. Zu den Rechtsgütern[6]

I. Die Rechtsgutsbestimmung im Lichte von vier Sichtweisen

Die Frage nach dem geschützten Rechtsgut ist für die Reichweite des strafrechtlichen Schutzes von zentraler Bedeutung und spielt daher auch im Umweltstrafrecht eine wichtige Rolle[7]. Diesbezüglich findet man in der Literatur oft allgemeine (»Vor«-)Erörterungen[8], die den Anschein erwecken, als ob es ein einheitliches Rechtsgut der Umweltdelikte gäbe. Richtigerweise muß man das Rechtsgut für jeden Tatbestand gesondert ermitteln[9]. Immerhin führt die nähere Beschäftigung mit der wissenschaftlich noch längst nicht ausdiskutierten Problematik zu vier immer wiederkehrenden Grundmustern:

---

5   Näher vor allem der Anhang der Verordnung über genehmigungsbedürftige Anlagen – 4. BImschV vom 24. 7. 1985 (BGBl. I S. 1586).
6   Die folgenden Ausführungen zur Rechtsgutsproblematik sind in NJW 1990, 2506 ff. vertiefend und weiterführend erörtert.
7   Vgl. *Rogall*, in: Festschrift der Rechtswissenschaftlichen Fakultät zur 600-Jahr-Feier der Universität zu Köln, 1988, S. 509; *Bloy* ZStW 100 (1988), 497.
8   *Dreher/Tröndle*, StGB, 45. Aufl. 1991, vor § 324 Rdnr. 3; *Lackner*, StGB, 19. Aufl. 1991, vor § 324 Rdnr. 7; *Cramer*, in: *Schönke/Schröder*, StGB, 23. Aufl. 1988, vor § 324 Rdnr. 8; *Steindorf*, in: LK, 10. Aufl., vor § 324 Rdnr. 12 ff.
9   Diesen Weg gehen z.B. *Tiedemann* (Fn. 2), Sp. 846 ff.; *Dölling*, in: Natur- und Umweltschutzrecht, 1989, S. 82 ff., 84.

(1) *Die ökologisch-anthropozentrische Sichtweise* der herrschenden Meinung[10] beinhaltet zwei Aussagen:
Erstens: Die ökologischen Güter verdienen als eigenständig geschützte Rechtsgüter der Allgemeinheit Anerkennung. Diese Lehre kann sich insbesondere auch auf den Willen des Gesetzgebers stützen, der, als er das Umweltstrafrecht 1980 neu gestaltete[11], Gewässer, Luft, Boden, Tiere und Pflanzen als geschützte Rechtsgüter ausdrücklich hervorhob[12]; denn der »strafrechtliche Umweltschutz darf sich nicht allein auf den Schutz menschlichen Lebens und menschlicher Gesundheit vor den Gefahren der Umwelt beschränken; er muß auch den Schutz elementarer Lebensgrundlagen wie Wasser, Luft und Boden als Bestandteile des menschlichen Lebensraumes einbeziehen und solche ökologischen Schutzgüter auch als Rechtsgüter anerkennen«[13].

Zweitens: Das Umweltstrafrecht ist anthropozentrisch orientiert, d. h. es geht nicht um den Schutz der Umwelt um ihrer selbst willen, vielmehr werden die Umweltgüter nur in ihrer Funktion als (elementare) Lebensgrundlagen des Menschen geschützt. Auch dieser Bezug zum Menschen, diese Forderung nach »Letztbezüglichkeit der Umweltrechtsgüter auf den Menschen[14]« entspricht dem gesetzgeberischen Willen; der Schutz der ökologischen Güter soll ja als Bestandteil *menschlichen* Lebensraumes erfolgen[15]. – Die Frage wird zu untersuchen sein, welche Bedeutung dem hervorgehobenen, zumindest letztendlich anthropozentrischen Bezug des strafrechtlichen Umweltschutzes zukommen soll.

(2) *Die rein ökologische Sichtweise*[16] lehnt eine anthropozentrische Ergänzung, wie sie die herrschende Meinung vornimmt, als utilitaristisch und einseitig ab[17]. Diese Ansicht schützt die Umwelt und die Umweltgüter um ihrer selbst willen – als ideelles Gut[18]. Der Streitpunkt betrifft also den Bezug zum Menschen. Bei der üblichen Ablehnung der »ökologischen« Mindermeinung hat man bisher die Frage vernachlässigt, inwie-

---

10 Siehe etwa *Steindorf*, in: LK, vor § 324 Rdnr. 12; *Rogall* (Fn. 7), S. 509 ff., 512; *Cramer*, in: *Schönke/Schröder*, vor § 324 Rdnr. 8.
11 Siehe oben Fn. 1.
12 Vgl. BT-Drucks. 8/2382, S. 1, 9 ff.; 8/3633, S. 19.
13 BT-Drucks. 8/2382, S. 9 f.
14 *Rogall* (Fn. 7), S. 512; vgl. ferner *Cramer*, in: *Schönke/Schröder*, vor § 324 Rdnr. 8.
15 Siehe oben im Text nach Fn. 12.
16 Vgl. *Steindorf*, in: LK, vor § 324 Rdnr. 13.
17 *Krey*, Strafrecht BT 1, 8. Aufl. 1991, Rdnr. 813.
18 Zumindest de lege ferenda dafür *Arzt*, in: *Arzt/Weber*, Strafrecht BT 2, 1983, Rdnr. 357. Vgl. ergänzend *Arzt* Kriminalistik 1981, 120.

weit der anthropozentrische Aspekt eine eigenständige, praktisch bedeutende Funktion erfüllt.

(3) *Die rein anthropozentrische Sichtweise* hat heute keine Anhänger mehr. Der Alternativ-Entwurf eines Strafgesetzbuches faßte aber noch 1971 die Umweltdelikte unter dem Titel »Personengefährdungen« zusammen und betonte mit Nachdruck, daß es »nicht um den Schutz der Umwelt (gehe), sondern allein um den Schutz menschlichen Lebens und menschlicher Gesundheit vor den Gefahren der Umwelt«[19]. Die heutige Sicht von den Umweltgütern als Universalrechtsgütern ändert freilich nichts an der Tatsache, daß auch das geltende Umweltstrafrecht starke individualrechtliche Komponenten enthält[20].

(4) *Administrative Sichtweisen* finden in der Regel weniger Beachtung. Sie sind eng mit der unvermeidbaren sog. Verwaltungs(akts)akzessorietät der Umweltstrafrechts[21] verknüpft. Diese Abhängigkeit läßt eine Konzeption vertretbar erscheinen, die den Schutz der behördlichen Tätigkeit, die behördlich verwaltete Umwelt in den Vordergrund stellt. Da die Behörden (zum großen Teil) die Schutzbedingungen und damit den Strafbarkeitsbereich festlegen, könnte man die Umweltgüter als Verwaltungsrechtsgüter definieren[22]. Ferner ist es denkbar, als geschütztes Rechtsgut die behördliche Kontrollfunktion bzw. das formelle Umweltverwaltungsrecht herauszustellen[23].

Administrative Sichtweisen – die vor allem bei den §§ 324, 327 StGB eine Rolle spielen[24] – werden zum Teil scharf kritisiert[25]. Sind sie aber wirklich so weit von dem ökologisch-anthropozentrischen Denken der herrschenden Meinung entfernt? Wo wirkt sich der Streit praktisch aus?

II. Die Rechtsgutsfrage bei einzelnen Umweltdelikten

1. § 324 StGB

Um das Rechtsgut des (praktisch wichtigsten) Tatbestandes der Gewässerverunreinigung wird besonders intensiv gestritten.

---

19 Alternativ-Entwurf eines Strafgesetzbuches, BT, Straftaten gegen die Person, 2. Halbband, 1971, S. 49. Vgl. dazu *Bloy* ZStW 100 (1988), 488, 497.
20 Vgl. unten B II 2 und B II 3, ferner § 330a StGB.
21 Siehe nur *Winkelbauer*, Zur Verwaltungsakzessorietät des Umweltstrafrechts, 1985; *Heine/Meinberg*, Gutachten D zum 57. Deutschen Juristentag (DJT), 1988, S. D 45 ff.;*Dölling* (Fn. 9). S. 86 ff.; *Rengier* ZStW 101 (1989), 890 ff.
22 Vgl. *Tiedemann*, Die Neuordnung des Umweltstrafrechts, 1980, S. 28.
23 Vgl. *Rengier* ZStW 101 (1989), 880 f.; *Dölling* JZ 1985, 464, 466.
24 Dazu unten B II 1b, c und B II 4.
25 *Rogall* (Fn. 7), S. 509 ff.

a) Rechtsprechung und herrschende Meinung vertreten eine ökologisch orientierte Auslegung des § 324 StGB und bestimmen demzufolge auch das Rechtsgut aus ökologischer Sicht[26]. Diese *ökologische Sichtweise* ist dadurch gekennzeichnet, daß sie das Gewässer als eigenständiges, den Individualrechtsgütern gleichwertiges Universalrechtsgut anerkennt. Unabhängig von vielen unterschiedlichen Formulierungen[27] kann man den Standpunkt der herrschenden Meinung dahingehend zusammenfassen, daß das Gewässer in seinem jeweiligen ökologischen status quo – auch wenn er schon schlecht ist – geschützt wird[28]. Manche sprechen auch von einem Rechtsgut der (natürlichen) Gewässerreinheit[29], ohne aber zu anderen Ergebnissen zu kommen[30].

Auf dieser ökologischen Basis legt man – entsprechend dem Willen des Gesetzgebers[31] – die Tatbestandsmerkmale der Verunreinigung und nachteiligen Veränderung weit aus[32]. Für die nachteilige Veränderung der Gewässereigenschaften genügt es, wenn schädliche Stoffe eingeleitet werden, die geeignet sind, irgendwelche materiellen Nachteile hervorzurufen. Dabei kann es sich um wasserwirtschaftliche oder ökologische Nachteile handeln, ja selbst um bloße Vermögensschäden, die etwa durch die Wiederherstellung des status quo eintreten[33]. Vor diesem Hintergrund kann mit gutem Grund gesagt werden, daß hier »der für jeden Rechtsgüterschutz letztlich vorhandene Bezug auf den Menschen ... durchaus zurück(tritt)«[34]. Die herrschende Meinung bewegt sich hier also am

26 BGH NStZ 1987, 324; OLG Stuttgart wistra 1989, 276; OLG Köln ZfW 1989. 47 f.; GenStA OLG Celle ZfW 1989, 54; *Bericht* der interministeriellen Arbeitsgruppe »Umwelthaftungs- und Umweltstrafrecht« – Arbeitskreis »Umweltstrafrecht« – v. 19. 12. 1988, S. 115 ff.; *Cramer*, in: Schönke/Schröder, § 324 Rdnr. 8 f.; *Horn*, in: SK StGB, § 324 Rdnr. 2; *Tiedemann/Kindhäuser* NStZ 1988, 340.
27 Vgl. *Steindorf*, in: LK, vor § 324 Rdnr. 3 ff.
28 GenStA OLG Celle ZfW 1989, 54; *Schünemann* wistra 1986, 237; *Horn*, in: SK StGB, § 324 Rdnr. 2; *ders.* UPR 1983, 364.
29 *Rogall* JZ-GD 1980, 108; *Möhrenschlager* NuR 1983, 211; *Dölling* (Fn. 9), S. 83.
30 Vgl. *Rudolphi* NStZ 1984, 194, der die Vergrößerung des Abstandes zum Naturzustand auch erfaßt.
31 BT-Drucks. 8/3633, S. 25.
32 Siehe etwa OLG Frankfurt NJW 1987, 2755; OLG Köln ZfW 1989, 47 f.; *Möhrenschlager*, in: *Meinberg/Möhrenschlager/Link* (Hrsg.), Umweltstrafrecht, 1989, S. 36 f.; *Cramer*, in: Schönke/Schröder, § 324 Rdnr. 2.
33 Hierzu BT-Drucks. 8/3633, S. 25; OLG Frankfurt NJW 1987, 2755; OLG Köln ZfW 1989, 47; *Sack*, Umweltschutz-Strafrecht, § 324 StGB Rdnr. 28; *Cramer*, in: Schönke/Schröder, § 324 Rdnr. 9. Einschränkend *Kuhlen* GA 1986, 394 und ausführlich *Kleine-Cosack*, Kausalitätsprobleme im Umweltstrafrecht, 1988, S. 102 ff., 113 ff.
34 Tiedemann (Fn. 2), Sp. 847.

Rande der rein ökologischen Sichtweise. Man kann natürlich, um die ökologisch-anthropozentrische Sichtweise zu rechtfertigen, sagen, daß bei jedem Nachteil etwa für Tier oder Pflanze immer auch »letztbezüglich« der Mensch berührt ist, weil stets irgendwie das Naturgefüge und damit die menschlichen Lebensgrundlagen – wenn auch noch so marginal – betroffen sind[35]. Man wird dann aber zugeben müssen, daß der Unterschied zwischen der rein ökologischen Sicht und der ökologisch-anthropozentrischen Sicht »letztlich« im verbalen Bereich bleibt.

b) Gegen die ökologische Sichtweise der herrschenden Meinung haben sich vor allem im öffentlich-rechtlichen Schrifttum Mindermeinungen formiert[36], die bemängeln, daß die ökologische Schutzzweckbestimmung mit dem den Wasserbehörden durch das Wasserhaushaltsgesetz übertragenen Bewirtschaftungsauftrag nicht vereinbar sei. Als – »administratives« – Rechtsgut müsse daher die etwa in Bewirtschaftungsplänen zum Ausdruck gekommene spezifische öffentlich-rechtliche Zweckbestimmung des Gewässers angesehen werden (*materielle administrative Sichtweise*).

Der zu Recht erhobene Haupteinwand[37] gegen diese – auch wasserwirtschaftliche genannte – Auffassung besteht darin, daß sie entgegen ihrer Intention dem öffentlich-rechtlichen Zweck gerade schadet. Denn wenn es genügen soll, daß sich der Täter materiell im exekutivischen Planungs- und Ermessensrahmen hält und es insoweit auf formale Erlaubnisse nicht ankommt[38], so erfährt die Behörde von bestimmten Nutzungen nichts. Jede Informationslücke gefährdet aber die ordnungsgemäße Erfüllung des behördlichen Bewirtschaftungsauftrages.

c) Im Gegensatz zu der gerade diskutierten materiellen oder wasserwirtschaftlichen administrativen Auffassung, die sich an behördlichen Bewirtschaftungskonzepten orientiert, steht eine zweite administrative Sichtweise, die das Schutzgut rein formal bestimmt und es allein in dem staatlichen (Bewirtschaftungs- und Zuteilungs-)Monopol sieht; das Strafrecht habe, so wird gesagt, keinen eigenständigen Umweltschutzauf-

---

35 Vgl. in diesem Sinne – ökologisch ansetzend – *Eser*, in: *Markl* (Hrsg.), Natur und Geschichte, 1983, S. 354 ff. (etwa S. 358, 361).
36 Siehe *Papier*, Gewässerverunreinigung, Grenzwertfestsetzung und Strafbarkeit, 1984; *ders.* NuR 1986, 1 ff.; *Breuer* NJW 1988, 2079; *ders.*, Öffentliches und privates Wasserrecht, 2. Aufl. 1987, Rdnr. 834.
37 *Rudolphi* NStZ 1984, 195; *ders.* NStZ 1987, 326.
38 *Papier* NuR 1986, 2. Zum damit zusammenhängenden Problem der Genehmigungsfähigkeit *Rengier* ZStW 101 (1989), 902 ff. m.w.N.

trag[39]. Ich gehe auf diese *formale administrative Sichtweise* hier noch nicht näher ein, da sie uns später noch einmal begegnen wird[40].

d) Bei der Bewertung des hier nur angedeuteten und vor allem zwischen Verwaltungs- und Strafrechtlern mit einer gewissen Heftigkeit geführten Streits um das richtige Rechtsgut des § 324 StGB muß man sehen, daß die Kontroverse eigentlich erst dann verständlich wird, wenn man erkennt, daß hier zum großen Teil unter dem Mantel des Rechtsgutsverständnisses um eine ganz andere Problematik gestritten wird, nämlich um die der Amtsträgerstrafbarkeit[41]. Denn wird, in welcher Form auch immer, die behördlich verwaltete Umwelt als Rechtsgut angesehen, so kann man mit stichhaltigen Gründen den Amtsträger aus dem Kreis der tauglichen Täter einer Gewässerverunreinigung ausscheiden, weil der Amtsträger dann Normgeber und nicht Normadressat ist[42]. Zu dem damit angesprochenen (und unabhängig von der Rechtsgutsfrage kontrovers diskutierten) Problem[43] möchte ich nur anmerken, daß der Versuch, den Tatbestand der Gewässerverunreinigung als Sonderdelikt zu definieren, das Amtsträger als potentielle Täter nicht erfaßt, keine Zustimmung verdient. Insoweit spricht für die ökologische Sicht, daß sie bei aller – notwendigen – Anerkennung der Verwaltungs(akts)akzessorietät innerhalb eines gewissen Rahmens die Möglichkeit eröffnet, strafrechtlichen Umweltschutz »auch gegen die Verwaltung« zu realisieren[44]. Damit sollen strafrechtliche Instanzen weder zu einer Art Kontrollbehörde der Verwaltung umfunktioniert noch gar zu einer Bevormundung der zuständigen Behörden ermuntert werden. Um aber dem bekannten Vollzugsdefizit – z. B. tun sich Verwaltungsbehörden im politischen Raum schwer, Umweltbelange durchzusetzen – entgegenzuwirken, scheint mir ein ökologisches Strafkonzept für den Umweltschutz hilfreich zu sein. Es stärkt die Unabhängigkeit des einzelnen Umweltbeamten, der vor dem straf-

---

39 *Bickel*, in: Umweltstrafrecht (Fn. 32), S. 273 ff.
40 Unten B II 4.
41 Sehr deutlich *Bickel*, in: Umweltstrafrecht (Fn. 32), S. 269 ff.
42 *Horn* NuR 1988, 66.
43 Zur Diskussion etwa *Rudolphi* NStZ 1984, 198 f.; *Cramer*, in: *Schönke/Schröder*, vor § 324 Rdnr. 29 ff.; *Breuer* NJW 1988, 2084 f.; *Rengier*, in: KK OWiG, 1989, § 8 Rdnr. 51 ff., § 14 Rdnr. 81 ff.; *Tröndle* NVwZ 1989, 918 ff.;*Bickel*, in: Umweltstrafrecht (Fn. 32), S. 269 ff.
44 So provokativ *Horn* NuR 1988, 67.

rechtlichen, ihn möglicherweise sogar selbst erfassenden, Hintergrund jedweden Pressionen leichter und überzeugender widerstehen kann[45].

Für die ökologisch orientierte Auffassung der herrschenden Meinung spricht ferner vor allem der klar erkennbare Wille des Gesetzgebers, der das Wasser als eigenständiges Rechtsgut anerkennen und einen möglichst umfassenden Schutz der Gewässer gegen Verunreinigungen schaffen wollte[46]. Dabei verfolgt der Strafgesetzgeber das präventive Ziel, den sozialschädlichen Charakter von Umweltstraftaten verstärkt ins Bewußtsein der Allgemeinheit zu bringen[47]. Es leuchtet ein, daß administrative Rechtsgutsauffassungen einem solchen Ziel, sofern es überhaupt erreicht werden kann, weniger dienen, weil hier die Rechtsgüter recht farblos bestimmt werden und für plakative Funktionen schwerlich taugen[48].

Man kann schließlich sagen, daß die ökologische Betrachtung – wiederum durchaus im Einklang mit dem gesetzgeberischen Willen – zu einer Ausdehnung des Strafbarkeitsbereichs tendiert. Die ökologische Zielrichtung des Gesetzgebers und der herrschenden Meinung läßt sich daher auch auf die Formel bringen: Mehr Strafbarkeit gleich mehr Umweltschutz und Umweltbewußtsein. Entgegen manchen kritischen Stimmen[49] möchte ich einen Rückzug des Strafrechts insbesondere deshalb nicht befürworten[50], weil erstens die Verwaltung einem gewissen strafrechtlichen Druck ausgesetzt sein sollte, weil zweitens vor dem Hintergrund strafrechtlicher Sanktionen die Androhung verwaltungsrechtlicher Zwangsmaßnahmen wirkungsvoller ist[51], und weil drittens ein strafrecht-

---

45 Zum Vorherstehenden vgl. *Kellermann*, in: Kriminalsoziologische Bibliografie, Heft 55, 1987, S. 33 ff.; *Bloy* ZStW 100 (1988), 503; *Schall* NJW 1990, 1271; Beschluß auf dem 57. DJT, Sitzungsbericht L zum 57. DJT, 1988, 1988, S. L 279. Kritisch aber *Michalke* ZRP 1988, 273 ff.; *Hamm*, Sitzungsbericht L zum 57. DJT, S. L 70 f.
46 BT-Drucks. 8/2382, S. 9 f.; 8/3633, S. 19.
47 BT-Drucks. 8/2382, S. 1, 10.
48 Vgl. auch *Heine/Meinberg* (Fn. 21), S. D 32; *Rogall* (Fn. 7), S. 511 f.; *Tiedemann/Kindhäuser* NStZ 1988, 340.
49 *Albrecht*, in: 12. Strafverteidigertag. Mehr gesellschaftliche Konflikte – mehr oder weniger Strafrecht?, 1989, S. 40, 41; *Backes*, a.a.O., S. 164; *Hamm* (Fn. 45), S. L 61 ff.; *Hansmann* NVwZ 1989, 915. In größerem Zusammenhang auch *Hassemer* NStZ 1989, 553 ff.
50 So auch *Horn* NuR 1988, 63 ff.; *Dölling* (Fn. 9), S. 103, 106; *ders.* ZRP 1988, 334; *Rogall* (Fn. 7). S. 505 f.; *Kuhlen* StVert 1986, 548; *Triffterer* ÖJZ 1988, 550; *Heine* ZStW 101 (1989), 753 ff.
51 Vgl. *Meinberg* NJW 1990, 1281 aus empirischer Sicht.

licher Rückzug das Umweltbewußtsein und Umweltverhalten destabilisieren könnte[52].

2. § 325 StGB

§ 325 Abs. 1 StGB enthält einen Tatbestand zum Schutz vor Luftverunreinigungen (Nr. 1) und einen zum Schutz vor Lärm (Nr. 2). Über die (zumindest auch) anthropozentrische Rechtsgutsausrichtung dieser Tatbestände besteht Einigkeit, weil beide ausdrücklich Handlungen voraussetzen, die geeignet sind, »die Gesundheit eines anderen« zu schädigen. Unstreitig ist auch, daß der Luftverunreinigungstatbestand Umweltrechtsgüter (Tiere, Pflanzen oder andere Sachen von bedeutendem Wert) schützt; denn diese Objekte sind gleichfalls in der Eignungsklausel besonders erwähnt[53].

Sehr streitig ist aber, ob die Tatbestände darüber hinaus die Umweltgüter Luft bzw. Ruhe schützen. Die wohl herrschende Meinung bejaht die Frage, ohne das freilich in der Regel zu begründen[54]. Gegen die Anerkennung der Luft und Ruhe als selbständige Rechtsgüter wird eingewandt, die Luftverunreinigung bzw. die Lärmverursachung als solche erfüllten gerade nicht den Tatbestand; daher stelle es einen »irreführenden Euphemismus« dar, insoweit von besonderen Rechtsgütern zu sprechen[55]. Indes ist nicht einzusehen, weshalb eine eingeengte Fassung des Tatbestandes, die den Gütern Luft und Ruhe bloß einen relativierten Schutz gewährt, diese als Rechtsgüter von vornherein ausscheiden soll; der (Rechtsgüter-)Schutz ist zwar beschränkt, aber er besteht[56]. Zudem werden die Meinungen, die Luft und Ruhe als schützenswerte Rechtsgüter herausstellen, besser der allgemeinen[57] gesetzgeberischen Intention

---

52 Vgl. *Heine/Meinberg* (Fn. 21), S. D 122; *dies.* GA 1990, 12; *Dölling* (Fn. 9), S. 106. Positiv zur Normstabilisierungsfunktion des Umweltstrafrechts auch *Schöch* und *Kaiser* bei *Scheller* ZStW 101 (1989), 798 f. bzw. 800.
53 Zu den Rechtsgütern des § 325 StGB siehe z.B. *Stree*, in: Schönke/Schröder, § 325 Rdnr. 1.
54 Bejahend: *Triffterer*, Umweltstrafrecht, 1980, S. 68 m. Fn. 138, S. 71; *Dölling* JZ 1985, 466 f. mit Fn. 73; *ders.* (Fn. 9), S. 83; *Stree*, in: Schönke/Schröder, § 325 Rdnr. 1; *Steindorf*, in: LK, § 325 Rdnr. 2; *Maurach/Schroeder/Maiwald*, Strafrecht BT 2, 7. Aufl. 1991, § 58 Rdnr. 42. Verneinend: *Horn*, in: SK StGB, § 325 Rdnr. 2; Dreher/Tröndle, § 325 Rdnr. 1; *Sack* (Fn. 33), § 325 Rdnr. 9a; *Rogall* JZ-GD 1980, 109; *Breuer* NJW 1988, 2075.
55 *Breuer* NJW 1988, 2075.
56 In diesem Sinne auch *Triffterer* (Fn. 54), S. 71; *Dölling* JZ 1985, 466 f. in Fn. 73.
57 Die Luft wird sogar ausdrücklich genannt: BT-Drucks. 8/2382, S. 10; 12/192, S. 39.

gerecht, das Umweltbewußtsein durch die Anerkennung ökologischer Rechtsgüter zu steigern.

Das folgende Fallbeispiel mag zeigen, daß es nicht nur um programmatische und präventive Aspekte geht, sondern der Streit auch praktische Auswirkungen haben kann:

Das Gebiet um eine Insel herum ist als Erholungs- und Angelgebiet beliebt. Der A betreibt auf der Insel (unter Verletzung verwaltungsrechtlicher Pflichten) eine großen Lärm erzeugende »Höllenmaschine«, sorgt aber durch geeignete Maßnahmen dafür, daß das Betreten der Insel durch Menschen ausgeschlossen werden kann. Außerhalb des Inselbereichs ist der Lärm nicht mehr so stark, als daß er im Sinne des § 325 Abs. 1 Nr. 2 StGB noch geeignet wäre, die Gesundheit eines anderen zu schädigen. Dennoch meiden nun die Menschen die Zone um die Insel, weil die Lärmimmissionen immer noch recht groß sind.

Deutet man die Vorschrift rein anthropozentrisch in dem Sinne, daß es ausschließlich um den Schutz der Gesundheit geht, dann wird man dazu neigen, eine Strafbarkeit zu verneinen[58]. Sieht man hingegen richtigerweise auch die (rekreative) Ruhe als geschütztes Rechtsgut an, so wird man die Strafbarkeit bejahen. Dem liegt die folgende Deutung des Tatbestandes der unzulässigen Lärmverursachung zugrunde: Das Verbot, gesundheitsgefährdende Lärmquellen zu betreiben, soll (größere) Ruhe auch dort schaffen, wo sich der gesundheitsgefährdende Lärm schon zerstreut hat.

3. Abfallstrafrecht (§§ 326, 327 Abs. 2 Nr. 2 StGB)

Was das Abfallstrafrecht anbelangt, so will ich hier nur kurz darauf hinweisen, daß die historische Entwicklung von 1972 bis 1980 in recht eindrucksvoller Weise die Entwicklung von einem rein anthropozentrisch orientierten Umweltstrafrecht zu einem auch ökologisch orientierten Rechtsgüterschutz dokumentiert.

Vorläufer der heutigen §§ 326, 327 Abs. 2 Nr. 2 StGB waren schon im – erstmals ein bundeseinheitliches Abfallstrafrecht schaffenden – Abfallbeseitigungsgesetz von 1972 enthalten[59]. Damals setzten die – als sog. konkrete Gefährdungsdelikte individualrechtlich ausgestalteten – Tatbestände voraus, daß durch die verbotene Tätigkeit »das Leben oder die Gesundheit anderer gefährdet« wurde. 1976 wandelte der Gesetzgeber

---

58 Vgl. *Hoyer*, Die Eignungsdelikte, 1987, S. 169 fff.
59 § 16 Abs. 1 Nr. 1 und 3 AbfG 1972.

die beiden Tatbestände insbesondere aus Beweisgründen in sog. abstrakte Gefährdungsdelikte um[60]; die amtliche Begründung rechtfertigte die Umwandlung rein anthropozentrisch damit, daß im Interesse eines wirksamen und umfassenden Schutzes des menschlichen Lebens und der menschlichen Gesundheit auch im Bereich des Umweltschutzes auf eine derartige Vorverlagerung der Strafbarkeit nicht verzichtet werden könne[61]. Erst mit der großen Reform von 1980[62] vollzog sich der Wandel zur Anerkennung ökologischer Rechtsgüter (auch) im Bereich des Abfallstrafrechts. Diesen bei der Überführung der abfallstrafrechtlichen Regelungen des Abfallbeseitigungsgesetzes in das Strafgesetzbuch vollbrachten ökologischen Schritt dokumentieren § 326 Abs. 1 Nr. 1 StGB (der jetzt als potentielle Verletzungsobjekte auch Tiere nennt), der völlig neue Tatbestand des § 326 Abs. 1 Nr. 3 StGB (der als Bezugsobjekte die Umweltmedien Gewässer, Luft und Boden ausdrücklich hervorhebt) und auch § 326 Abs. 5 StGB.

Da davon auszugehen ist, daß der Gesetzgeber 1980 den zuvor bestehenden (Individual-)Rechtsgüterschutz nicht reduzieren wollte, bestätigt die historische Entwicklung die herrschende Meinung, die einen doppelten Rechtsgüterschutz vertritt[63]. Man kann insoweit von einer gleichsam klassischen Ausprägung der ökologisch-anthropozentrischen Sichtweise sprechen.

4. *§ 327 StGB*

Der Tatbestand des § 327 StGB gibt Gelegenheit, Probleme speziell der (in unserer Terminologie) formalen administrativen Sichtweise zu vertiefen[64].

§ 327 StGB bestraft das genehmigungslose Betreiben von kerntechnischen Anlagen, von genehmigungsbedürftigen Anlagen im Sinne des Bundes-Immissionsschutzgesetzes und von Abfallentsorgungsanlagen. Da der Gesetzgeber hier nicht das Betreiben der Anlagen als solches, sondern nur das unkontrollierte (eben ungenehmigte) Betreiben pönalisiert, wird das (strafrechtliche) Unrecht erst durch das Fehlen der behördlichen Entscheidung konstituiert. Vor dem Hintergrund, daß damit das Geneh-

---

60 § 16 Abs. 1 AbfG 1976.
61 BT-Drucks. 7/2593, S. 10.
62 Nachweis in Fn. 1.
63 *Laufhütte/Möhrenschlager* ZStW 92 (1980), 954; *Steindorf*, in: LK, § 326 Rdnr. 1; *Dreher/Tröndle*, § 326 Rdnr. 1; *Breuer* NJW 1988, 2075; *Rogall* JZ-GD 1980, 109.
64 Vgl. schon oben B II 1c zu § 324 StGB.

migungserfordernis zum tatbestandlichen Unrecht gehört, gibt es im Schrifttum einige Stimmen, die in der Mißachtung der behördlichen Entscheidungskompetenz das entscheidende strafwürdige Unrecht erblicken[65] und zum Teil ausdrücklich die behördlichen Kontrollinteressen als Rechtsgut nennen[66].

Im Schrifttum wird kritisiert, in einem solchen (formalen) administrativen Rechtsgutsverständnis offenbare sich ein grundlegendes Mißverständnis über die operativen Ziele des Umweltstrafrechts, ja es ist von einem »Kampf zwischen ökologischem und administrativem Denken« die Rede[67]. Ich verstehe dies als Vorwurf, die formale administrative Sicht sei nicht ökologisch orientiert und umweltschutzfeindlich. Diesem »Tadel« muß widersprochen werden, sowohl weil er in unnötiger Weise bestehende Gräben zwischen Straf- und Verwaltungsrecht vertieft, als auch weil er übersieht, daß die Bindung des § 327 StGB an das Umweltverwaltungsrecht gerade nicht zu einer Relativierung des Rechtsgüterschutzes führt. Denn die Verwaltungsgesetze, auf die § 327 StGB Bezug nimmt, sehen vor, daß mit dem Erfordernis der vorgeschalteten behördlichen Kontrolle eine umfassende verwaltungsrechtliche Prüfungspflicht einhergeht, die ganz im Sinne der herrschenden strafrechtlichen Rechtsgutsauffassung individualrechtlichen und ökologischen Schutz bezweckt[68]. Damit steht das formale Genehmigungserfordernis mit den zu schützenden Rechtsgütern in einem untrennbaren Schutzzweckzusammenhang[69]. Nach allem ist es verfehlt, bei § 327 StGB von einem Gegensatz zwischen einer strafrechtlichen ökologisch-anthropozentrischen und einer administrativen Rechtsgutsbestimmung auszugehen. Im Ansatz verdient die formale administrative Sichtweise Zustimmung (auch

---

65 Vgl. *Tiedemann* (Fn. 22), S. 38; *Horn* NuR 1988, 64; *ders.* NJW 1988, 2337; *Dölling* JZ 1985, 463; *ders.* (Fn. 9), S. 87 i.V.m. S. 82 ff.; *Breuer* NJW 1988, 2083.
66 *Schünemann* wistra 1986, 237; *Rengier* ZStW 101 (1989), 880 f.; nicht so klar *Tiedemann/Kindhäuser* NStZ 1988, 340. Näher zum Wesen der Genehmigung *Rengier*, a.a.O., S. 874 ff.
67 *Rogall* (Fn. 7), S. 511. Ablehnend auch *Martin*, Strafbarkeit grenzüberschreitender Umweltbeeinträchtigungen, 1989, S. 177 ff., 200 ff.
68 Vgl. § 1 i.V.m. § 7 Abs. 2 AtomG (zu § 327 StGB); § 1 BImSchG (zu § 327 Abs. 2 Nr. 1 StGB); § 2 Abs. 1 AbfG (zu § 327 Abs. 2 Nr. 2 StGB). Lesenswert zu den Prüfungsmaximen im Umweltverwaltungsrecht *Martin* (Fn. 67), S. 154 ff.
69 Dazu schon *Dölling* JZ 1985, 463; *Horn* NuR 1988, 64; *ders.* NJW 1988, 2337. Vgl. auch *Meinberg* bei *Scheller* ZStW 101 (1989), 797, der keine Anhaltspunkte dafür sieht, daß Verwaltungsbehörden weniger ökologisch motiviert seien als Strafverfolgungsbehörden.

weil sie die prinzipielle Unbeachtlichkeit der materiellen Genehmigungsfähigkeit unproblematisch erklären kann[70]). Man sollte sie nur präziser kennzeichnen und von einer administrativ-ökologisch-anthropozentrischen Sichtweise sprechen.

5. Naturschutzstrafrecht

Noch deutlicher als bei § 324 StGB findet man im Bereich des Naturschutzstrafrechts ausgeprägte ökologische Rechtsgutskomponenten, bei denen der Bezug zum Menschen in den Hintergrund tritt. Ich will hier nur auf § 304 StGB hinweisen, soweit er die Beschädigung von Naturdenkmälern[71] bestraft, auf § 329 Abs. 3 StGB, der vor allem Naturschutzgebiete und Nationalparks vor Beeinträchtigungen durch bestimmte Eingriffe in die Gebiete schützt, sowie auf § 30a Abs. 1 und 2 BNatSchG, wonach sich strafbar macht, wer bestimmte Handlungen gegen bestimmte besonders geschützte Tiere und Pflanzen – teilweise gewerbs- oder gewohnheitsmäßig – begeht.

Trotz des hier besonders ins Auge springenden ökologischen Gedankenguts kann man mit Blick auf die ökologisch-anthropozentrische Sichtweise durchaus einräumen, daß es auch im Bereich des Naturschutzes letztlich immer um den Menschen geht. § 1 Abs. 1 BNatSchG stellt dies deutlich heraus, wenn das Gesetz die Sicherung von Natur und Landschaft »als Lebensgrundlagen des Menschen und als Voraussetzung für seine Erholung in Natur und Landschaft« als Ziel hervorhebt. Aber der ökologische Gedanke ragt hervor, auch wenn man nicht von dem Schutz der Umwelt um ihrer selbst willen spricht. Demgegenüber tritt der Gedanke der Sozialschädlichkeit im Sinne der Individualgefährdung von Leben und Gesundheit ganz in den Hintergrund. In der Sache handelt es sich um bemerkenswerte Beispiele für einen ökologisch orientierten Strafrechtsschutz.

Unsere Überlegungen führen zu der Einsicht, daß es unbedeutend erscheint, ob man noch von einer (rein) ökologischen oder schon von einer ökologisch-anthropozentrischen Rechtsgutsauffassung spricht. Die Differenzen verlieren sich im terminologischen Bereich, sofern man (wie die herrschende Meinung) für das anthropozentrische Element jede mittelbare, »letztbezügliche« Ausrichtung auf den Menschen genügen läßt.

---

70 Dazu *Rengier* ZStW 101 (1989), 902 ff. m.w.N.
71 Zum Begriff § 17 Abs. 1 BNatSchG etwa i.V.m. § 24 Abs. 2 und 3 Bad.-Württ. NatSchG.

Wo dabei der praktisch relevante Unterschied zu der rein ökologisch orientierten Meinung liegen soll, ist nicht feststellbar. Dies hängt damit zusammen, daß man sich dort, wo Menschen leben – also auf unserer Erde –, Umweltschutz um seiner selbst willen eigentlich nicht vorstellen kann.

6. Chemikaliengesetz

Ein abschließender Blick auf die Strafvorschriften des Chemikaliengesetzes (ChemG)[72] rundet den ökologischen Aspekt des umweltstrafrechtlichen Rechtsgüterschutzes ab. Die zentrale Strafvorschrift des § 27 Abs. 1 Nr. 1 ChemG erschließt sich vor allem über § 17 Abs. 1 ChemG und § 43 Gefahrstoffverordnung (GefStoffV)[73]. § 17 Abs. 1 ChemG ermächtigt zum Erlaß von (auch Straf-)Vorschriften, soweit es zu dem in § 1 ChemG genannten Zweck, »den Menschen und die Umwelt vor schädlichen Einwirkungen gefährlicher Stoffe und Zubereitungen zu schützen«, erforderlich ist. Entsprechend sieht der Gesetzgeber den Zweck der GefStoffV darin, »den Menschen vor arbeitsbedingten und sonstigen Gesundheitsgefahren und die Umwelt vor stoffbedingten Schädigungen zu schützen« (§ 1 GefStoffV). Hier läßt das Gesetz erkennen, daß es beim strafrechtlichen Umweltschutz auch um den Schutz der Umwelt geht, offenbar losgelöst von Gefahren für Leben oder Gesundheit des Menschen.

C. Zu den Deliktstypen

I. Das potentielle Gefährdungsdelikt und die Eignungsklausel des § 326 Abs. 1 Nr. 3 StGB

§ 326 Abs. 1 Nr. 3 StGB enthält gegenüber reinen abstrakten Gefährdungstatbeständen (wie § 326 Abs. 1 Nr. 1 und 2 StGB) gewisse Besonderheiten und bereitet auch spezielle Probleme. Es handelt sich um ein sog. abstrakt-konkretes oder potentielles Gefährdungsdelikt[74]. Einen solchen Deliktstyp erkennt man meist daran, daß die Strafbarkeit des abstrakt gefährlichen Verhaltens von einer bestimmten (generellen) Eignung abhängt, in § 326 Abs. 1 Nr. 3 StGB von der Eignung, »nachhaltig ein Gewässer, die Luft oder den Boden zu verunreinigen oder sonst nachteilig zu verändern«. Das rein abstrakte Gefährdungsdelikt und das

---

72 Vom 14. 3. 1990 (BGBl. I S. 521).
73 Vom 26. 8. 1986 (BGBl. I S. 1470).
74 Zum Sprachgebrauch vgl. *Lackner*, StGB, § 326 Rdnr. 1; *Rogall* (Fn. 7), S. 515; *Seelmann* NJW 1990, 1259.

potentielle Gefährdungsdelikt stimmen darin überein, daß sie beide bestimmte generell gefährliche Verhaltensweisen erfassen wollen. Doch nur das potentielle Gefährdungsdelikt verpflichtet den Richter, (mit Hilfe der Eignungsklausel) die allgemeine Gefährlichkeit im Einzelfall auch ausdrücklich festzustellen. Der Gesetzgeber geht diesen Weg, wenn er einer zu weiten Ausdehnung des Strafbarkeitsbereichs entgegentreten will, beispielsweise weil eine rein abstrakte Fassung des Tatbestandes nicht mehr strafwürdige Handlungen erfassen würde.

Reichweite und Anwendungsbereich der Eignungsklausel des § 326 Abs. 1 Nr. 3 StGB (und auch anderer Eignungsklauseln wie der des § 325 StGB) sind in der wissenschaftlichen Diskussion, die sich erst allmählich solchen Fragen verstärkt zuwendet[75], weitgehend ungeklärt. Auf ein wichtiges Problem möchte ich, beschränkt auf § 326 Abs. 1 Nr. 3 StGB, näher eingehen, nämlich auf die Frage nach dem Beurteilungsmaßstab (abstrakt-generell oder abtrakt-konkret?).

Es geht etwa um den Fall, daß ein Abfall, der nur im Gewässer gefährlich werden kann, in einem Gebiet gelagert wird, in dem es ausgeschlossen ist, daß der Abfall Grund- oder Binnengewässer oder Menschen gefährdet. Es ist z. B. denkbar, daß die »an sich« gefährlichen Abfälle in geschützten Behältern gelagert werden oder der Boden so beschaffen ist, daß die gefährlichen Abfallstoffe das Grundwasser nicht erreichen können. Ganz konkret kann man sich die Situation vorstellen, daß jemand wassergefährdende Stoffe wie etwa Öle (vgl. § 19g Abs. 5 WHG) in sicheren Kunststoffbehältern beispielsweise im Keller, auf dem Betriebsgelände oder im Garten lagert.

Daß solche Handlungen verwaltungsrechtlich verboten sind, steht außer Frage; denn der Gesetzgeber hat die Abfallbeseitigung außerhalb von Abfallentsorgungsanlagen grundsätzlich verboten (§ 4 Abs. 1 AbfG). Zweifelhaft ist allein, ob das verbotene Verhalten nicht nur einen Bußgeldtatbestand (§ 18 Abs. 1 Nr. 1 AbfG), sondern auch den Straftatbestand des § 326 Abs. 1 Nr. 3 StGB erfüllt. Das strafrechtliche Problem liegt in der Auslegung der Eignungsklausel: Muß auf die (im Beispielsfall zweifellos vorliegende) abstrakt-generelle An-sich-Gefährlichkeit des Abfalls abgestellt oder müssen auch konkrete Umstände (bejahendenfalls: welche) berücksichtigt werden, die die Handlung im Endeffekt als

---

75 Vgl. etwa *Hoyer* (Fn. 58), S. 189 ff.; *Kleine-Cosack* (Fn. 33), S. 125 ff., 166 ff.; *Ohm*, Der Giftbegriff im Umweltstrafrecht, 1985, S. 101 ff.; *Rogall* (Fn. 7), S. 514 ff.; *Dölling* (Fn. 9), S. 85 f.

ungefährlich erscheinen lassen? Anders formuliert: Ist die Eignung zur nachhaltigen Verunreinigung von Gewässer, Luft oder Boden isoliert nach einem abstrakten Maßstab oder auch unter Heranziehung der konkreten Tat-/Lagerungssituation zu bestimmen?

Nach der amtlichen Gesetzesbegründung[76] soll in einem Fall, in dem eine Gefährdung der Schutzgüter durch Abfallagerungen »ausgeschlossen« ist, die »Kriminalstrafe fehl am Platze« sein, weil der Abfall ungefährlich sei. Denn der »Abfall, der beseitigt wird, muß wenigstens generell geeignet sein, in dem Bereich, in den der Abfall gelangt, ... Schutzobjekte ... oder den Menschen zu gefährden. Ein Abfall, der nur im Wasser gefährlich ist, ist, wenn er in der Landschaft gelagert wird und es ausgeschlossen ist, daß er Grund- oder Binnengewässer oder etwa Menschen gefährdet, ungefährlich«[77].

Was heißt hier freilich »ungefährlich«, weil Gefährdung »ausgeschlossen«? Sind nur die Umstände des gegenwärtigen, konkreten Lagerungsbereichs gemeint? Gibt es eine zeitliche Dimension? Manche Autoren bemühen sich um Präzisierungen: *Lackner*[78] betont, es müsse auch jede Gefährdung durch spätere Umlagerungen ausgeschlossen sein. Nach *Triffterer*[79] kommt es darauf an, ob durch die Art der Ablagerung eine Gefährdung »absolut ausgeschlossen« ist; die derzeitige Lagerung müsse absolut ungefährlich sein und mit der gleichen Sicherheit eine Umlagerung ausgeschlossen werden können. *Hoyer*[80] verneint die Eignung dann, wenn der Täter so sorgfältig gehandelt hat, daß ihm – in Verbindung mit irgendeinem weiteren denkbaren Umständekomplex – keine Verletzungsfahrlässigkeit vorgeworfen werden könnte, falls doch ein geschütztes Objekt (Mensch, Wasser, Luft, Boden) geschädigt würde. *Kleine-Cosack*[81] schließlich stellt darauf ab, ob die notwendigen Schadensbedingungen praktisch nicht vorliegen können, oder ob, positiv formuliert, der Schadenseintritt praktisch möglich ist, was § 326 Abs. 1 Nr. 3 StGB nach ihrer Erkenntnis in die Nähe eines konkreten Gefährdungsdelikts rückt.

---

76 BT-Drucks. 8/2382, S. 18.
77 Zustimmend *Dreher/Tröndle*, § 326 Rdnr. 5. Grundsätzlich auch *Steindorf*, in: LK, § 326 Rdnr. 39, der bezüglich des Landschafts-Beispiels gewisse theoretische Züge der Diskussion (näher anschließend im Text) zutreffend erkennt; aber es geht nicht nur um solche Konstellationen.
78 StGB, § 326 Rdnr. 6.
79 (Fn. 54), S. 211.
80 (Fn. 58), S. 188 ff. Zustimmend *Meinberg* NStZ 1988, 366.
81 (Fn. 33), S. 164, 166 ff., 171.

Gegen alle derartigen Restriktionsversuche – die (auch) auf einer bestimmten Sicht der Gefährdungsdelikte[82] beruhen (können) – bestehen erhebliche Bedenken. Sie schränken den Schutzbereich des § 326 Abs. 1 Nr. 3 StGB in einer Weise ein, die den geschützten Rechtsgütern – dem Leben, der Gesundheit und den Umweltmedien – nicht dienlich ist. Ich will dabei die Gegenargumentation gar nicht auf den Wortlaut der (umstrittenen[83]) Klausel des § 326 Abs. 5 StGB stützen[84]. Entscheidend ist vielmehr, daß es keine anerkannten Maßstäbe dafür gibt, nach welchen Kriterien der (absolute) Ausschluß jeglicher Gefahren beurteilt werden soll. Um auf unser Beispiel zurückzukommen: Jemand lagert 100 Liter (Abfall-)Altöl in einem Behälter im Keller oder im Garten. Wie sicher muß der Behälter sein? Muß er nur ein Jahr, zwei, zehn oder 100 Jahre oder noch länger vor jeder Zerstörung und jedem Zerfall geschützt sein? Auch unter der Erde? Unter welchen Lasten? Wie stark muß er gegen Zerstörungen gesichert sein? Man denke an Außeneinwirkungen durch Uneingeweihte, durch mutwillige Beschädigung, durch Naturkatastrophen (Erdbeben) und Unglücke (Flugzeugabstürze, Bomben). Insbesondere kann der Abfall in Vergessenheit geraten und im Laufe der Zeit z. B. bei Baumaßnahmen verschüttet, untergegraben werden. Wer kann das Risiko ausschließen, daß (irgendwann) eben doch die Schäden eintreten, vor denen § 326 Abs. 1 Nr. 3 StGB schützen will? Man weiß eben nie, so sagt man, und hinter diesem Satz steckt viel Erfahrung.

Der Gesetzgeber hat bewußt die Abfallbeseitigung außerhalb von Abfallentsorgungsanlagen grundsätzlich verboten (§ 4 Abs. 1 AbfG). Auch mit der damit verbundenen behördlichen Kontrolle sollen alle Risiken, nicht zuletzt die unwahrscheinlichen, minimiert werden. Für gefährliche Abfälle im Sinne des § 326 Abs. 1 Nr. 3 StGB – die Strafvorschrift knüpft an die Sonderabfälle im Sinne des § 2 Abs. 2 AbfG an – gilt dies ganz besonders. Eine ungefährliche Lagerung gibt es letztlich nicht. Jeder die Strafbarkeit beeinflussende Beurteilungsspielraum (was heißt – absolut – sichere Lagerung, was nicht) beeinträchtigt einen umfassenden

---

[82] Stichwort »Gegenbeweis der Ungefährlichkeit« (siehe nur *Cramer*, in: *Schönke/Schröder*, vor § 306 Rdnr. 3a, 4).

[83] Vgl. *Lenckner*, in: *Schönke/Schröder*, § 326 Rdnr. 17 ff.; *Lackner*, StGB, § 326 Rdnr. 12.

[84] § 326 Abs. 5 StGB sagt, daß Straflosigkeit nur eintritt, wenn schädliche Einwirkungen wegen der *geringen Menge* der Abfälle offensichtlich ausgeschlossen sind; daraus kann man den Umkehrschluß ziehen, daß in allen anderen Fällen ein solcher Gegenbeweis der Ungefährlichkeit nicht möglich sein soll (so BayObLG NJW 1989, 1290; *Lenckner*, in: *Schönke/Schröder*, § 326 Rdnr. 8).

Rechtsgüterschutz. Die hier vertretene Interpretation erhöht zudem die Praktikabilität der Vorschrift, läßt den Normbefehl klarer hervortreten und erzielt damit eine bessere präventive Wirkung. Unsere Auslegung dehnt auch den Strafbarkeitsbereich nicht zu weit aus; denn die im übrigen vorhandene Teilkonkretisierung des Tatbestandes (auf bestimmte gefährliche Abfälle) grenzt das Delikt in hinreichender Weise ein.

Die Eignungsklausel des § 326 Abs. 1 Nr. 3 StGB muß also auf der Basis eines abstrakt-generellen Beurteilungsmaßstabes definiert werden[85]: Es genügt, daß der Abfall als solcher (nach seiner Art, Beschaffenheit oder Menge) unabhängig von den konkreten Einzelfallumständen generell in der Lage ist, Güter der geschützten Art nachhaltig zu verunreinigen oder sonst nachteilig zu verändern.

Mit diesem Ergebnis sind Stellungnahmen zu anderen Eignungsklauseln keineswegs präjudiziert[86]. So ist es sehr wohl denkbar, daß man etwa bei den Eignungsklauseln des § 325 StGB einen anderen (konkreteren) Beurteilungsmaßstab zugrunde legt. Diese Frage kann hier aber nicht vertieft werden.

II. »Kumulationsdelikt« im Umweltstrafrecht?

Zum Abschluß komme ich auf Fragen zu sprechen, die für die Umweltverschmutzung nicht nur typisch sind, sondern auch besondere umweltstrafrechtliche Probleme bereiten. Es geht um die strafrechtliche Erfassung von solchen Handlungen, die für sich betrachtet eher Bagatellcharakter haben, durch Kumulations- und Summationseffekte aber Bestandteil umweltgefährlicher Auswirkungen werden. Im Ausgangspunkt besteht in der Rechtsprechung und Literatur Einigkeit darüber, daß es bestimmte Bagatellhandlungen gibt, die von vornherein nicht unter

---

85 Im Ergebnis übereinstimmend *Lenckner*, in: *Schönke/Schröder*, § 326 Rdnr. 8; *Horn*, in: SK StGB, § 326 Rdnr. 9; BayObLG NJW 1989, 1290 für die Konstellation, daß eine Gefährdung »zunächst« ausgeschlossen ist. Ebenso *Ohm* (Fn. 75), S. 101 ff. zum Giftbegriff des § 326 Abs. 1 Nr. 1 StGB. Zu den Gegenstimmen siehe noch AG Hamburg NStZ 1988, 365, 366.

86 Das Merkmal der Geeignetheit wird nicht einheitlich verwandt (*Schittenhelm* GA 1983, 318).

die Tatbestände der Umweltdelikte fallen[87]. Diese zutreffende Ansicht hängt mit dem Ultima-ratio-Gedanken und der Aufgabe des Strafrechts zusammen, nur sozialschädliche Verhaltensweisen zu bekämpfen. Eine Ausprägung des Bagatellgedankens finden wir in § 326 Abs. 5 StGB. Beispiele für den Anwendungsbereich der Bagatellklausel werden allerdings nur selten genannt. Man erwähnt[88] den Fußgänger, der fahrlässig auf einer Brücke stolpert, weshalb er eine Milchflasche verliert, die sich in den Bach ergießt; ferner denkt man an einen Badenden, der eingeölt in einem Gewässer schwimmt. Solche Minimalverschmutzungen sollen durch den Straftatbestand der Gewässerverunreinigung nicht erfaßt werden. Man könnte ferner das Urinieren ins Gewässer oder das Ausleeren von Fäkalien auf Segeltouren vor Augen haben.

Indes kommt es hier auf die genaue Erfassung des Bagatellbereichs nicht an. Denn unabhängig davon stellt sich die Frage, ob den Umweltstraftatbestand derjenige erfüllen kann, der zwar nur einen Minimalbeitrag im Sinne der Bagatellklausel leistet, aber durch seine Handlung dazu beiträgt, daß insgesamt ein außerhalb des Bagatellbereichs liegender, strafrechtlich erfaßter Erfolg herbeigeführt wird. Wenn man überwiegend die Möglichkeit, sich auf diese Weise durch kumulativ wirkende Tatbeiträge strafbar zu machen, bejaht[89], so kann man sich in der Tat auf die allgemeinen Kausalitätslehren stützen. Dies läßt sich gut an Schulbeispielen demonstrieren, in denen uns vertrautere Erfolge zur Debatte stehen, wie in dem folgenden Sachbeschädigungsfall: Wir nehmen an, daß 20 verschiedene Personen unabhängig voneinander aus einem Autoreifen, der mit 2,0 Atü Luft vollgepumpt ist, jeweils 0,1 Atü Luft ablassen. Irgendwann ist der Sachbeschädigungserfolg (Fahruntauglichkeit des PKW) erreicht[90]. Wenn dieser Erfolg bei vielleicht 0,5 Atü eintritt, dann steht damit fest, daß alle 15 Personen, die vorher 0,1 Atü Luft abgelassen haben, zu diesem Erfolg beigetragen haben. Für sich betrachtet führen die jeweiligen Einzelhandlungen den verbotenen Erfolg aber noch nicht herbei.

---

87 Vgl. BGH NStZ 1987, 324; OLG Stuttgart wistra 1989, 276; OLG Köln ZfW 1989, 47; BT-Drucks. 8/2382, S. 14; 8/3633, S. 26; *Heine/Meinberg* (Fn. 21), S. D 33; *Kleine-Cosack* (Fn. 33), S. 122 f.; *Lackner*, StGB, § 324 Rdnr. 4; *Rudolphi* NStZ 1987, 325; *Cramer*, in: Schönke/Schröder, § 324 Rdnr. 8; *Möhrenschlager* (Fn. 32), S. 37 f.
88 Vgl. *Samson* ZStW 99 (1987), 624.
89 *Wegscheider* ÖJZ 1983, 94; *Möhrenschlager* WiVerw. 1984, 61 ff.; *Steindorf*, in: LK, § 324 Rdnr. 31, § 325 Rdnr. 54; *Horn*, in: SK StGB, § 324 Rdnr. 5; *Kleine-Cosack* (Fn. 33), S. 123; *Braun*, Die kriminelle Gewässerverunreinigung (§ 324 StGB), 1990, S. 52 f.
90 Zur Problematik des § 303 StGB vgl. BGHSt 13, 207; BayObLG NJW 1987, 3271 mit Anm. *Behm* NStZ 1988, 275; *Wessels*, Strafrecht BT 2, 13. Aufl. 1990, § 1 I 3b.

Entsprechend muß man in einem Gewässerverunreinigungsfall argumentieren. Tritt ab der 10., 20. oder 100. Bagatellhandlung der Verunreinigungserfolg ein, so kann die Kausalkette zu den anderen Mitverursachern gezogen werden mit der Konsequenz, daß jeder den objektiven Straftatbestand erfüllt hat. Die Erfassung kumulativer Tatbeiträge scheint also gar nicht so schwierig zu sein. Praktisch sieht das freilich ganz anders aus:

(1) Auch bei kumulativen Wirkungen muß man dem Täter die Kausalität zwischen seinem (festzustellenden) einzelnen Tatbeitrag und dem Gesamterfolg nachweisen. Dies bereitet in der Praxis große Schwierigkeiten, weil die Gesamtverschmutzung gerade auf den einzelnen Tatbeitrag zurückgeführt werden muß [91]. Das Unterfangen wird umso hoffnungsloser, je mehr Tatbeiträge in Betracht kommen.

(2) Gelingt trotz allem der Kausalitätsnachweis, so muß noch die subjektive Tatseite festgestellt werden. Der Nachweis vorsätzlichen Handelns wird nur selten gelingen, eher schon der Nachweis fahrlässigen Handelns [92]. In manchen Fällen wird bereits die objektive Zurechnung [93] entfallen, so wenn der Täter keine rechtlich unerlaubte Gefahr geschaffen, sich also z. B. sozialadäquat verhalten hat (Sonnenöl-Fall).

Vor diesem – als Korrektiv übrigens nicht ganz unentbehrlichem – Hintergrund überrascht die Feststellung nicht, daß das Kumulationsproblem in der Praxis offenbar keine Rolle spielt [94].

Angesichts der soeben geschilderten rechtlichen und praktischen Lage verdienen Überlegungen Beachtung, die zur Bewältigung der Kumulationsprobleme neue dogmatische Wege einschlagen: *Kuhlen* [95] vertritt bezüglich des Tatbestandes der Gewässerverunreinigung die These, daß es sich bei dieser Strafvorschrift weder um ein Verletzungs- noch um ein abstraktes Gefährdungsdelikt handele; vielmehr müsse der Tatbestand richtigerweise als »Kumulationsdelikt« bezeichnet werden. Der Gesetzgeber habe hier eine neue Kategorie gebildet, bei der man den die Strafbar-

---

91 *Rüdiger*, Zur Bekämpfung sozialgefährlicher Umweltverstöße durch das Kriminalstrafrecht, Diss. iur. Gießen 1976, S. 49 ff., 78 ff.
92 Sofern entsprechende Fahrlässigkeitstatbestände existieren (wie § 324 Abs. 3 StGB; aber nicht bei § 303 StGB). Vgl. auch *Steindorf*, in: LK, § 324 Rdnr. 31, § 325 Rdnr. 54.
93 Dazu *Wessels*, Strafrecht AT, 20. Aufl. 1990, § 6 II.; *Roxin*, Armin Kaufmann-Gedächtnisschrift, 1989, S. 237 ff.
94 Vgl. *Möhrenschlager* WiVerw. 1984, 48 f. Vgl. ferner *Hansmann* NVwZ 1989, 915: Das Strafrecht müsse versagen, wo Kausalität nicht feststellbar sei und wahrnehmbare Wirkungen fehlten.
95 GA 1986, 389 ff. Zum folgenden siehe insbesondere S. 396 ff., 399 f. mit Fn. 56.

keit begründenden Verletzungs- oder Gefährdungsbeitrag jedenfalls nicht mehr allein aus der Einzelhandlung ableiten dürfe.»Ein Kumulationstatbestand fordert nicht, daß eine einzelne Handlung zu einer Verletzung oder Gefährdung führt, sondern nur, daß die Einzelhandlung zu einer Art von Handlungen gehört, die, wenn sie in großer Zahl vorgenommen würden, eine Verletzung oder Gefährdung herbeiführen würden.« Als »praktisch zentrale Pointe von Kumulationstatbeständen« sieht *Kuhlen* es an, »daß sie die im Umweltstrafrecht notorisch schwierigen Kausalitätsfragen ... weitgehend obsolet machen«.

Wenn ich diesen neuen Ansatz richtig verstehe, dann ist der Autor der Meinung, daß auch Einzelhandlungen, die die herrschende Meinung mit Hilfe des Bagatellgedankens aus dem Strafbarkeitsbereich herausnimmt, als solche bereits strafwürdiges Unrecht darstellen, sofern sie nur zu einer Kategorie von Handlungen gehören, die, »in großer Zahl« vorgenommen, Verletzungen oder Gefährdungen herbeiführen würden.

Der Konstruktion eines besonderen Kumulationsdelikts muß widersprochen werden [96]. Sie dehnt den Strafbarkeitsbereich in unvertretbarer Weise aus, weil es im Bereich des Umweltschutzes kaum Handlungen gibt, die nicht schädlich sind, sofern sie nur in großer Zahl vorgenommen werden. Solche uferlosen Straftatbestände, die letztlich alle Bagatellen erfassen, sind mit dem Schuldprinzip nicht vereinbar. Danach wäre z.B. wegen Gewässerverunreinigung strafbar, wer mit seinem Hund am Ufer spazierengeht und nicht verhindert, daß dieser dort seine Geschäfte erledigt; ferner derjenige, der schmutzige Papiertaschentücher in einen großen See wirft. Denn in großer Zahl vorgenommen sind derartige Handlungen allemal geeignet, die Eigenschaften eines Gewässers nachhaltig zu verändern. Das Strafrecht darf aber nicht an das anknüpfen, was andere vielleicht auch tun.

Ich plädiere für ökologisches Denken im Strafrecht, trete aber Tendenzen entgegen, durch die »ökologische Brille« vernünftige Strafbarkeitsgrenzen aus den Augen zu verlieren. Vor dieser Gefahr, die die Anerkennung ökologischer Rechtsgüter im Strafrecht in gewisser Weise in sich birgt, zu warnen, ist auch ein Anliegen meiner Kritik an der Idee des Kumulationsdelikts.

---

96 Zur Kritik vgl. auch *Samson* ZStW 99 (1987), 635 f.; *ders.* bei *Perron* ZStW 89 (1987), 663; *Heine/Meinberg* (Fn. 21). S. D 34 mit Fn. 39, S. D 43 mit Fn. 79; *Rogall* /Fn. 7), S. 520; *Hassemer*, in: AK StGB, Bd. 1, 1990, vor § 1 Rdnr. 280.

Günter Heine
Verwaltungsakzessorietät des Umweltstrafrechts
Rechtsvergleichende Funktionsanalysen – unbestimmte Rechtsbegriffe – Reichweite von Genehmigungen

Der Schutz der Umwelt ist mittlerweile zu einer vorrangigen gesellschaftlichen, staatlichen und länderübergreifenden Aufgabe geworden. Mit einem enormen Ausbau des verwaltungsrechtlichen Instrumentariums korrespondiert weltweit eine Aktivierung des Strafrechts zum Schutz der natürlichen Lebensgrundlagen, [1] obgleich ansonsten die Signale eher auf Zurückdrängung und Liberalisierung des Strafrechts gestellt sind. Ausschlaggebend für diese *Kriminalisierungswelle im Umweltbereich* ist zum einen der Befund, daß das klassische Strafrecht mit dem Schutz von Leben, Körper, Gesundheit und Eigentum keine Antwort findet auf neuartige Bedrohungsformen technisch-zivilisatorischen Ursprungs, zum anderen aber der Umstand, daß spektakuläre Umweltzerstörungen mit breiter Publizitätswirkung die Gesetzgeber in Handlungszwang gebracht haben, zumal sich in der öffentlichen Meinung handfeste Strafbedürfnisse niederschlugen. Gleichwohl mehren sich die Stimmen, die dem Ausbau des *Umweltstrafrechts mit Skepsis* begegnen.[2] Genährt werden solche Zweifel durch empirische Untersuchungen, die für die Bundesrepublik Deutschland belegen, daß das Strafrecht im Kernbereich seiner beabsichtigten Anwendung (schwerwiegende Umweltschädigungen) versagt und

---

1 Siehe *Heine*, ZStW 101 (1989), S. 724 ff.; *derselbe*, UPR 1987, S. 283 ff.; *Tiedemann*, Der Kriminalist 1988, S. 389 ff.; *derselbe*, Revue de sc. crim. et de droit comparé 1986, S. 263 ff.
2 Siehe *Backes*, in: Bad.Württemberg. Strafverteidiger e.V. (Hrsg.), 12. Strafverteidigertag 1989, S. 153; *Hassemer*, Neue Kriminalpolitik 1989, S. 47, 49; *derselbe*, NStZ 1989, S. 553, 558; *P.A. Albrecht*, Krit. Vierteljahrsschrift für Gesetzgebung und Rechtswissenschaft 1988, S. 188 ff.; *Mattern*, Kriminalsoziologische Bibliographie 1987, S. 41; *Scheerer*, KrimJ 1986, Sonderheft 1, S. 133 ff.; *Stangl/Steinert*, Kriminalsoziologische Bibliografie 1987, H. 55, IV.; *Wolf*, Leviathan 1987, S. 365; vgl. auch *Hamm*, Die Zeit Nr. 44 vom 27.10.1989, S. 64.

zugleich in Bagatellbereichen Überreaktionen erzeugt[3] – Ergebnisse, die sich vielfach auch im Ausland bestätigt finden.[4] Auch die Praxis scheint das Umweltstrafrecht mitunter eher als Danaergeschenk denn als Chance zur Verbesserung des Umweltschutzes zu begreifen.[5] Und der Bürger argwöhnt mittlerweile, daß das Umweltstrafrecht rechtliche Potenz nur vorgaukle – titeln doch die Medien, daß »die Kleinen gehängt und die Großen laufen« gelassen würden.[6] Darüber hinaus entspricht dem Lebensgefühl der »neuen Unübersichtlichkeit«[7] in der modernen Risikogesellschaft eine solche in den wissenschaftlichen Stellungnahmen und Entscheidungen der Praxis. Zu den vielfältigen neuen Fragen findet sich ein beispielloser Boom ziselierter Antworten, aber klare Linien sind Mangelware. Deshalb soll es im folgenden auch vorrangig um eine Bestandsaufnahme zentraler Probleme des Umweltstrafrechts gehen, wobei das Spannungsfeld von Strafrecht und Verwaltungsrecht im Mittelpunkt stehen wird (I). Bedeutsame Einzelfragen sind im Lichte dieser Grundlegungen anzugehen (II).

I. Grundprobleme – Grundfunktionen

1. Das klassische Rechtsgüterschutzstrafrecht ist typischerweise auf eine individualisierbare Beziehung zwischen Täter und Opfer konzentriert.

---

3 Siehe *Meinberg*, ZStW 100 (1988), S. 112 ff.; *Rüther*, Ursachen für den Anstieg polizeilich festgestellter Umweltschutzdelikte, 1986; *Heine/Meinberg*, Empfehlen sich Änderungen im strafrechtlichen Umweltschutz, insbesondere in Verbindung mit dem Verwaltungsrecht? Gutachten D zum 57. Deutschen Juristentag, Mainz 1988 (DJT-Gutachten), S. D72 ff. Ferner Bericht der interministeriellen Arbeitsgruppe »Umwelthaftungs- und Umweltstrafrecht« vom 19.12.1988, S. 7 ff. Kritisch zur Tragweite der empirischen Ergebnisse *Rogall*, Festschrift 600 Jahre Universität Köln, 1988, S. 506, 509; vgl. auch *Tiedemann/Kindhäuser*, NStZ 1988, S. 330.
4 Zu Österreich siehe *Wegscheider*, ÖJZ 1989, S. 641 ff.; *derselbe*, Österreichisches Umweltstrafrecht, 1987, S. 3 ff.; zur Schweiz siehe *Stumm*, Analyse der strafrechtlichen Judikatur im Gewässerschutz, 1988; *dieselbe*, Plädoyer 1986, H. 6, S. 11 und *Heine*, GA 1986, S. 85 f.; zu Frankreich siehe *Aubusson de Cavarlay* u.a., Le pénal en première ligne ou en dernier ressort, Deviance et control social CESDIP (1984), S. 372. Rechtsvergleichend *Heine*, ZStW 101 (1989), S. 748 ff.
5 Siehe die Beiträge auf dem 57. Deutschen Juristentag von Seiten der Verwaltungspraxis in: Deutscher Juristentag (Hrsg.), Sitzungsbericht L, 1989. Ferner bei *Meinberg*, ZStW 100 (1988), S. 132 f.; *Diez/Gneiting*, MschrKrim 72 (1989), S. 190, 201 ff.; *Wittkämper/Wulff-Nienhäuser*, Umweltkriminalität heute und morgen, 1987.
6 Vgl. nur z.B. Badische Zeitung vom 23.9.1988; Stuttgarter Zeitung vom 1.10.1988. Siehe auch *Schuster*, DNP 1989, S. 352.
7 Siehe *Habermas*, Die neue Unübersichtlichkeit, 1985.

Seine Zurechnungskriterien, die auch und gerade Rechtssicherheit vermitteln, wurden auf dieser Grundlage und für diese Funktion entwickelt.[8] Dies schließt natürlich keinesfalls aus, neue gesellschaftliche Schutzbedürfnisse zu integrieren. Doch bewegt sich das Strafrecht auf seine *Schutzfähigkeitsgrenzen* hin, wenn Opfer letztlich nur massenstatistisch feststellbar sind (z.B. Pseudo-Krupp, erhöhte Mortalitätsrate durch friedliche Verwendung der Kernenergie), wenn es um die Regelung eines komplexen Lebensbereiches geht, der durch ein erhebliches Konfliktpotential (Ökologie/Ökonomie) gekennzeichnet ist und in dem die jeweiligen Interessen in hohem Maße organisiert sind, wenn über die noch tolerablen Risiken alles andere als gesellschaftlicher Konsens herrscht und wenn sich in den Umweltzerstörungen weithin gesellschaftliche Modernisierungsrisiken niederschlagen, die im Grunde hingenommenes Produkt der industriellen Fortschrittsentwicklung sind.[9]

2. Ein Strafrechtsschutz, der allein auf die Verletzung klassischer Rechtsgüter abstellt, »greift« angesichts eines neuartigen Gefahrenpotentials zu spät oder überhaupt nicht. Denn Ursachen-Wirkungszusammenhänge zwischen Umweltbeeinträchtigungen und Schädigungen des menschlichen Lebens, der Gesundheit bzw. von Sachen sind teils nicht hinreichend erforscht, teils noch nicht genügend abgesichert. Jedenfalls aber sind die spezifischen Bedingungen, unter denen eine Umweltbelastung zu Schädigungen führt, noch nicht ausreichend bekannt, um hieraus für das Strafrecht relevante Folgerungen zu ziehen.[10] Auch deshalb haben sich die einzelnen Gesetzgeber für eine Vorverlagerung des strafrechtlichen Schutzes im Verhältnis zu den elementaren Individualschutzgütern entschieden. Dabei trafen sie auf ein Gebiet, das weithin von *Verwaltungsrecht besetzt* ist. Denn für die Bereiche Umweltnutzung und Umweltbelastung wurde in den letzten knapp zwei Jahrzehnten eine umfangreiche, vielerorts kaum noch überschaubare Umweltschutz-

---

8 Vgl. nur *Jescheck*, Lehrbuch des Strafrechts, 4. Aufl. 1988, S. 6, 45 f. Ähnliches gilt auch für die Strafverfahrensprinzipien, die sachnotwendig mitzuberücksichtigen sind (s. dazu *Heine*, ZStW 101 (1989), S. 747 ff.; *Hamm*, Die Zeit, Nr. 44 vom 27.10.1989, S. 64).
9 Vgl. z.B. *Noll*, Universitas 1971, S. 1021 ff.; *Albrecht*, Kriminalsoziologische Bibliografie 1987, H. 55, S. 2; *Beck*, Risikogesellschaft. Auf dem Weg in eine andere Moderne, 1986, S. 29, 108, 282, 368; *derselbe*, Gegengifte, 1988, S. 96 ff., 192 ff., 216 ff.
10 Vgl. eingehend *Kleine-Cosack*, Kausalitätsprobleme im Umweltstrafrecht, 1988, S. 4 ff.; *Möhrenschlager*, WuV 1984, S. 2 ff.; *Martin*, Strafbarkeit grenzüberschreitender Umweltbeeinträchtigungen, 1989, S. 03 f.

gesetzgebung geschaffen.¹¹ Diese verkörpert letztlich den Ausgleich, der nach Auffassung des Gesetzgebers zwischen den Interessen des einzelnen wie auch der Allgemeinheit an sauberer Umwelt auf der einen Seite gegenüber Freiheitsrechten des Verschmutzers sowie öffentlichen Interessen an wirtschaftlicher Entwicklung und Technologie auf der anderen Seite billig ist.¹² Auf dieser Grundlage gestattet das Umweltverwaltungsrecht nicht selten auch Tätigkeiten (oder verbietet sie jedenfalls nicht), die zu nachhaltigen Umweltbelastungen und Schäden führen können, wobei exemplarisch nur auf die Rheinverschmutzung durch alltägliche legale Einleitungen hingewiesen sei.¹³ *Aus dem Prinzip der Einheit der Rechtsordnung* und (daraus abgeleitet) dem Verbot der Schaffung krasser Widersprüchlichkeiten folgt, daß das Strafrecht jedenfalls kein Verhalten mit Strafe bedrohen kann, das von der Rechtsordnung im übrigen ausdrücklich gebilligt wird.¹⁴

Deshalb ist die *Berücksichtigung der verwaltungsrechtlichen Ordnung der Umweltbelastungen für das Strafrecht weithin unverzichtbar*. Dies ist auch im internationalen Vergleich unumstritten. Dabei lassen sich vergröbernd *drei Modelle* unterscheiden, die recht abweichende Schutzrichtungen haben und bei denen sich ganz unterschiedliche Problemfelder abbilden:

---

11 Zur Bundesrepublik Deutschland siehe etwa *Breuer*, in: von Münch, Besonderes Verwaltungsrecht, 1982, S. 633 ff.; *Hoppe/Beckmann*, Umweltschutzrecht, 1989, S. 287 ff.; *Kloepfer*, Umweltrecht, 1989, S. 22 ff. Zum ausländischen Umweltverwaltungsrecht siehe *Kloepfer*, a.a.O., S. 339 ff.
12 *Martin* (Anm. 10), S. 173, Vgl. auch *Kloepfer* (Anm. 11), S. 16 f.; *Wahl*, DVBl 1982, S. 55 f.
13 So räumt etwa der Gesetzgeber im BImSchG (§§ 1, 3, 5) ein, daß es Umwelteinwirkungen gibt, die »störend, ja subjektiv quälend sein können, die aber dennoch hingenommen werden müssen, wenn man nicht das soziale Zusammenleben der Menschen überhaupt in Frage stellen will« (Feldhaus, DÖV 1974, S. 615; siehe auch unten II.1.b). Zu der herrschenden »Je-desto-Formel« (Je größer und schwerwiegender der mögliche Schaden für Leben und Gesundheit ist, desto höher muß der Wahrscheinlichkeitsgrad sein, der für den Ausschluß des Schadenseintritts zu fordern ist) vgl. OVG Lüneburg, GewA 1975, S. 305; *Bayer/Nicklisch/Pilz/Schottelius/Wagner*, Risiken technischer Anlagen und ihre rechtliche Bedeutung, 1981; Sellner, Immissionsschutzrecht und Industrieanlagen, 2. Aufl. 1988, S. 21 ff. m.weit.Nachw.
14 H. ., siehe z.B. BGH MDR 1975, S. 723; *Winkelbauer*, Zur Verwaltungsakzessorietät des Umweltstrafrechts, 1985, S. 40 ff.; *Tiedemann*, Die Neuordnung des Umweltstrafrechts, 1980, S. 39; *Keller*, in: Deutscher Juristentag (Anm. 5), S. 42 f.; *Lenckner*, Festschrift Pfeiffer, 1988, S. 2 ff.; *Breuer*, DÖV 1987, S. 177 ff. Siehe aber auch *Kloepfer*, NuR 1987, S. 13 »relative Rechtswidrigkeit«.

Das *klassische absolut verwaltungsabhängige (Neben-)Strafrecht (unten a), das relativ verwaltungsabhängige (Kern-)Strafrecht* (unten b) und schließlich die *verwaltungslosgelöste Setzung von Strafnormen* (unten c).

a) Bei dem *absolut verwaltungsabhängigen Strafrecht* wird im wesentlichen die strafrechtliche Absicherung verwaltungsrechtlicher Entscheidungen bezweckt. Dabei geht es zum Teil statt um Flankierung des Verwaltungsrechts im Sinne gesetzlicher Vorgaben bloß um die Stärkung des praktizierten Verwaltungsvollzugs: So ist etwa in der Türkei bzw. in Italien bis 1988 (Verstoß gegen Abmahnung mit Fristsetzung) die Zuwiderhandlung gegen eine verwaltungsrechtliche Erlaubnis noch nicht strafbar. Hinzu kommen muß vielmehr eine Abmahnung mit Fristsetzung durch die zuständige Verwaltungsbehörde. Erst der erneute Verstoß ist dann strafbewehrt. Daher wird das Strafrecht nicht nur weit zurückgedrängt, sondern seine Anwendung auch voll und ganz in die Hände der Verwaltungsexekutive gelegt. Insofern unterwirft sich das Strafrecht in toto der Funktion und Aufgabe des Verwaltungsrechts. Dies mag jedenfalls dort konsequent erscheinen, wo, wie z.B. in Großbritannien, Verwaltungszwangsmittel weitgehend fehlen. Auch ist nicht zu verkennen, daß diese absolute In-Dienst-Stellung des Strafrechts für Verwaltungshandeln ganz auf der Linie des teilweisen *Wandels vom normierenden zum paktierenden Staat* liegt: Insbesondere im Umweltrecht macht sich international ein (bedenklicher) Trend breit, die Entscheidungsmacht vom Parlament auf die Administration bzw. auf außerstaatliche Gremien (Sachverständige) zu verlagern. Mit dieser Entwicklung geht Hand in Hand, daß tendenziell an die Stelle einseitiger Anordnung durch den Staat ein Verhandlungsprozeß (bargaining) tritt. Diese Ausprägungen des verwaltungsrechtlichen Kooperationsprinzips können zur Folge haben, daß sich der förmliche Genehmigungsbescheid, längst schon im Vorfeld mit mächtigen (industriellen) Interessengruppen ausgehandelt, in eine Art »notariellen Beurkundungsakt« verwandelt.[15]

Dieser strukturellen Flexibilität des Verwaltungsrechts entspricht natürlich am ehesten ein Strafrecht, das sich voll diesen informalen Vollzugsprofilen anpaßt (insbesondere in Großbritannien) oder der Verwaltung umfassenden Gestaltungsspielraum garantiert und nur das Umgehen der behördlichen Kontrolltätigkeit sanktioniert (teilweise in Belgien). Mit

---

15 *Bohne,* Der informale Rechtsstaat, 1981, S. 57. Vgl. auch *Kloepfer* (Anm. 11), S. 199 f.; *Wolf,* Leviathan 1987, S. 364; *Lübbe-Wolff,* NuR 1989, S. 295; *Hermes/Wieland,* Die staatliche Duldung rechtswidrigen Verhaltens, 1988, S. 47, je m.weit.Nachw.

dem ureigentlichen Anliegen des (Kern-)Strafrechts, verbindliche Grenzen tatbestandlich zu garantieren, jenseits derer Rechtsgutsverletzungen inakzeptabel sind und Werte zu bekräftigen,[16] haben diese Ansätze recht wenig zu tun.[17]

b) Deshalb läßt sich das *relativ verwaltungsakzessorische Strafrecht* von dem Anspruch leiten, bestimmte Umweltgüter wie Wasser, Luft und Boden, als besonders schutzwürdig hervorzuheben, auch in der Intention, das Bewußtsein der Bürger für die Sozialschädlichkeit von Umweltbelastungen zu schärfen. Danach gilt als strafwürdig nicht der bloße Verwaltungsungehorsam, die Zuwiderhandlung gegen verwaltungsrechtliche Anordnungen – ganz ungeachtet ihrer ökologischen Auswirkungen. Vielmehr bedarf es allemal Handlungen mit (zumindest potentiell) umweltbelastenden Konsequenzen. So verbietet das deutsche Umweltstrafrecht die Verunreinigung eines Gewässers und sanktioniert eine Luftverunreinigung, die geeignet ist, u.a. die Gesundheit eines anderen zu schädigen. Und in Schweden ist etwa die Verunreinigung von Wasser, Luft und Boden dann inkriminiert, wenn dadurch das abstrakte Risiko einer Gesundheitsgefahr für Menschen entsteht.[18] Doch kommt das Strafrecht nicht daran vorbei, die verwaltungsrechtliche Ordnung der Umwelt zu berücksichtigen. So können die zuständigen Umweltverwaltungsbehörden umweltschädigende Handlungen in Form von Emissionen oder Einleitungen erlauben, womit das Verhalten auch strafrechtlich rechtmäßig wird.[19] Teilweise verlangen die Strafnormen aber auch eine spezielle vorhergehende behördliche Anordnung: Erst wenn gegen ein solches verwaltungsrechtliches Verbot verstoßen wurde (und dadurch eine Umweltbelastung entstanden ist), kommt das Strafrecht zum Zug.

---

16 Vgl. z.B. *Jescheck* (Anm. 8), S. 6 f., 231 ff.; *Rudolphi*, SK, Vorbem. 3 ff. vor § 1; *Eser*, in: Markl (Hrsg.), Natur und Geschichte, 1983, S. 386; *Dölling*, in: Krekeler (Hrsg.), Natur und Umweltschutzrecht, 1989, S. 82 f.; *Triffterer*, in: Ulsamer (Hrsg.), Lexikon des Rechts. Strafrecht, Strafverfahrensrecht, 1989, S. 908 f. Siehe auch schon *Baumann*, ZfW 1973, S. 66 zu den historischen Parallelen des RStGB 1871 (»Pervertierung des Strafrechts zu einem Instrument der allgemeinen Verwaltung«).

17 Ganz abgesehen von verfassungsrechtlichen Fragen, wie z.B. der Gewaltenteilung, der Gleichbehandlung (siehe dazu z.B. BVerfGE 75, S. 329 ff.). Dementsprechend gibt es in Großbritannien auch Vorschläge, das Strafrecht angesichts der Inflationierung von »regulation offences« wieder auf einen Kernbereich zu reduzieren, siehe Justice, British Section of the International Commission of Jurists (Ed.), Breaking the rules, the problem of crimes and contraventions, 1980.

18 Vgl. §§ 324, 325 dStGB, Kap. 13 § 8a StGB Schweden.

19 Zu diesem Problembereich siehe eingehend unten II.

Auf diese Weise wird zwar eine widerspruchsfreie Zuordnung der Entscheidungen des Verwaltungsrechts zum Strafrecht gewährleistet. Doch ist zu sehen, daß strafrechtsfremde Grundstrukturen mit weitreichenden Konsequenzen adaptiert werden: Das tendenziell verhandlungsorientierte Konsensualprofil des Verwaltungsvollzugs und dessen »Soft-Law«, verkörpert durch Verhältnismäßigkeitsprinzip, Duldungen u.ä., schwächt latent eine Teilrechtsordnung, die als »Eckpfeiler der Werteordnung« auf Verbindlichkeit angelegt ist. Dies zeigt sich etwa dann, wenn gebotene Verwaltungsakte zugunsten informalen Verwaltungshandelns [20] ausbleiben oder zwar Verwaltungsakte ergehen, diese aber keine für das Strafrecht geeigneten Anknüpfungspunkte enthalten (z.B. unklare Überwachungswerte, Jahresmittelwerte u.ä.).[21] Dies alles hat zur Folge, daß die Umweltstrafnormen leerlaufen können. Hinzu kommt eine erhebliche »Selektionsmacht« der Verwaltung, bedingt durch ihr Anzeigeverhalten.[22] Diesbezüglich scheinen eher harmlose, d.h. kurzzeitige oder bereits abgestellte Störungen, eher an die Staatsanwaltschaft abgegeben zu werden als schwerwiegende Umweltbelastungen, bei denen die Verwaltung im Wege von Verhandlungen Möglichkeiten sieht, längerfristig zu einer akzeptablen Lösung zu kommen.[23]

Solche möglichen Effizienzeinbußen durch eine Abhängigkeit vom Verwaltungshandeln lassen sich u.U. dann reduzieren, wenn, wie etwa in Österreich, Jugoslawien und Spanien, ergänzend auf gesetzliche Pflichten (statt bloß auf Verwaltungsakte) verwiesen wird. Eine derartige Koppelung mit höherlegitimierten gesetzlichen Vorgaben könnte sicherstellen, daß Strafrechtsschutz nicht zwangsläufig dort entfällt, wo verwaltungsbehördlich gebotenes Handeln ausbleibt. Auch wäre gesetzlich klargestellt, daß die durch eine Genehmigung erteilte Rechtsposition

---

20 Zur Klarstellung ist darauf hinzuweisen, daß insoweit keine Bewertung der Gesamteffizienz formalisierten oder informalen Verwaltungshandelns vorgenommen wird. Im übrigen ist es wohl so, daß Umweltrecht in der Risikogesellschaft zwangsläufig in gewissem Umfang dynamisch und offen bleiben muß.
21 Siehe z.B. *Franzheim*, NStZ 1987, S. 437 ff.; *Samson*, ZfW 1988, S. 201 ff.; *Papier*, Gewässerverunreinigung, Grenzwertfestsetzung und Strafbarkeit, 1984, S. 29, 47. Ferner *Salzwedel*, in: DJT-Sitzungsbericht, S. L 137; *Hansmann*, in: DJT-Sitzungsbericht, S. L 165.
22 In der Bundesrepublik Deutschland werden Umweltstrafverfahren zu rund einem Viertel durch Verwaltungshinweise initiiert, siehe *Meinberg*, ZStW 100 (1989), S. 128 f.
23 *Meinberg*, ZStW 100 (1988), S. 132 f.; *Diez/Gneiting*, MSchkrim 72 (1989), S. 199 f.; *Rüther*, (Anm. 3), S. 179. Dazu, daß sich solche und ähnliche Strategien auch im Ausland zeigen, siehe *Heine*, ZStW 101 (1989), S. 750 f.

nicht absolut ist.[24] Dies setzt freilich voraus, daß dann hinreichend bestimmte *gesetzliche Pflichten* in den Verwaltungsgesetzen bereitstehen – was derzeit angesichts der Vielfalt möglicher Sachverhaltsgestaltungen teilweise nur in eingeschränktem Umfang möglich sein wird.[25]

c) Ging es bisher um einen Bereich, der weithin einem verwaltungsrechtlichen Interessenausgleich überantwortet wurde, und auf den das Strafrecht Rücksicht zu nehmen hat, so ist das Strafrecht dort *absolut unabhängig vom Verwaltungsrecht*, wo es um besonders gravierende Störungen geht, die typischerweise keiner Erlaubnis zugänglich sind. Diese Grenze kann natürlich angesichts der Interessenvielfalt und -gewichtigkeit, des Standes der naturwissenschaftlichen Erkenntnisse[26] sowie der Risikobewertungen recht unterschiedlich ausfallen. Dies verdeutlicht schon ein Blick auf die Grenzwertediskussion. Diese Standards verhindern nicht zwangsläufig latente Mortalitätsrisiken für die Bevölkerung, sie sind vielmehr letztlich nichts anderes als in technisches Gewand gekleidete Entscheidungen über sozialadäquate, noch tolerable Restrisiken – und deshalb je nach Abwägung modifizierbar.[27]

Verwaltungsunabhängige strafbewehrte Verbote werden im internationalen Vergleich jedenfalls dort anerkannt, wo die Umweltbelastung nachweislich zu einer Allgemeingefahr für die Bevölkerung geführt hat. Gleiches gilt über solche Gemeingefahren hinaus auch meist bei konkreten Gefahren für menschliches Leben oder die Gesundheit. Doch teilweise werden schon derartige Gefährdungen in Abhängigkeit zum Verwaltungsrecht gebracht und damit prinzipiell als erlaubnisfähig angesehen (so etwa in den Niederlanden, der früheren DDR und Jugoslawien).[28] Und in der Bundesrepublik Deutschland wurden zwar schwe-

---

24 Siehe dazu auch unten II.
25 In Österreich kommt etwa § 33 Wasserrechtsgesetz (WRG) in Frage: Danach hat der Genehmigungsinhaber umweltschonende Maßnahmen zu treffen, wenn er feststellt, daß die von der Behörde festgelegten Einleitungsbedingungen zur Wasserreinhaltung nicht ausreichen. Vgl. auch § 31 WRG. Siehe zum Ganzen *Schröfl*, Handkommentar zum Umweltschutzrecht, 1989, S. 335 ff., der darauf hinweist, daß diese weitreichenden Pflichten in weiten Kreisen noch völlig unbekannt seien. Siehe dementsprechend auch *Petznek*, Umweltstrafrecht, 1989, S. 41 ff.
26 Nach *Hapke*, ZfU 1980, S. 640, gleichen die Unsicherheiten, mit denen die Umwelttoxikologie konfrontiert ist, den Versuchen, »in einem dunklen Raum eine schwarze Katze zu fangen, von der man nicht weiß, ob sie überhaupt da ist.«
27 Vgl. *Jarass*, NJW 1987, S. 1126; *Salzwedel*, NvWZ 1987, S. 277. Ferner *Martin* (Anm. 10), S. 163 ff. und *Wolf*, Leviathan 1987, S. 374 ff.
28 Zu den Niederlanden siehe *Heine/Waling*, JR 1989, S. 405. Im übrigen siehe *Heine*, ZStW 101 (1989), S. 734. Vgl. in diesem Zusammenhang auch *Schmoller* und *Burgstaller* bei *Lagodny*, ZStW 101 (1989), S. 937 f.

rere Gefährdungen durch Freisetzen von Gift verwaltungsunabhängig ausgestaltet, doch hat man geglaubt, die keiner Genehmigung zugängliche Schwelle erst bei »schweren Körperverletzungen« ziehen zu müssen (§ 330a dStGB).[29]

Auch wenn mit dieser Kriminalisierung von »Unrechtsspitzen« die verwaltungsrechtliche Problematik außen vor bleibt, so besteht ein *gravierender Schwachpunkt:* Der Nachweis eines Zusammenhangs zwischen Umweltbelastung und konkreter Gefährdung ist angesichts kumulativer, summierender, ja häufig länderübergreifender Effekte von Emissionen und Einleitungen überaus schwierig zu führen; dies nicht zuletzt auch deshalb, weil derartige Wirkungszusammenhänge naturwissenschaftlich noch nicht hinreichend erforscht sind.[30] Wohl insbesondere aus diesem Grund laufen diese Gefährdungsdelikte in der Praxis – auch im internationalen Vergleich – praktisch leer: In der Bundesrepublik Deutschland gab es 1987 9 Verurteilungen wegen § 330a StGB, in Polen in vergleichbaren Fällen 5, in Schweden während 6 Jahren nur eine und in Japan während 15 Jahren gar nur 4 Verurteilungen.[31]

3. Das Anliegen, den Schutz der Umwelt mittels strafrechtlichem Instrumentarium zu schützen, bedingt bei einer ökologischen Ausrichtung, wie etwa in der Bundesrepublik Deutschland, Österreich, Spanien und Schweden, zwangsläufig einen vergleichsweise *offenen, eher unbestimmten Normtypus.* Mehrere Gründe sind hierfür verantwortlich: Auch wenn die Sicherung der natürlichen Lebensgrundlagen nur durch eine langfristig angelegte ökologische Politik Erfolg verspricht, so muß Umweltrecht auf eine gewisse Reversibilität programmiert sein. Umweltnormen sind als »Jahrhundertwerke« nicht mehr vorstellbar. So können etwa Grenzwerte ebensowenig einen Gültigkeitsanspruch auf Dauer erheben wie staatliche Genehmigungen zu Umweltbelastungen.[32] Soll das

---

29 BT-Drs. 8/2382, S. 25. Kritisch *Bottke,* JuS 1980, S. 541, der Grundsätze des erlaubten Risikos als verletzt ansieht. Nach *Horn,* SK § 330a Rdnr. 9, soll eine verwaltungsbehördliche Erlaubnis auch insoweit grundsätzlich rechtfertigende Wirkung haben. Demgegenüber aber wie im Haupttext die h.M.: *Cramer,* in: Schönke/Schröder, § 330a Rdnr. 8; *Steindorf,* LK, § 330 Rdnr. 15. De lege ferenda für eine Herabsetzung der Gefährdungsschwelle DJT-Gutachten (Anm. 3), S. D 142.
30 Vgl. z.B. Umweltgutachten 1987, BT-Drs. 11/1568, S. 30 ff.
31 *Nachweise:* Strafverfolgungsstatistik 1987, S. 120 sowie *Heine,* ZStW 101 (1989), S. 749.
32 Deshalb sind in den Umweltverwaltungsgesetzen (freilich unterschiedlich ausgeprägt) auch Befristungen, nachträgliche Anordnungen, Widerspruchsmöglichkeiten bzw. dynamische Betreiber-Grundpflichten vorgesehen (vgl. den Überblick bei *Kloepfer* (Anm. 11), S. 431 ff., 628 ff. sowie z.B. *Sellner* (Anm. 13), S. 251 ff., *Kutscheidt,* in:

Recht nicht unter der Lawine der Entdeckung immer neuer Schadstoffe, dem Gewahrwerden erhöhter Risikolagen und der Nuancierung von gesellschaftlichen Werten zusammenbrechen, so muß es diese Prozesse zu kanalisieren versuchen: Es ist latent ein *Recht auf Zeit*.[33]

Schon deshalb kommt auch das Strafrecht nicht daran vorbei, Tatbestände zu installieren, die tendenziell offen sind und damit die Anpassung des Rechts an sozialen und technischen Wandel ermöglichen, ohne daß es eines ständigen gesetzgeberischen Eingriffs in das Strafgesetzbuch bedürfte.[34] Dies ist, wie gezeigt, dadurch geschehen, daß *straf- und verwaltungsrechtliche Vorschriften* verzahnt werden und das Verwaltungsrecht über unbestimmte Rechtsbegriffe, Modifizierung von Verordnungen, Richtlinien u.ä. bzw. Umgewichtung von Bewertungsspielräumen[35] normative (also auch vollzugsunabhängige) Innovationsreserven besitzt.

Hinzu kommt die Anerkennung von bestimmten Umweltmedien, wie Wasser, Luft und Boden, als strafrechtlich schutzwürdige Rechtsgüter. Diese strafrechtliche *Inthronisation der Ökologie* ist zwar aus Gründen eines effektiveren Rechtsschutzes und zur Verdeutlichung der besonde-

---

Landmann/Rohmer, Gewerbeordnung Bd. III, Umweltrecht 1989, § 3 BImSchG Rdnr. 15). Vgl. aber auch *Papier*, in: Jahrbuch des Umwelt- und Technikrechts, 1987, S. 73 ff. In dem im Haupttext dargelegten Sinne wird auch mit Blick auf den Bestandsschutz von Genehmigungen verstärkt vertreten, daß der Eigentumsschutz des Art. 14 GG kein zeitlich unbegrenztes Recht auf Umweltverschmutzung gewähren kann (vgl. BVerfGE 58, S. 327 f.; *Bender/Sparwasser*, Umweltrecht 1988, S. 195; *Kutscheidt*, in: *Landmann/Rohmer*, Gewerbeordnung Bd. III, 1989, Vorbem. 26 vor § 4 BImSchG; *Schenke*, NuR 1989, S. 11, *Sendler*, UPR 1983, S. 44 ff., je m.weit.Nachw.) Dementsprechend existiert im Umweltrecht (anders als etwa im Baurecht) auch kein Grundsatz, wonach eingeräumte und/oder ausgenutzte Rechtspositionen trotz Rechtsänderung im allgemeinen zu belassen wären (vgl. BVerwGE 65, S. 317; *Hoppe/Beckmann*, Anm. 11, S. 145 m.weit.Nachw.). Demgegenüber verlieh § 26 Preuß.GewO vom 17.1.1845 das materielle Recht, eine Anlage auf Dauer grundsätzlich unbeschränkt zu betreiben (vgl. *Feldhaus*, WiVerw 1986, S. 68 f.)

33 Vgl. auch *Wolf*, Leviathan 1987, S. 387; *Ladeur*, ZfU 1987, S. 21; *Beck*, Risikogesellschaft (Anm. 9), S. 29 f., 40 ff. Vgl. auch mit Blick auf den Bestandsschutz von Rechtspositionen *Dolde*, NVwZ 1986, S. 874; *Feldhaus*, WiVerw 1986, S. 67 ff.; *Schröder*, UPR 1986, S. 133.

34 Siehe schon *Albrecht/Heine/Meinberg*, ZStW 96 (1984), S. 950; Albrecht, Kriminalsoziologische Bibliografie 1987, H. 55, S. 4 ff.

35 Vgl. *Wahl*, DVBl 1982, S. 51 ff.; *Kloepfer* (Anm. 11), S. 55 f., 122. Siehe auch *Martin* (Anm. 10), S. 154 ff.

ren Wertigkeit geboten,[36] doch ist nicht zu verkennen, daß diese kollektiven Rechtsgüter weithin offen sind für unterschiedlichste Interpretationen. Hält man eine Gewässerverunreinigung schon dann für strafbar, wenn schadstoffhaltige Einleitungen, ganz ungeachtet der Menge, erfolgen (OLG Stuttgart),[37] verzichtet man also auf eine irgendwie geartete nachteilige Wirkung auf das Gewässer insgesamt, so wird zwar eine strafrechtliche Zurechnung von Einleitungen ungemein erleichtert. Indes unterwirft man sich im Grunde dem fragwürdigen Prinzip, daß »Verunreinigungen als Massenerscheinungen in jedem Einzelfall strafrechtlich« zu bekämpfen seien[38] und begibt sich jeglicher Haftungseingrenzung gerade im Bereich der Jedermannskriminalität. Deshalb wurde verschiedentlich versucht, ein Mehr an Rechtsklarheit (und eine höhere Strafbarkeitsschwelle) zu gewinnen durch Begriffe wie »lang anhaltende Verunreinigung, die wirtschaftlich unvertretbar ist«, »eine schwerwiegende Beeinträchtigung der Umwelt« oder eine »Beeinträchtigung, die nur mit verhältnismäßigen Schwierigkeiten oder erst nach längerer Zeit wieder beseitigt werden kann«.[39] Doch wer kann denn schon generalisierend voraussagen, wann diese Voraussetzungen erfüllt sind?

Diese Befunde haben (u.a.) unter dem *Verfassungsgebot der Bestimmtheit* harsche Kritik ausgelöst, wobei insbesondere die Verflechtung des Strafrechts mit Verwaltungsvorschriften im Mittelpunkt steht.[40] Doch haben die (Verfassungs-)Gerichtshöfe in den USA, Italien und der Bundesrepublik diese Gesetzestechnik prinzipiell abgesegnet.[41] Zwar wird verfassungsrechtlich regelmäßig verlangt, daß der Gesetzgeber selbst (und nicht die Legislative oder Exekutive) abstrakt-generell über die Straf-

---

36 H..: vgl. zunächst *Eser*, in: Markl (Anm. 16), S. 378 sowie die Nachweise in DJT-Gutachten (Anm. 3), S. D 31 ff. Dagegen z.B. ausführlich *Papier*, NuR 1986, S. 2. Gegen diesen wiederum z.B. *Rogall* (Anm. 3), S. 509 ff. (»... gehört zu den großen Irrtümern der Lehre im Umweltstrafrecht«).
37 *OLG Stuttgart*, ZfW 1977, S. 179. Vgl. auch *Tiedemann* (Anm. 14), 1980, S. 20.
38 Schweizerisches Bundesgericht, BGE 104 IV 5. Dazu *Heine*, ZStW 101 (1989), S. 739, zu und bei Fn. 32.
39 Siehe § 180 Abs. 2 StGB Österreich, § 74 Nr. 9 Entwurf *Wegscheider* (Anm. 4), S. 39; § 330 Abs. 2 Nr. 2d StGB.
40 Vgl. die Zusammenstellung der Kritik bei *Winkelbauer* (Anm. 14), S. 29 ff. Ferner *Kühl*, Festschrift Lackner, 1987, S. 828 ff. und exemplarisch AG Nördlingen, NStZ 1987, S. 317 m.Anm. *Meinberg*. Zum Ausland siehe z.B. *Heine/Catenacci*, ZStW 101 (1989), S. 78 ff.
41 Siehe für die Bundesrepublik BVerfGE 75, 5; 329 ff.; für Italien Corte Cost. vom 12.3.1975, Giur. cost. 1975, S. 714; für die USA U.S. v. Kennecott Copper Corp., 523 F 2d 821(1975).

barkeit entscheidet und der Bürger anhand der gesetzlichen Regelung voraussehen kann, ob ein Verhalten strafbar ist. Indes sind sich diese obersten Gerichte weitgehend darin einig, daß die verfassungsrechtlichen Hürden nicht allzu hoch angesetzt werden dürfen.[42] Andernfalls würden die Gesetze zu starr und kasuistisch und die notwendige Anpassung an die raschem Fortschritt und Wandel unterworfene Naturwissenschaft und Technik unmöglich gemacht. Darüber hinaus wird angesichts der ökologischen Bedrohung die Schaffung noch weitgehend unbestimmter Gesetze im Bereich des Umweltschutzes auf die sich aus Art. 2 GG ergebende Schutzpflicht des Staates zugunsten der Unversehrtheit der Bevölkerung gestützt.[43]

Strafrechtsintern ist damit die Problematik aber nicht aus der Welt. Eine zentrale Frage ist, ob und inwieweit die Gesetzesunterworfenen von der verwaltungsrechtlichen Regelung, welche die Strafnorm konkretisiert, Kenntnis besitzen müssen. Dies ist deshalb nicht selbstverständlich, weil die Strafgesetze nicht selten pauschal auf Verwaltungsvorschriften verweisen, die »zum Schutz vor schädlichen Umwelteinwirkungen« ergangen sind.[44] Doch ist hier die Rechtsprechung überaus großzügig: Die Rechtsordnung setze je nach Adressatenkreis ein erhöhtes Maß an Pflichtenkenntnis voraus. Deshalb sei etwa von Betreibern gefährlicher Anlagen angesichts der breiten Ökologiediskussion in der Öffentlichkeit und der Bedeutung der von ihren Einrichtungen ausgehenden Emissionen für die Menschen und die Umwelt zu verlangen, daß sie sich sachkundig machen – so die Rechtslage in der Bundesrepublik Deutschland, der Schweiz und den USA.[45] Und in Österreich ist neuerdings sogar gesetzlich geregelt, daß wegen Umweltgefährdung bestraft werden kann, wenn der Täter eine entsprechende verwaltungsrechtliche Rechtsvorschrift zwar nicht kannte, er sie aber »seinem Beruf, seiner Beschäftigung oder sonst den Umständen nach« hätte kennen müssen.[46] Derartige Fiktionen,

---

42 Nach *Kunz*, Das strafrechtliche Bagatellprinzip, 1984, S. 94 hat sich der Gesetzgeber im Strafrecht vom Bestimmtheitsgebot faktisch dispensiert.
43 So *Kühl*, Festschrift Lackner 1987, S. 839. Dazu eingehend *Hermes*, Das Grundrecht auf Schutz von Leben und Gesundheit. Schutzpflicht und Schutzanspruch aus Art. 2 Abs. 2 Satz 1 GG, 1987, passim. Vgl. auch BVerfGE 49, S. 89 ff.; 53, 30 ff.
44 Vgl. z.B. § 330 Abs. 1 Nr. 2 dStGB. Rechtsvergleichend *Prabhu*, Protection against chemical hazards, Ottawa 1988.
45 Siehe BVerfGE 73, S. 343, 345; BGE 104 IV 46; U.S. v. International Minerals and Chemicals Corp., 402 U.S. 565 (1971).
46 § 183a öStGB.

an und für sich Fremdkörper in einem Schuldstrafrecht, sind anscheinend der Preis dafür, die Umwelt auch strafrechtlich abzusichern. Doch andernorts, so etwa in Schweden und Belgien,[47] sind die Anforderungen im Umweltstrafrecht bezüglich der Kenntnis von Verwaltungsvorschriften vergleichsweise hoch. Freilich hat dort die Praxis zwar arbeitsintensive, aber überaus effektive Wege aufgezeigt, um diese Fragen zu lösen: Sämtliche Betriebe werden durch Anschreiben über ihre verwaltungsrechtlichen Verpflichtungen informiert. So werden nicht nur mögliche Einlassungen abgeschnitten, die Rechtslage sei undurchschaubar gewesen, sondern es wird auch individuell die Rechssicherheit und Rechtsklarheit verbessert.

II. Einzelfragen im Spannungsfeld von Straf- und Verwaltungsrecht

Diese Verwaltungsakzessorietät des Strafrechts hat hierzulande zu einem Bündel von Einzelfragen geführt, die, von der Wissenschaft aufgeworfen, bald auch die Gerichte tangiert haben.[48] Im wesentlichen geht es dabei um den Grad der Bindung des Strafrecht an das Verwaltungsrecht (1) und um die Auswirkungen von behördlichen Duldungen (2).[49]

1. Umfang und Reichweite der Bindung des Strafrechts

a) Konflikte können sich insbesondere bei *fehlerhaftem oder zumindest atypischem* Verwaltungshandeln ergeben, so etwa, wenn, wie im Fall des LG Hanau, [50] irreguläre Teilgenehmigungen für den Betrieb von kern-

---

47 Amtsgericht Öftersund DB 143/82.
48 Vgl. zunächst z.B. *Dreher/Tröndle*, StGB, 42. Aufl. 1985, Vorbem. 4 vor § 324; *Lackner*, StGB, 16. Aufl. 1985, Vorbem. 1b b vor § 324; *Winkelbauer* (Anm. 17), S. 12 ff.; *Tiedemann* (Anm. 37), S. 27 ff.; *Triffterer*, Umweltstrafrecht, 1980, S. 96 ff. und schon *StA Mannheim*, NJW 1976, S. 586. Neuerdings *OLG Frankfurt*, NJW 1987, S. 2753 mit Anm. *Keller*, JR 1988, S. 168 und *LG Hanau*, NJW 1988, S. 571 sowie jüngst *Keller*, Festschrift Rebmann, 1988, S. 241 ff. und *Rengier*, ZStW 101 (1989), S. 874 ff.
49 Die folgenden Bemerkungen müssen sich auf einige wesentlich erscheinende Erwägungen beschränken, wobei in Kauf zu nehmen ist, daß weder einzeltatbestandlichen Besonderheiten noch allen vertretenen Auffassungen Rechnung getragen werden kann.
50 *LG Hanau*, NJW 1988, S. 571. Zustimmend *Keller*, Festschrift Rebmann, 1989, S. 244 f., 255 f.; vgl. auch *Heine*, in *Meinberg/Möhrenschlager/Link* (Hrsg.), Umweltstrafrecht, 1989, S. 116 f.; krit. *Dolde*, NJW 1988, S. 232 ff.; *Horn*, NJW 1988, S. 2335 ff.; *Winkelbauer*, JuS 1988, S. 691 ff.; *Tröndle*, bei *Lagodny*, ZStW 101 (1989), S. 939.

technischen Anlagen erteilt werden. Die Frage ist dann etwa, ob solche Erlaubnisse von Strafe freistellen. Eindeutig ist die Rechtslage dort, wo, wie in der Türkei, [51] nur die Nichtbefolgung »ordnungsgemäßer« behördlicher Erlaubnisse strafbewehrt ist. Demgegenüber werden hierüber in der Bundesrepublik Deutschland heftige Positionsgefechte geführt, die letztlich auf gravierenden Unterschieden in kriminalpolitischen Grundeinstellungen gründen.

Nach Ansicht des BVerfG besteht unter *verfassungsrechtlichen* Gesichtspunkten zwar keine zwangsläufige Bindung.[52] Demgegenüber berücksichtigt die überwiegende Meinung im *Strafrecht* aber die traditionelle Regelung des Verwaltungsrechts, daß auch rechtswidrige Verwaltungsakte bis zu ihrer eventuellen Rücknahme wirksam sind und Gültigkeit beanspruchen.[53] Nur nichtige Verwaltungsakte, also solche, die an besonders schwerwiegenden Fehlern leiden, wie z.B. gegen Straftatbestände verstoßende Anordnungen, sind (auch strafrechtlich) als Nullum zu betrachten.[54]

Indes wird es als »höchst unbefriedigend« empfunden, wenn ein Täter, der eine Erlaubnis zu Einleitungen von Schadstoffen durch *Täuschung, Drohung* oder *kollusives Zusammenwirken* mit einer Umweltbehörde, erlangt hat, sich auf die behördliche Gestattung berufen könnte und damit auch in Zukunft (bis zur verwaltungsrechtlichen Rücknahme des Verwaltungsakts) straflos die Umwelt verschmutzen dürfte.[55] Ähnlich problematisch kann sich die Situation bei *offensichtlich veralteten Genehmigungen* darstellen. Und im besonderem Maße als anstößig gilt, wenn dem Strafrecht ein Eingreifen auch für den Fall verwehrt bliebe, daß es durch die Emissionen (trotz Einhaltung der behördlich festgelegten Werte) zu

---

51 Art. 526 StGB Türkei.
52 BVerfGE 75, S. 346. Vgl. auch *Kühl*, Festschrift Lackner, S. 817 ff.; *Schünemann*, wistra 1986, S. 239; *Rudolphi*, bei *Lagodny*, ZStW 101 (1989), S. 936.
53 Vgl. die Zusammenstellung bei *Lenckner*, Festschrift Pfeiffer, S. 28, Fn. 6 und im *DJT-Gutachten*, S. D 9.
54 Wobei freilich umstritten ist, wann Nichtigkeit vorliegt: Für eine eigenständige strafrechtliche Nichtigkeitsprüfung *Schünemann*, wistra 1986, S. 239 und jüngst *Rengier*, ZStW 101 (1989), S. 897 f.
55 *Rudolphi*, ZfW 1982, S. 203 (h.M., vgl. z.B. an einem obiger dictum des BGH, bei *Tiedemann*, Anm. 37, S. 61, orientiert: *StA Mannheim*, NJW 1976, S. 586, *OLG Celle*, NdsRpf 1986, S. 218; *LG Hanau*, NJW 1988, S. 576. Ferner *Cramer*, in: Schönke/Schröder, StGB, Vorbem. 7 vor §§ 324 ff.; *Dölling*, JZ 1985, S. 469; *Papier*, NuR 1986, S. 4. Vgl. auch z.B. SPD-Fraktion, Entwurf eines Zweiten Gesetzes zur Bekämpfung der Umweltkriminalität vom 14.2.1990, BT-Drs. 11/6449, S. 65).

Gesundheitsbeschädigungen kommen sollte.[56] Diesen Strafbedürfnissen steht jedoch anscheinend der Grundsatz von der Einheit der Rechtsordnung gegenüber, wonach strafrechtlich nicht rechtswidrig sein kann, was von anderen Teilen der Rechtsordnung erlaubt wird. Ein Ausweg aus diesem Dilemma wird überwiegend dadurch versucht, daß man die Berufung auf eine derartige (als formal empfundene) Rechtsposition über den Gedanken des *Rechtsmißbrauchs* verhindert[57] oder als strafrechtlichen Rettungsanker *umfassende Nichtigkeitsgründe* zuläßt.[58]

b) Indes ist vorrangig der Frage nachzugehen, welche Sachverhalte eigentlich von einer behördlichen Gestattung »legalisiert« werden. Eine verwaltungsrechtliche Genehmigung eines Betriebes gibt dem Vorhaben

---

56 Siehe *Rudolphi*, Festschrift Lackner 1987, S. 881 f.; *Tiedemann* (Anm. 37), S. 27; *Keller*, DJT-Sitzungsbericht, S. L 9. De lege ferenda Gesetzentwurf der SPD-Fraktion vom 14.2.1990: § 330d Abs. 2 Nr. 2 regelt als strafrechtliche Spezialvorschrift Fälle des mißbräuchlichen Ausnutzens einer Zulassung.

57 Siehe Anm. 54. Neuerdings wird verstärkt verfochten, wegen des in Art. 103 Abs. 2 GG verankerten Gesetzlichkeitsprinzips diesen »Durchgriff« nur auf der Rechtswidrigkeits-, nicht dagegen auf der Tatbestandsebene zu gestatten: Eingehend *Lenckner*, Festschrift Pfeiffer, 1988, S. 32 ff.; *Winkelbauer*, NStZ 1988, S. 201 ff.; *derselbe*, DöV 1988, S. 726; ihnen folgend *Breuer*, NJW 1988, S. 2080; *Tiedemann/Kindhäuser*, NStZ 1988, S. 344. Weitergehend *Rengier*, ZStW 101 (1989), S. 888, der die tatbestandsausschließende und rechtfertigende Genehmigung gleichstellt und bei beiden Formen Rechtsmißbrauchserwägungen ablehnt. Soweit *Rengier* dabei systematische Argumente anführt, um zu belegen, daß der Gesetzgeber die Problematik erkannt und die Folgen akzeptiert habe (a.a.O., S. 887, vgl. auch *Samson*, SK, Vorbem. 61 vor § 32), wird freilich verkannt, daß die angeführten gesetzlichen Beispiele (internationalem Standard entsprechend) im wesentlichen nur (retrospektiv) die mit der Erlangung der Genehmigung mißbilligten Handlungen betreffen und nicht die Frage, was (prospektiv) beim Ausnutzen solcher Genehmigungen zu gelten hat. Während *Rengier* aber jedenfalls über eine weite Auslegung von Nichtigkeitsgründen bei Verwaltungsakten Luft schafft, plädiert *Rogall* (Festschrift 600 Jahre Universität Köln, 1988, S. 527) dagegen für eine absolute Bindung an derartige Verwaltungsakte. Daß gerade dieses Problemfeld heillos umstritten ist, zeigt die Untersuchung von *Martin* (Anm. 10), S. 184 ff., nach dessen konsequent ökologischer Lösung die verwaltungsrechtliche Zulässigkeit einer Umweltnutzung prinzipiell als Rechtfertigungsgrund zu verstehen ist. (Auf dieser Linie auch der SPD-Entwurf, a.a.O., § 330d, Abs. 2). Zeigt sich darin die Fragilität der Zuordnung zu Tatbestands- oder Rechtfertigungsebene, so ist es kaum überraschend, daß zunehmend Zweifel daran laut werden, weitreichende Konsequenzen gerade an dieser Grenzziehung fest zu machen (siehe *Rengier*, *Rudolphi*, *Burgstaller* bei *Lagodny*, ZStW 101 (1989), S. 934 ff.).

58 Eingehend *Rengier*, ZStW 101 (1989), S. 897 (besonders schwerwiegender Fehler und Kenntnis der Beteiligten bezüglich der Rechtswidrigkeit, prinzipiell bejahend bei Drohung, Bestechung und kollusivem Zusammenwirken), a.A. z.B. *Stelkens/Bonk/Leonhardt*, Verwaltungsverfahrensgesetz, 2. Aufl. 1983, § 44 Rdnr. 11; *Kopp*, Verwaltungsverfahrensgesetz, 4. Aufl. 1986, § 44, Rdnr. 7, 14.

eine eigenständige konstitutive Grundlage und gewährt dabei einen (je nach Art der Erlaubnis freilich unterschiedlich intensiven)[59] Bestands- und Vertrauensschutz, dem gegenüber polizeiliches Einschreiten (aufgrund der polizeilichen Generalklausel) nur eingeschränkt möglich ist.[60] Aus dieser *Legalisierungswirkung* wird u.a. abgeleitet, daß nicht strafbar sein kann, was verwaltungsrechtlich nicht untersagt werden kann.[61] Das Sachproblem zeigt sich etwa derart, daß durch Freisetzen giftiger Substanzen trotz Einhaltung der genehmigten Schadstoffmengen Gesundheitsbeeinträchtigungen (§ 223 StGB) oder Sachbeschädigungen (§ 303 StGB) herbeigeführt werden – sind diese damit (bis zur eventuellen Rücknahme der Genehmigung) legalisiert?[62]

Zumal aus strafrechtlicher Sicht mitunter pauschal »die Bestandskraft« einer Erlaubnis als unüberwindbare Hürde angesehen oder (gerade umgekehrt) bezüglich Eingriffe in Individualgüter rundweg eine fehlende Kompetenz der Verwaltungsbehörde reklamiert wird,[63] ist zunächst der verwaltungsrechtliche Sachstand zu skizzieren – dies auch deshalb, weil Disharmonien zwischen Straf- und Verwaltungsrecht nach Möglichkeit zu vermeiden sind.

Das Industrie- und Gewerbeeigentum, das in den Anfängen des Wasser- und Immissionsschutzrechts fast wie mit Stahlbeton gegen nachträgliche Veränderungen abgesichert war,[64] ist unter dem Druck des Umweltschutzes und dem Gewahrwerden der Umweltmedien als lebensnotwendige Güter geschmeidiger geworden. Verwaltungsrechtlich sind die absoluten Positionen, die für einen recht umfassenden Schutz des Genehmi-

---

59   Siehe *Breuer,* JuS 1986, S. 362 f.; *Hoppe/Beckmann* (Anm. 11), S. 148; *Kutscheidt,* in: Landmann-Rohmer, Gewerbeordnung, Band III Umweltrecht, (Stand Jan. 1989), Vorbem. 18 ff. vor § 4 BImSchG.
60   H. .: BVerwGE 38, S. 217; 55; 122 f.; *Fluck,* VerwArch 79 (1988), S. 406 ff.; *Jarass,* DöV 1988, S. 409; *Kopp,* DVBl. 1983, S. 392; *Wahl,* Hwb des Umweltrechts, Bd. I, 1986, Sp. 434 f.
61   *Rengier,* ZStW 101 (1989), S. 895. Vgl. auch *Breuer,* NJW 1988, S. 217 m.weit.Nachw. Siehe demgegenüber aber auch *Odersky,* Festschrift Tröndle 1989, S. 303.
62   Zur Praxisrelevanz siehe *Keller,* DJT-Sitzungsbericht (Anm. 5), S. L 19 und BGH, Urteil vom 13.3.1975, bei *Tiedemann* (Anm. 37), 1980, S. 60 f.
63   Vgl. einerseits *Bottke,* JuS 1980, S. 541; *Horn,* SK, § 330a Rdnr. 9, andererseits *Rudolphi,* Festschrift Lackner, 1987, S. 882. Vgl. auch *Lenckner,* in: Schönke/Schröder, Vorbem. 62 vor §§ 32 ff.
64   Siehe zunächst oben Anm. 32 sowie PrOVGE 82, S. 351 ff., (356): »Es ist anerkanntes Recht, daß eine Anlage, für die eine gewerbepolizeiliche Genehmigung erteilt ist, gegen nachträgliche polizeiliche Eingriffe auch aus anderen als gewerbepolizeilichen Gründen geschützt ist.«

gungsinhabers bei (noch) vorhandener Erlaubnis plädieren,[65] eher auf dem Rückmarsch. Ihnen wird entgegengehalten, daß eine derart extensive Sperrwirkung einer Gestattung zwar aus der Sicht des Anlagenbetreibers vordergründig attraktiv erscheine. Die damit verbundene gewisse Risikoübertragung auf den Staat[66] würde jedoch zwangsläufig zu einer restriktiven Genehmigungspraxis der Umweltbehörden aus Risikoscheu führen und wäre deshalb nicht nur ein Pyrrhussieg für den Bürger und die Umwelt, sondern vermindere auch auf längere Sicht die Handlungsmöglichkeiten für den Anlagenbetreiber.[67] In diesem Sinne hält auch das BVerwG neuerdings dafür, »daß ein Einschreiten aufgrund der ordnungsbehördlichen Generalklausel gegen unmittelbar drohende Gefahren zulässig sein muß, weil die Verursachung derartiger Gefahren durch die Legalisierungswirkung rechtlich nicht gedeckt wird«.[68] Folgt man dem, so steht für solche (gewiß eher atypischen) Fälle jedenfalls nicht zu befürchten, daß strafrechtlich sanktioniert wird, was verwaltungsrechtlich nicht unterbunden werden könnte.

Wenngleich auf dieser Schiene eine bislang zentrale Bastion der Verwaltungsakzessorietät des Strafrechts zu wanken scheint, so ist zu sehen, daß deshalb nicht zwangsläufig Strafbarkeit droht. Denn diese Aufweichung bzw. Begrenzung der Legalisierungswirkung geschieht insbesondere mit Blick auf das Eingreifen der polizeilichen Generalklausel. Bezüglich der hierauf begründeten Verantwortlichkeit dominiert im Verwaltungsrecht nach wie vor die Theorie der unmittelbaren Verursachung: Störer ist danach derjenige, dessen Verhalten oder dessen Sache die betref-

---

65 *Papier*, Jahrbuch des Umwelt- und Technikrechts, 1987, S. 75 f.; *derselbe*, NVwZ 1986, S. 259 f.; *Martens*, DVBl. 1981, S. 604 ff. Vgl. auch *Schink*, DVBl. 1986, S. 166. Ferner *Rengier*, ZStW 101 (1989), S. 894. Auf dieser Grundlage kommt allenfalls eine Rücknahme u.ä. des Verwaltungsakts in Betracht.
66 Zur vielschichtigen Problematik einer Mitverantwortung des Staates siehe BVerwGE 53, S. 58; Wahl, Hwb des Umweltrechts, Bd. I, 1986, Sp. 39. Ferner *Fluck*, VerwArch 79 (1988), S. 439 f. Vgl. auch BGH, UPR 1989, S. 179 f. und BGH NJW 1988, S. 481.
67 *Kloepfer* (Anm. 11), S. 728; *derselbe*, in: Forschungsstelle für Umwelt- und Technikrecht (Hg.), Altlasten und Umweltrecht, 1986, S. 36 ff.; *derselbe*, NuR 1987, S. 12 ff. Vgl. auch *Breuer*, JuS 1986, S. 362 ff.; *Feldhaus/Schmitt*, WiVerw 1984, S. 11 f.; *Hoppe/Beckmann* (Anm. 11), S. 148. Ferner *Dölling*, bei Lagodny, ZStW 101 (1989), S. 935 und allgemein *Krauß*, Plädoyer 1/1989, S. 42 ff.
68 BVerwGE 55, S. 123. Siehe auch OVG Münster, NVwZ 1985, S. 355; VGH Mannheim, Beschluß vom 11.9.1986, mitgeteilt bei *Fluck*, VerwArch 79 (1988), S. 408.

fende Gefahr unmittelbar verursacht.[69] Pflichtwidriges Verhalten ist deshalb keine conditio sine qua non für die Zurechnung einer gravierenden Gefahr.[70] Auf dieser Grundlage läßt sich Verantwortlichkeit prinzipiell auch dann begründen, wenn zwar nicht die Handlung, wohl aber der Erfolg außerhalb der Legalisierungswirkung der Genehmigung liegt.[71] So gesehen erlaubt eine Genehmigung zwar das Eingehen eines Risikos, stellt aber nicht zwangsläufig die Risikorealisierung von polizei- und ordnungsrechtlichen Sanktionen frei.[72] Ist diesbezüglich die verwaltungsrechtliche Zurechnung also stark erfolgsorientiert, so folgt demgegenüber das Strafrecht handlungsbezogenen Verantwortlichkeitslinien: Was ex ante erlaubt war, bleibt auch insoweit erlaubt, als dies ex post betrachtet zu einem sozial unerwünschten Erfolg führt.[73]

Deshalb ist es für die Frage, ob strafrechtlich ein Vorwurf zu machen ist, notwendig, den *Bescheidungsgegenstand* der behördlichen Gestattung auszuloten. Sind Funktionsmerkmale der Erlaubnis Dispositionsbefugnis und Kontrollaufgabe der Verwaltungsbehörde sowie die durch Rechtsklarheit der getroffenen Regelung zu garantierende Vertrauens-

---

69 Vgl. z.B. PrOVGE 78, S. 261; OVG Hamburg, DöV 1983, S. 1017; *Feldhaus/Schmitt*, WiVerw 1984, S. 7 ff.; *Götz*, Allgemeines Polizei und Ordnungsrecht, 8. Aufl. 1985, Rdnr. 191 ff.; *Friauf*, in: v. Münch (Hrsg.), Besonderes Verwaltungsrecht, 7. Aufl. 1985, S. 212 ff.

70 Dies gilt auch für die neueren Lehren, die sich alternativ entweder auf eine Pflichtwidrigkeit oder eine normative Risikozurechnung stützen, siehe *Breuer*, JuS 1986, S. 362; *Kloepfer*, NuR 1987, S. 9, je m.weit.Nachw. Krit. *Schink*, DVBl. 1986, S. 166.

71 So *Breuer*, JuS 1986, S. 363 für atypische und unerkennbare Einzelfälle. Vgl. auch *Brandt/Lange*, UPR 1987, S. 15; *Feldhaus/Schmitt*, WiVerw 1984, S. 11; *Herrmann*, DöV 1987, S. 673; *Koch/Herrmann*, Bodensanierung nach dem Verursacherprinzip, 1985, S. 13 ff.; 51 ff. Ferner OVG Münster, OVGE 16, S. 289; OVG Lüneburg, DVBl. 1967, S. 780 f.; a.A. *Papier*, Altlasten und polizeiliche Störerhaftung, 1985, S. 29; *Schink*, DVBl. 1986, S. 166. Nach *Kloepfer*, NuR 1987, S. 13 scheidet eine Legalisierungswirkung (wesentlich darüber hinausgehend) sogar »weitgehend« aus, wenn die Genehmigung völlig oder partiell rechtswidrig war.

72 Vgl. *Fluck*, VerwArch 79 (1988), S. 429; *Herrmann*, DöV 1987, S. 673.

73 Normtheoretischer Hintergrund ist dabei die Bestimmungs- und Bewertungsfunktion des Strafrechts. Besteht die Rechtswidrigkeit zentral in einem Widerspruch zu einem Rechtssatz als Bestimmungsnorm (verstanden als eine das Verhalten ex ante (mit-)leitende Direktive), so ist nicht die Verursachung von Rechtsgutsverletzungen schlechthin verboten, sondern nur unvertretbar großes Risikoverhalten. Zum Ganzen siehe allgemein *Lenckner*, in: Schönke/Schröder, Vorbem. 49 vor §§ 13 ff. m.zahlr.-Nachw. Ferner *Schünemann*, JA 1975, S. 438, 441 f. sowie umfassend *Frisch*, Vorsatz und Risiko, 1983, S. 74 ff.; 349 ff.; *Wolter*, Objektive und personale Zurechnung von Verhalten, Gefahr und Verletzung in einem funktionalen Straftatsystem, 1981, S. 57 ff., 330 ff.

position des Antragstellers,[74] so muß zentrales Kriterium für den Inhalt einer Zulassung die behördliche Sachprüfung und Entscheidung, vermittelt durch den objektiven Erklärungssinn des Verwaltungsakts, sein.[75] Dann sind von vornherein nur solche Handlungen genehmigt, die nicht in Abweichung vom bestimmungsgemäßen, in den Genehmigungsunterlagen beschriebenen Betrieb der Anlage durchgeführt werden.[76] Im übrigen ist stets zu prüfen, ob die jeweilige Genehmigung die betreffenden Betriebshandlungen unter dem Vorbehalt der Befolgung aktueller technischer Regeln gestattet oder weitergehend den begünstigenden Verwaltungsakt mit (konkretisierten) Grundpflichten des Betreibers koppelt.[77]

In materialer Hinsicht gilt dabei für die Bereiche des Gewässer- und Immissionsschutzes folgendes:

Nach § 6 WHG sind der Entscheidungskompetenz der Verwaltungsbehörde Benutzungszulassungen entzogen, von denen eine Beeinträchtigung des Wohls der Allgemeinheit zu erwarten ist. Von dieser Versagungspflicht umfaßt sind auch Belange der menschlichen Gesundheit, wie das BVerwG jüngst in Abkehr von seiner bisherigen Rechtsprechung befand:[78] Besteht die nicht bloß entfernte Möglichkeit eines Schadenseintritts i.S. einer Gefahr für die menschliche Gesundheit, so liege darin kraft Gesetz zugleich eine Beeinträchtigung des Wohls der Allgemeinheit. Ebensowenig erlaubt das BImSchG Gesundheitsschädigungen; die Gefahr einer Gesundheitsschädigung gilt als erhebliche schädliche Umwelteinwirkung i.S. des § 3 Abs. 1 BImSchG, die bei der Entscheidung über die Erteilung einer Genehmigung (§§ 6 ff. BImSchG) keiner Abwägung zugänglich ist.[79] Trotz dieser prima vista eindeutigen Geset-

---

74 Vgl. *Rengier*, ZStW 101 (1989), S. 875 f.; *Wahl*, Hwb des Umweltrechts, Bd. I, 1986, Sp. 434 ff.; sowie z.B. *Maurer*, Allgem. Verwaltungsrecht, 6. Aufl. 1988, S. 175 ff.
75 Vgl. *Breuer*, JuS 1986, S. 362 f.; *Fluck*, VerwArch 79 (1988), S. 420 f. sowie z.B. BVerwGE 41, 305; DVBl. 1983, S. 810 und allgemein *Rüpig*, Verwaltungswille und Verwaltungsakt, Bonner Diss. 1982, S. 125 ff.
76 Ebenso *Fluck*, VerwArch 79 (1988), S. 422; *Winkelbauer*, NStZ 1988, S. 204.
77 Siehe dazu de lege ferenda DJT-Gutachten (Anm. 3), S. D 125 ff. und §§ 327 Abs. 3 Z ff. 2, 330d Abs. 2 Ziff. 2 Gesetzentwurf der SPD-Fraktion vom 14.2.1990, BT-Drs. 11/6449. Ferner bereits *Tiedemann* (Anm. 37), S. 27. Vgl. aber auch *Sendler*, UPR 1990, S. 42 f. zur Qualität der Betreiber-Grundpflichten.
78 BVerwG, NuR 1990, S. 25 f. Mit ausschlaggebend für diese Erweiterung des Schutzes waren die durch das 4. und 5. Änderungsgesetz zum WHG erfolgte umfassendere Zielsetzung des WHG. Siehe demgegenüber noch BVerwGE 55, S. 220/229.
79 *Feldhaus*, DVBl. 1979, S. 305; *Jarass*, BImSchG Kommentar, 1983, § 3 Anm. 26; *Kutscheidt*, in: Landmann/Rohmer, Gewerbeordnung, Bd. III, Umweltrecht; § 3 BImSchG Anm. 11; *Sellner* (Anm. 13), S. 27 f. Demgegenüber ist im Hinblick auf die

zeslage ist indes nicht zu verkennen, daß die Schlüsselfrage letztlich beim Begriff der Gefahr u.ä. liegt: Absolut ungefährliche Einleitungen und Emissionen sind im Industriezeitalter, auch mit Blick auf den Fortschritt der naturwissenschaftlichen Nachweismethoden, selten. Insofern geht es auch um die Anforderungen an die hinreichende Wahrscheinlichkeit eines Gefahreneintritts [80] und auf dieser Grundlage um die (administrative) Festlegung des *normativ-sozial noch tolerablen Risikos.*

Verwirklicht sich in diesem Bewertungsrahmen das statistische Risiko des genehmigten Ablagenbetriebs in konkreten Gesundheitsschädigungen und handelt der Anlagenbetreiber im Einklang mit der Erlaubnis, so ist sein Handeln nicht deshalb rechtswidrig, weil der Erfolg u.U. verwaltungsrechtliche (polizeipflichtige) Folgen auslöst – für das Strafrecht ist insoweit kein Raum (Fall des *unverbotenen Risikos*).[81] Der Erlaubnisinhaber kann dann darauf vertrauen, das gesetzlich zulässige Handlungsrisiko einzuhalten. Was demgegenüber das *Ausnutzen* einer Genehmigung angeht, nachdem es durch den Anlagenbetrieb zu Gesundheitsschädigungen gekommen ist und der Genehmigungsinhaber hiervon Kenntnis erlangt hat,[82] so gilt folgendes: Stellt man mit der im Verwaltungsrecht im Vordringen befindlichen Meinung darauf ab, daß gegenüber solchen Gesundheitsschädigungen ein polizeiliches Einschreiten prinzipiell möglich ist,[83] begrenzt man, wie gesehen, also auch in Übereinstimmung mit den Vorschriften des WHG und BImSchG [84] sachgerecht die Legalisie-

Gefahr von Sachschäden nach h.M. eine Abwägung möglich und geboten (siehe nur *Sellner* (Anm. 13), S. 28; *Kutscheidt,* in: Salzwedel (Hrsg.), Grundzüge des Umweltrechts, 1982, S. 247).

80 Dazu BVerfG, NJW 1989, S. 363; BVerwG NJW 1970, S. 1890; *Hoppe/Beckmann* (Anm. 11), S. 68, 401; *Murswiek,* Hwb des Umweltrechts, Bd. II, Sp. 267 ff.; je m.weit.Nachw. Ferner BVerwGE 72, S. 250, 256. Vgl. auch die Expertise des Bundesgesundheitsamts von 1979 zur Gefährlichkeit von Holzschutzmitteln, mitgeteilt in DER SPIEGEL, Nr. 7 v. 12.2.1990.

81 Allgemein dazu *Schaffstein,* ZStW 72 (1960), S. 373; *Hirsch,* LK, Vorbem. 32 vor § 32; *Jescheck,* LK, Vorbem. 61 vor § 13. Ähnlich auch *Lenckner,* in: Schönke/Schröder, Vorbem. 62 vor §§ 32 ff. Vgl. auch *Winkelbauer,* NStZ 1988, S. 204. A.A. *Rudolphi,* Festschrift Lackner, S. 882, der freilich die maßgebenden verwaltungsrechtlichen Grundlagen zu wenig berücksichtigt.

82 Dazu instruktiv LG Mainz, Urteil vom 16.1.1989, 8 Js 3708/84-W-5 Kls (»Erdal-Urteil«), insbes. S. 184, 200 und BGHSt 37, S. 106 ff.

83 Siehe oben zu und bei Anm. 67 f.

84 Man wende nicht etwa ein, auf dieser Linie werde z.B. § 17 BImSchG völlig ausgehebelt: Für derartige nachträgliche Anordnungen verbleiben sämtliche Sachverhalte, welche Gefährdungen der Umwelt sowie nicht kausal zurechenbare Gesundheitsgefährdungen betreffen.

rungswirkung von behördlichen Gestattungen, so steht die Bestandskraft der Genehmigung jedenfalls mit Blick auf Körperverletzung (§§ 223, 230 StGB) nicht als Straffreistellungsgrund zur Debatte. Im übrigen hat dann die Vertrauenskomponente der Genehmigung ihre handlungsleitende Kraft verloren: Die Dogmatik zum erlaubten Risiko hat erbracht, daß ein Vertrauen auf das Funktionieren der zur Gefahrbegrenzung konkretisierten Sorgfaltsregeln nicht mehr gerechtfertigt ist, wenn im Einzelfall erkennbar wird, daß die vorgeschriebenen Maßnahmen nicht mehr ausreichen, um eine latente Gefährdung auf das noch tolerierbare Mindestmaß zu reduzieren.[85] Dies ist im Einzugsbereich von WHG und BImSchG jedenfalls dann der Fall, wenn es infolge des Betriebs der Anlage zu (materiell nicht von den jeweiligen Gesetzen erlaubten) Gesundheitsschädigungen gekommen ist und sich der Betreiber der Gefährlichkeit seines Tuns bewußt war. Dann darf die Anlage nicht ohne zusätzliche gefahrbeseitigende Maßnahmen weitergeführt werden.

Sofern darüber hinaus die Genehmigung von vornherein (im Zeitpunkt der Erteilung) zu offen erkennbaren, kraß polizeiwidrigen Störungen der öffentlichen Sicherheit und Ordnung führen sollte, ist davon auszugehen, daß diese im Zweifel *nichtig* wäre.[86] Es wäre rechtlich nicht haltbar, staatliche Genehmigungen gewissermaßen als Selbstverpflichtung der Behörden zu interpretieren, gegen grob polizeiwidrige Zustände nicht einzuschreiten. Strafrechtlich sind dann grundsätzlich die Umweltstraftatbestände, insbesondere §§ 324, 327 StGB, relevant.

c) Ging es bislang im wesentlichen um eine sachgerechte Interpretation von Erlaubnissen mit Blick auf Schädigungen von Individualrechtsgütern, so kann eine Genehmigung unter bestimmten Voraussetzungen auch bezüglich des *Umweltbelastungssachverhalts* beschränkt sein mit der Folge, daß ein Umweltdelikt erfüllt wird.

Ausgangspunkt ist dabei, daß die Genehmigungsbehörden den Genehmigungsinhalt zu präzisieren und damit die Reichweite der Genehmigung abzustecken haben.[87] Dies kann etwa dadurch geschehen, daß bestimmte Angaben des Antragstellers wesentlicher Regelungsinhalt der behördlichen Gestattung werden und damit der Umfang der Genehmigungswir-

---

85 Vgl. *Cramer*, in: Schönke/Schröder, § 15 Rdnr. 145 ff.; *Lenckner*, in: Schönke/Schröder, Vorbem. 93 vor §§ 13 ff. und Vorbem. 100 vor §§ 32 ff. mit zahlr. Nachw.
86 *Kloepfer*, NuR 1987, S. 14. Vgl. auch *Winkelbauer*, NStZ 1988, S. 206 (Teilnichtigkeit) sowie *Lenckner*, in: Schönke/Schröder, Vorbem. 62 vor §§ 32 ff. Krit. *Fluck*, VerwArch 79 (1988), S. 431.
87 Vgl. *Breuer*, DöV 1987, S. 177 f.; *Fluck*, VerwArch 79 (1988), S. 414, 422; *Rumpel*, NVwZ 1988, S. 502 f., siehe auch § 36 VwVfG.

kung mit diesen Tatsachen gekoppelt wird. *Falsche Angaben,* etwa zu Art, Menge und Gefährlichkeit eines Stoffes, sind dann prinzipiell[88] geeignet, den Genehmigungsinhalt entsprechend einzuschränken. Voraussetzung ist freilich die nicht immer einfach zu entscheidende Frage, ob entsprechende Angaben nicht bloße Entscheidungsgrundlagen darstellen und dann am Regelungsgehalt nicht teilnehmen.[89] Insofern ist zu wünschen, daß die Praxis diesbezüglich für Klarheit sorgt und die Reichweite der Genehmigung hinreichend deutlich abgrenzt.[90]

Schließlich ist es aber auch (in engen Grenzen) möglich, daß (vice versa) bestimmte Emissionen oder Einleitungen *konkludent erlaubt* werden. Zu denken ist dabei etwa an den Fall, daß die Behörde für das Stadium eines Umbaus oder der Reparatur einer betrieblichen Anlage die jeweiligen Umwelteingriffe, da nicht anders vermeidbar, konkludent gestattet.[91] Freilich sind die Grenzen fließend zum Problemfeld der sog. verwaltungsrechtlichen Duldungen:

2. Behördliche Duldungen

Von großer praktischer Bedeutung sind *behördliche Duldungen* bzw. (allgemeiner) informelle verwaltungsbehördliche Handlungsformen. Sie zeigen sich in der Form, daß Umweltverwaltungsbehörden trotz vorhandener Befugnisse über eine gewisse Dauer hinweg gegen ungenehmigte bzw. rechtswidrige Zustände nicht einschreiten. Dann stellt sich strafrechtlich die Frage, ob sich etwa ein Anlagenbetreiber wegen Gewässerverunreinigung strafbar macht, wenn Industrieabwässer ohne Genehmigung, aber mit Wissen und Duldung der Umweltverwaltungsbehörde, in Gewässer eingeleitet werden.

---

88 Vgl. aber § 24 VwVfG, wonach der Sachverhalt von der Behörde von Amts wegen aufzuklären ist, deshalb krit. *Papier,* NVwZ 1986, S. 259.

89 Vgl. *Rengier,* ZStW 101 (1989), S. 900 ff. in Weiterführung der Studie von *Holthausen,* NStZ 1988, S. 256 ff., der seinerseits zentrale Gedanken eines unveröffentlichten Gutachtens von *Schünemann* aufgreift. Vgl. auch *LG Düsseldorf,* NStZ 1988, S. 231 ff. Allgemein auch *Kloepfer,* NuR 1987, S. 14; *Fluck,* VerwArch 79 (1988), S. 422.

90 Teilweise wird auch bei »offensichtlich veralteten« Genehmigungen damit argumentiert, daß diese »bei verständiger Würdigung« den genehmigungspflichtigen Sachverhalt nicht mehr abdecken (*Holthausen,* NStZ 1986, S. 256 Fn. 17), vgl. auch *Kloepfer,* in: Breuer u.a. (Hrsg.), Altlasten und Umweltrecht, 1986, S. 36 f. mit Hinweis auf die verstärkte Risikozuweisung zu Lasten des Empfängers. – Zum Problem, ob und inwieweit bei bestimmten Tatbestandsgestaltungen der Wortlaut und Art. 103 GG einer Beschränkung der Genehmigung entgegensteht, siehe einerseits *Winkelbauer,* JuS 1988, S. 691 ff., andererseits *Keller,* Festschrift Rebmann 1989, S. 255 ff.

91 Ähnlich *OLG Frankfurt,* NJW 1987, S. 2755; *Rudolphi,* NStZ 1984, S. 198.

Teils werden diese behördlichen Vollzugsformen als eine zu mißbilligende Kumpanei und Kollaboration zwischen Staat und Wirtschaft bezeichnet.[92] Andere betonen, daß die Funktionsfähigkeit der Gesetze zum Teil gerade darauf beruhe, daß auf informalem Weg systemnotwendige Anpassungen durchgeführt würden, und sehen darin eine angemessene Handlungsweise zur Bewältigung komplexer Situationen.[93] Wieder andere versuchen mit dem Brecht-Zitat zu besänftigen, daß »allzuviel Ordnung erst dann einigermaßen erträglich ist, wenn sie gemildert wird durch eine Portion Schlamperei«.[94] Im Kernbereich dürften sich darin funktional die eingangs[95] erörterten Strukturmerkmale des Rechts in der Risikogesellschaft im allgemeinen und die besondere Problematik des Umweltschutzes im besonderen niederschlagen.

Für das *Strafrecht* entstehen dadurch schwere Folgelasten, die nur mühsam zu tragen sind. Teils wird Duldungen der Behörden jegliche strafrechtliche Bedeutung abgesprochen. Zur Begründung wird u.a. darauf hingewiesen, daß andernfalls das Strafrecht Tendenzen die Hand reichen würde, das in Art. 20 GG verankerte Rechtsstaatsprinzip auszuhöhlen.[96] Demgegenüber wird, mitunter auch in der Rechtsprechung, solchen Behördenpraktiken teilweise rundweg legalisierende Wirkung zugebilligt.[97] Angesichts dieser Unklarheiten überrascht wenig, daß sich die Praxis häufig damit behilft, bei derartigem behördlichen Vorverhalten das Strafverfahren wegen Geringfügigkeit (!) (§§ 153, 153a StPO) einzustellen.[98]

---

92 Vgl. *Bohne*, in: Gesellschaft für Umweltrecht, Dokumentation zur 7. Fachtagung 1983, S. 148 f. Ferner *Oldiges*, Wirtschaftsrecht 1973, S. 19.
93 Vgl. *Randelzhofer*, in: *Kimminich/v.Lersner/Storm* (Hrsg.), Handwörterbuch des Umweltrechts, Bd. I, 1986, S. 362 ff.; *Randelzhofer/Wilke*, Die Duldung als Form flexiblen Verwaltungshandelns, 1981, passim; krit. dazu *Hermes/Wieland*, Die staatliche Duldung rechtswidrigen Verhaltens, 1988, S. 46 f.
94 *Sendler*, in: Gesellschaft für Umweltrecht, Dokumentation zur 6. Fachtagung 1982, S. 43. Siehe aber auch *denselben*, UPR 1990, S. 45.
95 Siehe oben bei Anm. 15.
96 Vgl. *Cramer*, in: Schönke/Schröder, Vorbem. 20 vor §§ 324 ff.; *Laufhütte/Möhrenschlager*, ZStW 92 (1980), S. 931 f.; *Sack*, Umweltschutz-Strafrecht, 3. Aufl. 1988, § 324 Rdnr. 112. Ferner *Hallwaß*, NuR 1987, S. 297; *Breuer*, DöV 1987, S. 181; *derselbe*, NJW 1988, S. 2082; *Dölling*, JZ 1985, S. 469, Fn. 120. Vgl. auch diff. *Hermes/Wieland* (Anm. 93), S. 103 ff., aber auch S. 109.
97 Vgl. *LG München II*, BayVBl 1986, S. 317; *Bickel*, ZfW 1979, S. 143 ff.; *Wernicke*, NJW 1977, S. 1664. Siehe auch OVG *Berlin*, DöV 1983, S. 645.
98 Siehe *Meinberg*, ZStW 100 (1989), S. 144.

Aufgabe des Strafrechts kann es nun nicht sein, wesentliche Funktionskriterien einer Teilrechtsordnung auszuhebeln.[99] Angesprochen ist damit neben dem Kooperationsprinzip auch die hier offen zutage tretende Gemengelage zwischen verwaltungsrechtlichem Opportunitätsprinzip (Einschreitensermessen, geprägt durch Verhältnismäßigkeitsprinzip) und strafrechtlichem Legalitätsgrundsatz (Verfolgungspflicht).[100] Andererseits ist nicht zu verkennen, daß das Strafrecht Vertrauenseinbußen zu erwarten hat, wenn es (wie in Randbereichen durchaus möglich) »umweltpathologischen« informellen Gesetzesvollzug deshalb unbesehen zu akzeptieren hätte, weil ihm (wie formellen Verwaltungsakten) strikte Bindungswirkung zukäme.

Deshalb sollten folgende Überlegungen entscheidend sein: Behördlichen Duldungen muß, sofern sie legalisierend und straffrei wirken sollen, eine *vergleichbare Funktion wie förmlichen Genehmigungen* zukommen. Dies setzt in *formaler* Hinsicht voraus, daß die Umweltbehörde bei

---

99 Vgl. *Heine/Meinberg*, GA 1990, S. 8 f., 13.
100 Dies zeigt sich besonders deutlich am Beispiel des § 20 Abs. 2 BImSchG: Als Sonderregel für umweltschutzpolizeiliches Einschreiten ermöglicht es diese Vorschrift, einen ungenehmigten Anlagenbetrieb zu dulden. Dies kann sich unter Berücksichtigung des Verhältnismäßigkeitsprinzips in atypischen Fällen dahingehend verdichten, daß eine Stillegungsverfügung nicht erlassen werden darf. Gleichwohl ändert dies nach Ansicht des *OVG Koblenz* (NVwZ 1987, S. 249) nichts daran, daß der Betrieb der Anlage rechtlich unzulässig, rechtswidrig, bleibt, bis die erforderliche Genehmigung erteilt ist. Aus dem Dilemma, daß die Behörde an einem Einschreiten gehindert ist, gleichwohl Strafbarkeit droht (vgl. z.B. § 327 StGB), ergeben sich konstruktiv im wesentlichen zwei Auswege: Zum einen läßt sich damit argumentieren, daß durch (gesetzliche) Duldungspflichten nur die Eingriffsbefugnis beschränkt oder ausgeschlossen werde, wodurch die Rechtswidrigkeit unberührt bleibe (vgl. *Odersky*, Festschrift Tröndle, S. 303, siehe auch allgemein *Martin* (Anm. 10), S. 175, Fn. 78; *Hermes/Wieland*, Anm. 93, S. 105 und *Hansmann*, NVwZ 1989, S. 918). Dann verbleibt strafrechtlich (mit Blick auf jene Sachverhalte, welche die Stillegung des Betriebs verwaltungsrechtlich hinderten, dazu z.B. *Wüterich*, UPR 1988, S. 251) die Lehre von der objektiven Zurechnung (Nachw. bei *Lenckner*, in: Schönke/Schröder, Vorbem. 91 vor §§ 13 ff.), § 34 StGB (dazu z.B. Tiedemann, Hwb des Umweltrechts, 1988, Sp. 854 f.) oder als Notbremse der praxisnahe Verweis auf §§ 153 ff. StPO (zu Recht krit. insoweit *Dahs/Pape*, NStZ 1988, S. 93), um im Einzelfall sachgerechte Ergebnisse zu erzielen. Zum anderen kann man sich darauf berufen, daß ein Verhalten nicht strafbar sein kann, gegen das verwaltungsrechtlich nicht vorgegangen werden kann (so dezidert *Rengier*, ZStW 101 (1989), S. 906 f.; *Winkelbauer*, JuS 1988, S. 696; *Wüterich*, UPR 1988, S. 251; vgl. auch *Schünemann*, wistra 1986, S. 242). Diese integrative Gesamtbetrachtung gewährleistet konsistente Widerspruchsfreiheit der Rechtsordnung jedenfalls dort, wo eindeutig festzustellen ist, daß eine Untersagungsverfügung nicht erlassen werden darf (vgl. auch *Schenke*, NuR 1989, S. 14 f.).

Kenntnis aller für die Entscheidung erheblichen Umstände einen »Duldungsentschluß« faßt und dieser in einer »Duldungsentscheidung« seinen Niederschlag findet. Nur dann sind Sicherheits- und Ordnungsfunktion einer behördlichen Entscheidung sowie verwaltungsrechtliche Formalisierungsgebote hinreichend garantiert.[101] In *materieller* Hinsicht muß sichergestellt sein, daß straffreistellende Duldungen nicht gegen das intendierte Ziel dieses informalen Verwaltungshandelns verstoßen, (erst vorläufig, später endgültig) Legalität herzustellen. Auch deshalb können *rechtswidrige* Duldungen strafrechtlich nicht anerkannt werden.[102]

III. Ausblick

Auch nach 10 Jahren intensiver Diskussion sind zahlreiche Fragen strafrechtlichen Umweltschutzes noch nicht so gelöst, daß sich in größerem Umfang einheitliche Grundlinien herausgebildet hätten. Mit dieser konstruktiv-dogmatischen Disharmonie korrespondieren empirische Erkenntnisse, die befürchten lassen, daß das derzeit geltende Umweltstrafrecht auf längere Sicht kontraproduktive Effekte erzeugen könnte.[103] Deshalb scheint es nahezuliegen, zum Schutz der Umwelt einschneidende Eingriffe in das Strafsystem vorzunehmen, wie z.B. Beweislastumkehr oder betriebliche Gefährdungshaftungen,[104] die einhergehen sollen mit weitreichendem Abbau verfahrensrechtlicher Garantien.[105] In diese

---

101 Ähnlich *Winkelbauer*, DöV 1988, S. 728. *Rengier*, ZStW 1011 (1989), S. 906; vgl. auch *Odersky*, Festschrift Tröndle, S. 300 ff.
102 Andernfalls wäre der Behörde im Ergebnis auch eine informelle (!) Disposition über die Strafbarkeit eingeräumt, die sich in *keiner* Weise auf das Gesetz stützt (im Ergebnis vergleichbar *Rogall*, Festschrift 600 Jahre Universität Köln, S. 525; *Rengier*, ZStW 101 (1989), S. 906; diff. *Winkelbauer*, DöV 1988, S. 728; a.A. *Wüterich*, UPR 1988, S. 251; vgl. auch *Odersky*, Festschrift Tröndle, S. 300).
103 *Meinberg*, ZStW 100 (1988), S. 112 ff.; DJT-Gutachten (Anm. 3), S. D 103 ff.; *Heine/Meinberg*, GA 1990, S. 1 ff. Rechtsvergleichend *Heine*, ZStW 101 (1989), S. 747 ff.
104 *Hümbs-Krusche/Krusche*, Die strafrechtliche Erfassung von Umweltbelastungen, 1983, S. 90 f.; *Krusche*, ZRP 1986, S. 03, 306. Vgl. auch *Tiedemann/Kindhäuser*, NStZ 1988, S. 340.
105 Vgl. z.B. *Kube*, Prävention vor Wirtschaftskriminalität (unter Berücksichtigung der Umweltkriminalität), 1985, S. 36 f.; *Kellermann*, Kriminalsoziologische Bibliografie, 1987, S. 23 ff. Bedenklich auch *Kloepfer*, bei *Lagodny*, ZStW 101 (1989), S. 939, der mit Pressemitteilungen der Strafverfolgungsorgane als Sanktion kokettiert. Krit. insoweit Hammerstein, in: Justizministerium Baden-Württemberg (Hrsg.), Ist das Legalitätsprinzip noch zeitgemäß? (10. Triberger Symposium 1989), 1990, S. 108.

Front reihen sich tendenziell Überlegungen ein, das Umweltverwaltungsrecht mittels Strafrecht zu sanieren oder (im Sinne eines Morgenthau-Planes) das Umweltverwaltungsrecht punktuell aber kurzerhand zu einem Weideland zu degradieren, auf dem strafrechtliche Milchkühe grasen sollen.[106] Doch würde dabei verkannt, daß das Strafrecht weder geeignet noch in der Lage ist, ungelöste Grundkonflikte der modernen Industriegesellschaft zu kurieren. Stattdessen ist soweit wie möglich Konkordanz mit dem Verwaltungsrecht zu wahren. Freilich empfiehlt sich für die Bundesrepublik, die teilweise zu starke Abhängigkeit des Strafrechts vom Verwaltungsvollzug zugunsten einer stärkeren Anbindung an das Verwaltungsrecht (Gesetze, Verordnungen) zu modifizieren – insoweit ausländischen Vorbildern folgend.[107] Doch sind überzogene Erwartungen nicht angebracht – effektive Umwelt(rechts)politik ist zentral andernorts gefordert.[108]

---

106 In dieser Richtung *Geulen*, ZRP 1988, S. 324 f. Ähnliches gilt auch für Vorschläge, die unter (formell sicher zutreffender) Berufung auf die Grundsätze der lex posterior et lex specialis spezielle strafrechtliche Sonderregelungen im Verhältnis zum Verwaltungsrecht einführen wollen, ohne zunächst die jeweiligen materialen Grundlagen eingehend zu analysieren (dazu *Martin*, Neue Kriminalpolitik 1990, H. 2 und § 330d Abs. 2 SPD-Entwurf zur Reform des Umweltstrafrechts).
107 Siehe DJT-Gutachten (Anm. 3), S. D 102 ff.; *Heine/Meinberg*, GA 1990, S. 1 ff. sowie die Beschlüsse des 57. Deutschen Juristentages 1988 (DJT-Sitzungsbericht, S. L 280).
108 Siehe *Heine/Meinberg*, GA 1990, S. 3 ff. m.weit.Hinweisen. Die von der Koalition und der SPD vorgelegten Gesetzesentwürfe zur Reform des Umweltstrafrechts (BT-Drs. 11/6453; 11/6449) und das dabei gewählte Verfahren (siehe Sten.Prot. 11/15267) nähren nicht gerade die Hoffnung, daß diese Problematik voll erkannt worden wäre.

Michael Lehmann

Umwelthaftungsrecht: Ein Beitrag zur Internalisierung von negativen externen Effekten[*]

Franz Böhm, Privatrechtsgesellschaft und Marktwirtschaft, ORDO, Bd. 16, 1966, S. 75 ff., 91:
»Das Zivilrecht stellt sich unserer Betrachtung dar als eine für menschliche Verhältnisse bewundernswerte komplette Sammlung von Regeln, Institutionen und Prinzipien, die den Verkehr zwischen Gleichberechtigten nicht nur regeln, sondern in weitem Umfang überhaupt erst möglich machen, und von denen die wichtigsten, ja beinahe alle infolge ihrer immanenten, nahezu vollkommenen Gleichgewichtigkeit das intellektuelle Entzücken derer, die sich dem Studium dieses Zweiges der Rechtsordnung hingeben, immer aufs neue hervorrufen. Schon die Binnenstruktur der Einzelkristalle innerhalb des Gesamtkristalls Privatrechtsordnung ist in so hohem Grade geeignet, Bewunderung hervorzurufen, daß viele Juristen, gleichsam geblendet von dem ästhetischen Zauber eines solchen Grades von logischer Geschlossenheit gar nicht bemerkt haben, wie ungemein wirksam der soziale Lenkungseffekt dieser Privatrechtsordnung ist.«

I. Privates Haftungsrecht als Internalisierungsinstrument

Ein zivilrechtliches Schadensersatz- und Haftungssystem dient nicht nur dem Ausgleich von Schäden im Einzelfall, sondern auch, und dieser Aspekt ist volkswirtschaftlich betrachtet der wichtigere, der Prävention[1]: Bestimmte Verhaltensweisen sollen wirksam unterbunden werden, wobei Wettbewerb und Markt als Kontrollinstrumente zur Sicherung der Einhaltung dieser staatlichen Gebote funktionieren können. Generell vermieden und im Einzelfall durch Schadensersatzleistungen wieder aus-

---

[*] Vgl. jetzt das Gesetz über die Umwelthaftung vom 10. 12. 1990, in Kraft getreten am 1. 1. 1991 (BGBl. 1990 I 2634).
[1] Vgl. zusammenfassend *Kötz, H.*, Ziele des Haftungsrechts, in FS E. Steindorf, 1990, 643 ff., 646 ff.; s. auch *ders.*, Deliktsrecht, 4. Aufl., 1988, S. 46 ff.

geglichen werden sollen negative Externalisierungen, d.h. die Verlagerung von Kosten aus dem Leitungsgefüge des Wettbewerbsmechanismus heraus auf die Schulter von solchen Wirtschaftssubjekten, die die Vermeidungskosten weder minimieren noch häufig Schadenseintritte und Unfälle von vornherein und überhaupt ausschließen können. Das Beispiel der Entwicklung einer modernen Produkthaftung[2] bzw. Produzentenhaftung[3] demonstriert dieses Grundanliegen augenfällig: Nicht die Opfer eines Unfalls, der durch ein fehlerhaftes Industrieprodukt verursacht worden ist (Konstruktions-, Fabrikations-, Instruktions- oder Produktbeobachtungsfehler), sondern der jeweilige Hersteller kann am kostengünstigsten Schadensverhütungsmaßnahmen treffen. Die Internalisierung in den Wettbewerb, denn jeder Produzent ist im Wettbewerbsfall dem kostensenkenden Wettbewerbsdruck unterworfen, führt dazu, daß diese Anpassung an den jeweiligen Stand der Wissenschaft und Technik der Unfallvorsorge (vgl. hierzu § 1 Abs. 2 Nr. 4 ProdHaftG) effizient erfolgt. Keine behördliche Kontrolle würde kostengünstiger arbeiten als der Wettbewerbsmechanismus. Der Produzent ist der »cheapest risk avoider« und der »cheapest insurer«; er kann diese Kontrolle des technischen Fortschritts, gesteuert durch das Wirkungsgefüge der freien Konkurrenz, selbst am besten bewerkstelligen[4]. Nicht ehemals gültige Rechtsregeln, wie z.B. »casum sentit dominus«, sondern ein System der Gefährdungshaftung des Schädigers verbunden mit der Berücksichtigung eines evtl. gegebenen Mitverschuldens des Geschädigten ist volkswirtschaftlich optimal[5].

Ähnliche Probleme gilt es auch im Umweltrecht zu bewältigen, denn hier zwingt der Wettbewerbsmechanismus die Unternehmen geradezu, soweit als möglich Kosten zu externalisieren zu versuchen: Solange die Verschmutzung der Luft oder des Wassers als freie Güter »nichts kostet«, werden Kosten gespart, wenn umweltschädliche Produktionstechniken zum Einsatz kommen. Eine Haftung kann demgegenüber diese negativen

---

2   Vgl. jetzt das Produkthaftungsgesetz vom 15.12.1989 (BGBl. I S. 2198), in Kraft getreten am 1.1.1990; s. auch die EG-Richtlinie vom 25.7.1985, 85/374/EWG = Abl. EG Nr. L 210/29 v. 7.8.1985.
3   Vgl. dazu die umfangreiche Rechtsprechungsentwicklung des BGH zu § 823 BGB ab BGH NJW 1969, 269 – Hühnerpest.
4   Vgl. *Lehmann, M.*, Bürgerliches Recht und Handelsrecht, eine juristische und ökonomische Analyse, 1983, S. 118 ff.
5   Vgl. grundlegend *Shavell, S.*, Strict Liability versus Negligence, 9 Journal of Legal Studies, S. 1 ff. (1980); s. auch *Adams, M.*, Ökonomische Analyse der Gefährdungs- und Verschuldenshaftung, 1985, S. 78 ff.

Externalitäten zu internalisieren zu versuchen, weil die Verwendung umweltfreundlicher Produktionsmethoden immer noch kostengünstiger ist als eine Haftung für Umweltschäden[6].

II. Das neue Umwelthaftungsgesetz

In dem Entwurf eines Gesetzes über die Haftung für Umweltschäden (Umwelthaftungsgesetz, BT-Drucks. 11/6454 v. 14.2.1990 = BR-Drucks. 127/90, v. 23.2.1990) war in der Begründung zu lesen: »Schließlich führt die Belastung umweltgefährdender Produktionsprozesse mit einer strengen Umwelthaftung tendenziell zur Verteuerung der betroffenen Produkte und Dienstleistungen am Markt: Die Unternehmer müssen mögliche Ersatzleistungen für umweltbedingte Schäden in ihre Kostenrechnung einstellen und versuchen, diese Kosten über den Preis auf Dritte abzuwählen. Hierdurch werden umweltgefährende Produktionsprozesse zurückgedrängt und schadenvermeidende Maßnahmen dort getroffen, wo sie am kostengünstigsten sind. Das Umwelthaftungsrecht kann somit über den Preis- und Marktmechanismus dazu beitragen, daß die knappen ökologischen und ökonomischen Ressourcen möglichst effizient eingesetzt werden.«

Hier fehlt eigentlich nur noch der zusammenfassende Schlußsatz: Dieses Umwelthaftungsgesetz soll einen Beitrag zur Internalisierung von negativen externen Effekten leisten.

Dem Grunde nach sind sich Juristen und Wirtschaftswissenschaftler nämlich einig; ein zivilrechtliches Haftungssystem gibt Anreize zur Schadensverhütung[7] und die Rechtsprechung hat dies, zumindest intuitiv, auch schon relativ frühzeitig für das Umweltschutzrecht erkannt. Schon

---

6   Vgl. *Lehmann*, a.a.O., Fn. 4, S. 125.
7   Vgl. zuletzt *Kötz/Schäfer*, Schadensverhütung durch ökonomische Anreize. Eine empirische Untersuchung, AcP 189 (1989), S. 502 ff.; s. auch *Lehmann, M.*, Bürgerliches Recht und Handelsrecht – eine juristische und ökonomische Analyse, a.a.O., Fn. 4, S. 86 ff.; 106 ff.; speziell zu diesem Thema s. *Adams, M.*, Zur Aufgabe des Haftungsrechts im Umweltschutz, ZZP 1986, 129 ff. Auch aus soziobiologischer Sicht scheint sich menschliches Verhalten am besten durch Belohnungs-/Bestrafungssysteme steuern zu lassen, vgl. *Alexander, R.A.*, Darwinism and Human Affairs, Seattle/London 1979; *Wilson, E.O.*, Biologie als Schicksal. Die soziobiologischen Grundlagen menschlichen Verhaltens, 1980, so wie dies die bekannten Sprichworte andeuten: »Zuckerbrot und Peitsche, carrot or stick«.

das Reichtsgericht[8] hat z. B. erste Ansätze für die Bewältigung der schwierigen Frage des Kausalitätsnachweises bei Summationsschäden infolge von Immissionen entwickelt[9]; und aus der Rechtsprechung des BGH sollen als leading cases hier beispielhaft erwähnt werden[10]: Der Muschelkalksandsteinfall[11], zur Frage der Haftung für Sprengarbeiten (Frage der alternativen Kausalität, §§ 906 Abs. 2 Satz 2, 823 Abs. 1, 421, 426 BGB, § 287 ZPO), der Kupolofenfall[12] zum Problem der Verletzung von Verkehrssicherungspflichten und der Beschädigung von Pkw's, die auf einem Nachbargrundstück abgestellt waren, durch Emissionen (§§ 823 Abs. 1, 906 Abs. 2 Satz 1 BGB, TA-Luft, Beweislastumkehr ähnlich wie bei der Produzentenhaftung), die Atrazin-Unkrautvernichtungsentscheidung[13], welche eine Haftung bejahte, wenn ein biologischer Nachbar-Landanbau durch das Hinübersickern von Unkrautvernichtungsmitteln beschädigt wird (§§ 823 Abs. 1, 906 Abs. 2 Satz 2 BGB) und schließlich der bekannte Waldsterbenfall[14], welcher zu dem Ergebnis geführt hat, daß die öffentliche Hand für Waldschäden, bewirkt durch Luftverunreinigung (Schwefeldioxyde, Stickoxyd), nicht haftbar gemacht werden kann.

Gleichwohl ist unstreitig[15], daß de lege lata unser Zivilrecht nicht besonders gut geeignet ist, die erforderliche Internalisierungsarbeit zu leisten; von den zahlreichen Gründen dafür seien hier nur erwähnt:

8   Vgl. RG, JW 1916, 38: Tötung von Bienenvölkern durch arsenikhaltige Dämpfe, die aus dem Betreiben einer Blei- und Silberhütte resultieren; RGZ 99, 172 (vom 19.5.1920): Einleitung von Gruben- und Fabrikabwasser in die Elbe; RGZ 167, 14 (vom 21.5.1941): Zur Frage der Haftung für die Absenkung des Grundwasserspiegels durch Tiefbaumaßnahmen.
9   S. jetzt *Kinkel, K.*, Möglichkeiten und Grenzen der Bewältigung von umwelttypischen Distanz- und Summationsschäden, ZRP 1989, 293 ff.; *Bodewig, Th.*, Probleme alternativer Kausalität bei Masseschäden, AcP 185 (1985), S. 505 ff.; *Assmann, H.-D.*, Multikausale Schäden im deutschen Haftungsrecht, in Arbeiten zur Rechtsvergleichung, Schriftenreihe der Gesellschaft für Rechtsvergleichung, 1988, S. 99 ff.
10 Vgl. die Rechtsprechungszusammenstellung bei *Salje, P.*, Verschärfung der Haftung für Umweltschäden? Zum Diskussionsentwurf eines Umwelthaftungsgesetzes, UPR 1990, 1 f.
11 BGHZ 66, 70 = NJW 1976, 797.
12 BGHZ 92, 143 = JZ 1984, 1106; der Anspruch wurde freilich letztlich doch abgelehnt, vgl. OLG Zweibrücken, vom 13.6.1986, Az: 5 U 59/84; s. auch *Salje*, DAR 1988, 151 f.
13 BGHZ 90, 55.
14 BGHZ 102, 350 = NJW 88, 478.
15 Vgl. etwa *Medicus, D.*, Zivilrecht und Umweltschutz, JZ 1986, 778 ff.; *Baumann, P.*, Die Haftung für Umweltschäden aus zivilrechtlicher Sicht, JuS 1989, 433 ff.; *Schulte, H.*, Zivilrechtsdogmatische Probleme im Hinblick auf den Ersatz »ökologischer Schä-

- Unser Schadensersatzsystem wird prinzipiell immer noch zu sehr als ein Instrument zur Kompensation, zum Ausgleich von Schäden verstanden; der ökonomisch ebenso und für das Umweltrecht besonders wichtige Aspekt der Schadensverhütung, der Prävention, wird nicht adäquat berücksichtigt. Sehr zu begrüßen ist es daher, daß Kötz nunmehr in der 4. Auflage seines Lehrbuches zum Deliktsrecht[16] diese Steuerungsfunktion des privaten Haftungsrechts und dessen wohlfahrtsökonomische Effekte besonders deutlich hervorgehoben hat.
- Umweltschäden werden typischerweise an freien Gütern[17] (Luft, Wasser, eventuell auch Boden) hervorgerufen. Es fehlt deren Property-Rights-Charakter; diese sind nicht exklusiv einer Person zugewiesen, was die §§ 823 ff. BGB voraussetzen, denn diese sollen nur absolute Rechte und die sog. Rahmenrechte gegen deliktsrechtlich relevante Verletzungen schützen.
- Die dem Kläger obliegende Beweisführung ist nicht nur aufgrund der erforderlichen naturwissenschaftlichen und technischen Kenntnisse äußerst kompliziert, sondern auch aufgrund von rein juristischen Gründen; denn grundsätzlich muß der Kläger darlegen und unter Beweis stellen: Eine Verletzungshandlung des Beklagten, die haftungsbegründende Kausalität zwischen diesem Verhalten und seiner Rechtsgutsverletzung und schließlich auch noch das Verschulden des Beklagten. Bei einer Mehrheit und dem Zusammenwirken von verschiedenen Störern kann § 830 Satz 2 BGB nur sehr bedingt Hilfestellung leisten, denn die h. M. verlangt immer noch, daß jeder Mittäter bzw. Nebentäter zumindest potentiell den gesamten Schaden verursacht haben kann (alternative Kausalität)[18]. Zur Erfassung von kumulativen Kausalitäten, Langzeitschäden, sog. Distanz- und Summationsschäden[19], ist unser Haftungsrecht nur unzureichend ausgestaltet worden.
- Viele Schäden lassen sich als solche auch erst nach und nach erkennen (Kinderkrankheiten, Hautallergien, etc.) und ihre Verfolgung ist i.S.d. Coase-Theorems sehr transaktionskostenintensiv.

---

den«, JZ 1988, 278 ff.; *Gerlach, J.-W.*, Die Grundstruktur des privaten Umweltrechts im Spannungsverhältnis zum öffentlichen Recht JZ 1988, 161 ff.; *Salje, P.*, Reform des Umwelthaftungsrechts, ZWP 1988, 153 ff.
16 *Kötz, H.*, Deliktsrecht, a.a.O., Fn. 1, S. 19, 46 ff.
17 Vgl. zu den Unterschieden und Gemeinsamkeiten, *Thoma, M.*, Theorie der öffentlichen Güter, WiSt 1985, 125 ff.
18 Vgl. etwa *Medicus*, a.a.O., Fn. 15, S. 781.
19 S. oben in Fn. 9.

Grundsätzlich zeigen sich somit umfangreiche Parallelen[20] zum Fragenkreis der rechtsdogmatischen Bewältigung der Produzentenhaftung (s. oben I.) und die Rechtsprechung hat auch im Umweltschutzrecht schon mit Beweiserleichterungen zu operieren begonnen[21]: Hier wie dort geht es um eine Haftungsallokation an die Figur des »cheapest cost bzw. risk avoider« und den »cheapest insurer«. Bei Fällen der Produzentenhaftung findet sich aber anders als bei Umweltschutzschäden regelmäßig ein eindeutig Geschädigter und mithin auch ein Kläger[22]; zudem besteht eine grundsätzliche Interessengleichrichtung zwischen einem seriösen Anbieter und den geschädigten Nachfragern. Denn gefährliche Industrieprodukte sind zumindest langfristig für niemanden von Nutzen.

Umweltschäden können demgegenüber auf einem regelrechten, kosteninduzierten Wettbewerb der Externalisierung beruhen; je mehr Kosten auf freie Güter verlagert werden dürfen, desto preisgünstiger kann eine Produktion angeboten werden. Außerdem stellt sich hier noch verschärfter die Frage nach einer angemessenen cost/benefit-Analyse[23]: Wieviel Fortschritt hemmenden und jedenfalls verteuernden Umweltschutz kann und darf sich eine moderne Industriegesellschaft leisten? Schon die Quantifizierungen der in eine derartige Berechnung einzustellenden Ausgangsgrößen sind nämlich wesentlich komplizierter als dies bei den typischen Fällen der Produzentenhaftung der Fall ist, zumal wenn man dort die Entwicklungsrisiken ausklammert und Haftungsobergrenzen schafft[24].

III. Einzelheiten einer Umweltschutzhaftung

Das neue Umwelthaftungsgesetz versucht dieses bisherige deliktsrechtliche Manko zumindest zum Teil auszufüllen; es sieht nämlich u. a. vor:
– Eine Gefährdungshaftung für umweltgefährliche Anlagen (§ 1 i.V.m. Anhang I), einen Katalog von Anlagen, der sich zunächst an der 4. BImSchV (BGBl. I, 1985, 1586) orientiert.

20 Vgl. *Lehmann*, a.a.O., Fn. 4, S. 124.
21 S. oben in Fn. 11 und 12 (Muschelkalk- und Kupolofenfall): Vor allem in der letzteren Entscheidung finden sich Hinweise auf die aus der Produzentenhaftung bekannte Beweislastumkehr hinsichtlich der Sorgfaltspflichtverletzung und des Verschuldens.
22 Unser auf EG-Recht beruhendes, neues Produkthaftungsgesetz vom 15.12.1989, BGBl. I, 2198, in Kraft getreten am 1.1.1990, ist daher prinzipiell zu begrüßen. Daß es dazu allerdings einer rund 20jährigen Diskussion der EG-Mitgliedstaaten bedurft hatte, ist sehr relevierend.
23 Vgl. dazu nur *Adams*, a.a.O., Fn. 7.
24 Vgl. § 1 Abs. 2 Nr. 5 und § 10 ProdHaftG, a.a.O., Fn. 22.

- Im Gegensatz zu den Vorentwürfen keine Gefährdungshaftung mehr für die Veränderung der physikalischen, chemischen oder biologischen Beschaffenheit des Wassers, gleich ob die schädlichen Stoffe dorthin eingeleitet werden oder aus einer Produktionsanlage aufgrund sonstiger Umstände in das Wasser gelangen; es bleibt daher § 22 WHG.
- Eine Haftung für noch nicht und nicht mehr betriebene Anlagen, Altlasten (§ 2).
- Eine Ursachenvermutung, daß Schäden beim Betrieb der Anlagen entstanden sind (§ 6).
- Eine Haftung mehrerer Verursacher; es fehlt aber eine klare Behandlung von Summationsschäden und eine Haftungsverteilung entsprechend von Probabilitätsanteilen.
- Einen Auskunftsanspruch gegen jeden Anlagenbetreiber und gegen die Genehmigungsbehörden für die Geschädigten und die sonstigen Betreiber (§§ 8, 9, 10).
- »Ökoschäden« sollen auch dann ersetzt werden, wenn die Kosten der Schadensbeseitigung den Verkehrswert der beschädigten Sache erheblich übersteigen (§ 16).
- Die Verpflichtung, eine entsprechende Versicherungs-Deckungsvorsorge für besonders gefährliche Anlagen (gem. Anlage II i.V.m. §§ 1, 7 der Störfallverordnung) zu treffen (§ 19).

Diese ersten Schritte in die richtige Richtung werden freilich zum Teil auch wieder zurückgenommen, etwa weil es einen Haftungsausschluß beim Normalbetrieb für die sog. kleinen Sachschäden geben soll (§ 5) und weil grundsätzlich die Ursachenvermutung gem. § 7 Abs. 1 auch wieder entkräftet werden kann. Was bedauerlicherweise völlig fehlt, ist die Behandlung von Langzeit-, Distanz- und Summationsschäden.

In Erweiterung des erwähnten § 22 WHG möchte ich daher folgende Generalklausel postulieren:

»Wer in Boden, Luft oder Wasser Stoffe einbringt, einleitet oder auf diese Güter derart einwirkt, daß deren physikalische, chemische oder biologische Beschaffenheit verändert wird, ist zum Ersatz des daraus einem anderen entstehenden Schadens verpflichtet«.

Leider ist der hinter diesem Petitum deutlich zurückbleibende Gesetzesentwurf von Herrn Minister Töpfer schon viel zu lange zwischen dem Umweltschutz-, Justiz- und Wirtschaftsminsterium des Bundes hin- und hergeschoben und regelrecht zerredet worden, so daß in der abgelaufenen Legislaturperiode keine Chance mehr für seine parlamentarische Verabschiedung zu bestehen schien. Auch diese Art der Ingangsetzung und des Voranbringens eines Gesetzgebungsvorhabens ist nur eine der vielen

»beredten« Realitäten unserer aktuellen Umweltschutzpolitik[25]. Die Opposition blockierte dieses Gesetzgebungsvorhaben mit dem an sich berechtigten Einwand, es gehe nicht weit genug; man sollte aber in einer parlamentarischen Demokratie sich insoweit als konsensfähig erweisen können, als daß man erste Schritte in die richtige Richtung mit zu unterstützen bereit sein muß. Konstruktive Kritik sollte jedenfalls nicht richtige Entwicklungen bei ihrer ersten Ingangsetzung nur deswegen zu verhindern versuchen, weil das angestrebte Ergebnis als zunächst suboptimal zu betrachten ist.

Grundsätzlich wird das Umweltrecht primär eine Domäne des Öffentlichen Rechts sein und bleiben müssen[26], denn dort fallen die entscheidenden Würfel der Genehmigung für gefährliche Anlagen und der präventiven Kontrolle von besonderen Gefahrenquellen. Der vom Parteimaxim beherrschte Zivilprozeß ist nicht das geeignete Verfahren für jede prinzipiell zu Recht postulierte Sicherheitsdiskussion und Präventionsvorsorge; im Verwaltungsverfahren herrscht demgegenüber der Amtsermittlungsgrundsatz und es können darüber hinaus auch Genehmigungen unter Bedingungen, Auflagen, etc. erteilt werden. Gerade im Rahmen dieses Verfahrens des Aushandelns von Genehmigungen mit einer Behörde kann der Antragsteller als »cheapest information producer« fungieren. Ein modernes privates Umwelthaftungsrecht kann sodann selbstverständlich bei der Erfüllung dieser Aufgaben sekundieren.

IV. Zusammenfassung

Prinzipiell[27] wäre im Zuge einer angemessenen Deregulierung eine besonders effiziente und marktwirtschaftliche Lösung im Zusammenhang mit der Einrichtung einer Versteigerungsbörse[28] für Umweltverschmutzungsrechte nach amerikanischem Muster aus juristisch-ökono-

---

25 Vgl. z. B. auch *Murswiek, D.*, Umweltschutz – Staatszielbestimmung oder Grundsatznorm?, ZRP 1988, 14 ff.
26 Vgl. *Hoppe, W./Beckmann, M.*, Grundfragen des Umweltrechts, Einführung in Ziele, Grundsätze und Instrumente eines neuen Rechtsgebiets, JuS 1989, 25 ff.
27 *Saladin, P.*, Probleme des langfristigen Umweltschutzes, KritV 1989, 27 ff.
28 *Siebert, H.*, Emissionslizenzen, Monopson und die räumliche Abschottung von Arbeitsmärkten – eine Anmerkung, Zeitschrift für Wirtschafts- und Sozialwissenschaften 102, 279 ff.; *Bonus, H.*, Emissionslizenzen, Monopson und die räumliche Abschottung von Arbeitsmärkten – Bemerkungen zu Siebert's Anmerkung. Zeitschrift für Wirtschafts- und Sozialwissenschaften 103, 57 ff.

mischer Sicht zu begrüßen; dieses Konzept müßte aber einheitlich in Europa zur Anwendung kommen; nationale Alleingänge sind hier ineffizient und könnten wirtschaftspolitisch als gefährlich betrachtet werden. Das Wirtschaftsrecht in einem künftigen gemeinsamen »Europäischen Haus« hat hier zur Erhaltung unserer »natürlichen Lebensgrundlagen« noch umfangreiche internationale[29] Zukunftsaufgaben zu bewältigen.

Noch in dieser Legislaturperiode sollte daher das vorgelegte Umwelthaftungsgesetz inhaltlich noch weiter verbessert werden. Die Wiedervereinigung von Ost- und Westdeutschland wird unsere aktuellen Umweltschutzprobleme nämlich noch drastisch verschärfen, so daß ein adäquates rechtliches Kontrollinstrumentarium seitens des Staates bereitgestellt werden muß.

---

29 Vgl. *Rest, A.*, Neue Tendenzen im internationalen Umwelthaftungsrecht. Völkerrechtliche und international-privatrechtliche Aspekte, NJW 1989, 2153 ff.

Reiner Schmidt
Umweltschutz als Verfassungsgebot

I.

Die Rechtsregeln zum Schutz der Umwelt sind heute kaum mehr zu überschauen. Sie finden sich im öffentlichen Recht, im Privatrecht, im Strafrecht, im Recht der Völker und im Recht der Europäischen Gemeinschaft. Sie betreffen Materien wie den Immissionsschutz, die Raumplanung, den Natur- und Gewässerschutz, den Abfall und den Boden, sie beziehen sich auf das Atom und auf die Antarktis, auf die Weltmeere im allgemeinen und auf das Froschgequake in Nachbars Garten im besonderen. Die tropischen Regenwälder schwinden trotzdem rapide, 30 ha pro Minute nämlich, das Loch im schützenden, die Erde umspannenden Netz wird größer. Steht das Recht machtlos vor der sich abzeichnenden Klimaänderung, ja vor einer globalen Umweltkatastrophe? Hat sich z.B. das Grundgesetz der Bundesrepublik in Art. 2 Abs. 2 GG nicht wenigstens den Schutz des Lebens zur Pflicht gemacht? Gibt es kein abschirmendes juristisches Instrumentarium in einer Zeit, in der nicht nur die Berufsapokalyptiker über das Ende der Menschheit nachzudenken beginnen?

Der grundlegenden Frage nach den Möglichkeiten des Rechts, zum Schutz der Umwelt beizutragen, kann im folgenden nicht nachgegangen werden[1]. Vielmehr soll nur beispielhaft gezeigt werden, welche Antwort das Grundgesetz für die Umweltsituation bereithält, ob etwa verfassungsrechtliche Lücken vorliegen und wie diese gefüllt werden können.

Diese nationalstaatlichen Überlegungen sind nicht überflüssig. Gewiß, wir leben in einer Phase der Geschichte der Nationen, die wie keine zuvor Bedarf hat für Kooperation und Verantwortung, wie es im Brundlandt-Bericht heißt, diesem dritten globalen Aufruf zur Aktivierung gemeinsamer Lebensinteressen. Ressourceneffizienz und Umweltschutz sind

---

1 Bei näherem Zusehen wird sich die vielbeschworene Krise des Umwelt(-technologie)-rechts häufig als Steuerungsunwilligkeit des Rechtsetzers und nicht als Steuerungsunfähigkeit des Rechts entpuppen, so zutreffend *J. Ipsen*, VVDStRL 48 (1990), S. 177 ff. (192). Zum Ganzen vgl. auch *Schuppert*, Grenzen und Alternativen von Steuerung durch Recht, in: Grimm (Hrsg.), Wachsende Staatsaufgaben – sinkende Steuerungsfähigkeit des Rechts, 1990, S. 217 ff.

inzwischen zum Überlebensthema auch für viele Entwicklungsländer geworden[2].

Internationaler Umweltschutz ist aber weder Alternative noch Gegensatz zum nationalen Umweltschutz. Vielmehr muß auf allen Ebenen zugleich vorgegangen werden. So ließe sich beispielsweise an der EG nachweisen, daß nationales Handeln auch in der supranationalen Gemeinschaft unverzichtbar ist, daß nationales Handeln nicht nur durch rechtliches Vorbild Impulse geben kann, sondern daß die tatsächlichen Probleme primär nur nationalstaatlich bewältigt werden können. Auch sind die Kompetenzverlagerungen im Umweltrecht auf internationale oder supranationale Organisationen noch keineswegs in einem Umfang feststellbar, der es rechtfertigen könnte, auf nationale Lösungen zu verzichten. Darüber hinaus und vor allem fehlt sowohl der EG wie den internationalen Umweltorganisationen die notwendige Bürokratie, um Recht durchsetzen zu können. Es lohnt sich also weiterhin, über den Nationalstaat und dessen (Umwelt-)Verfassungsrecht nachzudenken.

II.

1. Die Staatsaufgabe Umweltschutz

Umweltschutz als Verfassungspflicht hängt mit der Frage zusammen, ob es eine Staatsaufgabe Umweltschutz gibt. Die Antwort bedarf der Klärung des Zusammenhangs von Staatszwecken, Staatszielen und Staatsaufgaben. Versteht man unter Staatszwecken die Ausrichtung des Staatswesens auf die klassische Quadriga Gefahrenabwehr nach außen, Sicherung des inneren Friedens, Gesellschaftsgestaltung und Sozialstaatlichkeit[3], unter Staatszielen die Betonung einzelner Aspekte dieser Zwecke, etwa die Sozialstaatlichkeit und unter Staatsaufgaben die Modalitäten zur Staatszielverwirklichung, also das Handeln, das zur Verwirklichung eines bestimmten Ziels verfassungsrechtlich vorgeschrieben wird[4], dann scheint das Grundgesetz weder ein Staatsziel noch eine Staatsaufgabe Umweltschutz zu enthalten. Dieser Textbefund wird bestätigt durch einen Blick in die Verfassungsgeschichte.

---

2 Vgl. *Simonis, v. Weizsäcker*, Europa-Archiv 1990, S. 1 ff.
3 Näheres *Herzog*, HdbStR III, 1988, S. 93 ff.; zum Ganzen vgl. die Referate von *Link* und *Ress*, Staatszwecke im Verfassungsstaat – nach 40 Jahren Grundgesetz, VVDStRL 48 (1990), S. 7 ff., S. 56 ff.
4 Die Klassifizierung ist noch immer nicht einheitlich, vgl. *Link* a.a.O., S. 19.

Es gehört zur Tradition neuzeitlicher westlicher Staatlichkeit, Rechtsregeln von besonderer Bedeutung auszusondern und abzuschichten und sie als »leges fundamentales«[5] von anderem Recht zu unterscheiden, wie dies beispielsweise die amerikanische Unionsverfassung und die französische Revolutionskonstitution von 1791 dokumentieren. Im übrigen aber, unterhalb dieser normativen Festlegung der Staatsgrundgesetze auf »wichtige Fragen«, trägt der einfache Gesetzgeber die Last[6].

Im Grundgesetz der Bundesrepublik finden sich die unterschiedlichsten Gesetzgebungsimpulse, etwa der, die Gleichberechtigung der Geschlechter herzustellen, Aufgaben wie die, das gesamtwirtschaftliche Gleichgewicht anzustreben, Staatszielbestimmungen wie die der Demokratie, der Sozialstaatlichkeit, der Rechtsstaatlichkeit und schließlich die Grundrechte. Um diese herum entstehen ständig neue Staatsaufgaben. Der Staat hat Schutz- und Förderpflichten, wie das Bundesverfassungsgericht verschiedentlich herausgearbeitet hat, etwa in bezug auf das Leben, die körperliche Unversehrtheit und auf die Verteilung des knappen Gutes Ausbildungsstätten[7]. Eine unmittelbare Behandlung des Umweltthemas aber fehlt im Grundgesetz.

Der Staat ist zum Staat der Leistung, der Förderung und der Zukunftsvorsorge geworden. Was einst dem Art. 109 Abs. 2 GG als staatliche Verantwortung für das Wachstum entnommen worden ist, wird heute als »Staatsaufgabe der Wachstumsbegrenzung« gesehen[8].

Der Staat des Grundgesetzes hat die Grundrechte, die Verfassungsaufträge und Verfassungsdirektiven außerordentlich erfolgreich genutzt. Die Mischung aus liberaler, repräsentativer Demokratie, freier Marktwirtschaft und moderner Wissenschaft hat einen Siegeslauf ohnegleichen hinter sich und sie kann sich bestätigt fühlen durch den derzeitigen Zusammenbruch sozialistischer Systeme.

Zu den Karrierebedingungen des westlichen Verfassungsstaates gehört allerdings auch das, was als »europäischer Naturnihilismus« bezeichnet

---

5 *Jellinek*, Allgemeine Staatslehre, 7. Neudruck der 3. Aufl. 1960, S. 508 ff.
6 Die Vorschriften in der Verfassung selbst sind nun aber nicht alle den wesentlichen Prinzipien zuzurechnen, sondern es handelt sich um ein mixtum compositum aus allgemeinen Grundsätzen, objektiven und subjektiven Beschränkungen der Staatsgewalt, Gesetzgebungsaufträgen und Gesetzgebungsprogrammen. Näheres bei *Stern*, Staatsrecht I, 2. Aufl., 1984, S. 78 ff.
7 Vgl. *Häberle* zum »Grundrechtsbezug der Staatsaufgaben« und zum »Staatsaufgabenbezug der Grundrechte«, AöR 111 (1986), S. 595 ff. (611).
8 *Saladin*, Wachstumsbegrenzung als Staatsaufgabe, in: Festschrift Scheuner, 1973, S. 541 ff. (552 ff.).

worden ist. Natur wird zum »Gegenstand des Experiments, der Ausbeutung und Verwertung«[9].

2. Umweltspezifische Verfassungsregeln

In der Phase des Wiederaufbaus sah der Verfassunggeber dringendere Aufgaben als den Umweltschutz, der als solcher im Grundgesetz überhaupt nicht auftaucht. Statt dessen findet sich eine Reihe von Gesetzgebungskompetenzen des Bundes wie die für Abfallbeseitigung, Luftreinhaltung und Lärmbekämpfung (Art. 74 Nr. 24 GG), die für den Schutz der Pflanzen gegen Krankheiten und Schädlinge sowie für den Tierschutz (Art. 74 Nr. 20 GG). Für den Naturschutz und die Landschaftspflege (Art. 75 Nr. 3 GG), die Bodenverteilung, Raumordnung und den Wasserhaushalt (Art. 75 Nr. 4 GG) hat der Bund eine Rahmenkompetenz. Manches aus diesem Katalog, nämlich die Kompetenzen für Luftreinhaltung, Lärmbekämpfung, Abfallbeseitigung und der Tierschutz, fehlten ursprünglich ganz und wurden erst nach und nach in das Grundgesetz eingefügt.

Mit der Einräumung einer Kompetenz ist zwar kein verfassungsrechtlicher Auftrag, geschweige denn ein Verpflichtung zum Tätigwerden verbunden, aber immerhin wird mit ihr anerkannt, daß eine Staatsaufgabe im Sinne eines legitimen Staatszwecks vorliegt[10]. Insgesamt jedoch ist der Textbefund zum Thema Umweltschutz im Grundgesetz dürftig. Zum Verhältnis von Staat und Bürger im Umweltbereich finden sich keinerlei Aussagen.

Die Weimarer Reichsverfassung hatte dagegen in ihrem Art. 150 Abs. 1 staatlichen Schutz und Pflege nicht nur für Denkmäler der Kunst und Geschichte, sondern auch für die Naturdenkmäler und die Landschaft als Programmsatz vorgesehen. Naturschutz als kulturelle Staatsaufgabe, als musealer Naturdenkmalschutz oder als Heimatschutz verstanden, wird heutigen Anforderungen eines modernen Naturhaushaltsschutzes jedoch nicht gerecht.

Im Gegensatz zum Grundgesetz sind die Länderverfassungen üppiger ausgestattet. Als Schutzgüter finden sich dort vor allem die natürlichen

---

9 So mit weiteren Nachweisen *H. Hofmann*, Die Aufgaben des modernen Staates und der Umweltschutz, in: Kloepfer (Hrsg.), Umweltrecht, 1989, S. 21 ff.

10 Zum Verhältnis Aufgabe und Kompetenz vgl. *Stettner*, Grundfragen einer Kompetenzlehre, 1983, S. 36 ff.

Lebensgrundlagen[11]. Deren Bewahrung wird nicht nur dem Staat, sondern auch den Kommunen oder wie in Bayern und Baden-Württemberg darüber hinaus der Öffentlichkeit aufgegeben.

3. Staatspflicht zum Umweltschutz?

Im folgenden ist wegen der weitreichenden Gesetzgebungskompetenzen des Bundes vor allem darauf abzustellen, ob und inwieweit der Bund Umweltschutzaufgaben wahrnehmen muß.

Eine *allgemeine* Rechtspflicht des Staates zum Umweltschutz läßt sich nach der herrschenden Meinung aus dem geltenden Verfassungsrecht nicht ableiten[12]. Auch das Sozialstaatsprinzip legitimiert nur zu staatlichem Handeln, verpflichtet aber, von Ausnahmefällen abgesehen, nicht zu konkreten Umweltaktivitäten im Sinne einer umfassenden Daseinsvorsorge[13]. Mehr als ein »ökologisches Existenzminimum« kann ihm nicht entnommen werden. Die Zweckausrichtung einschlägiger Kompetenzen, wie z.B. die für Luft*rein*haltung, Lärm*bekämpfung*, Natur*schutz* ist zwar eindeutig[14], taugt aber nicht zur Begründung einer generellen Staatspflicht zum Umweltschutz.

Anderes könnte sich aus den Grundrechten ergeben.

Grundrechte sind vor allem Abwehrrechte. Sie richten sich gegen hoheitliches Handeln des Staates. Gegen Private können sie nicht unmittelbar aktiviert werden. Diese klassische Abwehrfunktion im Umweltbereich wird aber nur dann wirksam, wenn der Staat selbst, etwa durch öffentlich betriebene Abfallentsorgungsanlagen oder tieffliegende Bundeswehrflugzeuge, in Grundrechte eingreift. Im Regelfall ergibt sich hier ein entsprechender Anspruch aus dem einfachen Gesetz und nicht aus einem Grundrecht.

---

11 Vgl. die Verfassungen von Baden-Württemberg (Art. 86), Bayern (Art. 3 Satz 2, 141), des Saarlandes (Art. 59a) sowie der Länder Bremen (Art. 11a, 26 Nr. 5, 65), Hamburg (Präambel), Nordrhein-Westfalen (Art. 29a) und Rheinland-Pfalz (Art. 73a).
12 Vgl. *Kloepfer*, DVBl. 1988, S. 305 ff. (308 f.); *ders.*, Umweltrecht, 1989, S. 41; früher schon *Rauschning*, Staatsaufgabe Umweltschutz, VVDStRL 38 (1980), S. 177. A.A. *W. Weber*, DVBl. 1971, S. 806 ff. (806) und *Steiger*, in: Salzwedel (Hrsg.), Grundzüge des Umweltrechts, 1982, S. 21 ff. (26 f.).
13 A.A. *H.H. Klein*, Ein Grundrecht auf saubere Umwelt?, in: Festschrift Weber, 1974, 643 ff. (644).
14 So auch *Steiger*, a.a.O.

Im allgemeinen wird die Umweltbelastung aber Folge des Betriebs privater Anlagen sein. Da diese überwiegend einer hoheitlichen Zulassung nach dem Bundesimmissionsschutzgesetz oder nach anderen Gesetzen bedürfen, stellt sich die Frage, ob die Zulassung als solche ein belastender Grundrechtseingriff ist. Bejaht man dies, dann ist im Dreiecksverhältnis genehmigender Staat, Anlagenbetreiber und belasteter Nachbar ein »Stellvertreterkrieg« gegen den genehmigenden bzw. einschreitenden Staat möglich; denn eigentlich sollte doch der Betreiber der Klagegegner sein[15]. Das Bundesverwaltungsgericht favorisiert eine derartige Konstruktion und sieht in der hoheitlichen Zulassung umweltbelastender Vorhaben, also nicht in den Folgen der Genehmigungsausnutzung, die Möglichkeit von staatlichen Grundrechtseingriffen[16]. Andere sehen den Grundrechtseingriff nicht in der Genehmigung als solcher, sondern darin, daß mit der Genehmigung den durch diese Belasteten, also der Allgemeinheit, die Pflicht auferlegt wird, den eigentumsbeeinträchtigenden Eingriff zu dulden[17]. Diese gekünstelte Konstruktion versucht das Bundesverfassungsgericht dadurch zu umgehen, daß es mögliche grundrechtliche Abwehransprüche gegen den Staat zurückstellt und statt dessen die Pflicht der staatlichen Organe betont, sich schützend und fördernd vor die gefährdeten Rechtsgüter zu stellen und sie insbesondere vor rechtswidrigen Eingriffen von seiten anderer zu bewahren.[18].

Welche Konstruktion auch immer gewählt wird, grundrechtliche Abwehrrechte bzw. Schutzpflichten aus der Eigentumsgarantie des Art. 14 GG, aus dem Recht auf Leben und körperliche Unversehrtheit (Art. 2 Abs. 2 GG) und aus dem allgemeinen Recht auf freie Entfaltung der Persönlichkeit (Art. 2 Abs. 1 GG) bieten nur einen unvollkommenen Schutz.

In vielen Fällen, nämlich bei allgemeinen, nicht individualbezogenen Umweltverschlechterungen, wird der Schutzbereich des Art. 2 Abs. 1 GG gar nicht berührt sein. Auch die körperliche Unversehrtheit des

---

15 *Kloepfer*, Umweltrecht, 1989, S. 42.
16 BVerwGE 50, 282 (286); *Schwabe*, Probleme der Grundrechtsdogmatik, 1977, S. 215 ff.; vgl. auch *R. Schmidt, H. Müller*, Einführung in das Umweltrecht, 2. Aufl., 1989, S. 29.
17 Vgl. *Murswiek*, NVwZ 1986, S. 611 ff. A.A. *R. Schmidt*, ZRP 1987, S. 345 ff. (347). Vgl. auch BGH, NJW 1988, S. 478 ff. (479).
18 BVerfGE 39, 1 (41 – Fristenlösung); 46, 160 (164 – Schleyer); 53, 30 (57 – Mülheim-Kärlich); 56, 54 (73 – Düsseldorf-Lohausen). Vgl. zum Ganzen auch *Hoppe, Beckmann*, Umweltrecht, 1989, S. 58 ff.

Art. 2 Abs. 2 GG kann nicht soweit ausgedehnt werden wie dies in der Satzung der Weltgesundheitsorganisation vorgesehen ist, nämlich als »Zustand des vollständigen körperlichen, geistigen und sozialen Wohlbefindens und nicht nur das Freisein von Krankheit und Gebrechen«[19].

Nach der ständigen Rechtsprechung des Bundesverfassungsgerichts sind Grundrechte nicht nur subjektive Abwehrrechte, sondern auch objektive Wertentscheidungen, die für alle Bereiche der Rechtsordnung gelten und der Gesetzgebung, der Verwaltung und der Rechtsprechung Richtlinien geben[20]. Dem Staat entsteht hierdurch die verfassungsrechtliche Pflicht, die durch Grundrechte gesicherten Rechtsgüter, vor allem das Leben und die körperliche Unversehrtheit, aber auch das Eigentum zu gewährleisten und die dafür erforderlichen Umweltbedingungen zu sichern. In erster Linie wird so der Gesetzgeber gezwungen, Schutzgesetze zu erlassen oder bestehende Gesetze nachzubessern bzw. zu ergänzen.

Diese Schutzpflichten aktualisieren sich etwa im Bereich des Atomrechts dadurch, daß für risikobehaftete Vorhaben strenge materiell-rechtliche Zulassungsvoraussetzungen festgelegt und auch verfahrensrechtliche Sicherungen eingebaut werden. So hat das Gericht vor allem im Mülheim-Kärlich-Beschluß[21] deutlich gemacht, wie die Grundrechte das gesamte Verfahrensrecht beeinflussen, soweit dies für einen effektiven Grundrechtsschutz von Bedeutung ist. Beispielsweise könnten die nachbarrechtlichen Beteiligungsrechte im atomrechtlichen Verfahren nicht völlig abgebaut werden, ohne gegen die Verfassung zu verstoßen.

Das Bundesverfassungsgericht unterscheidet bei den Schutzpflichtigen zwischen der Gefahrenabwehr und der Risikovorsorge. Im Risikobereich, gekennzeichnet durch einen nur theoretisch möglichen Schadenseintritt, der jedoch so unwahrscheinlich ist, daß die Gefahrenschwelle noch nicht erreicht wird[22], ist ein sog. »Restrisiko« nach dem Maßstab der »praktischen Vernunft« hinzunehmen. Es wird also berücksichtigt, daß absolute technische Sicherheit nicht zu erreichen ist. Man kann dies auch umkehren: Die Forderung nach einem völligen Risikoausschluß als Ausdruck einer staatlichen Gefahrenvorsorge wäre unverhältnismäßig. Es dürften dann weder Autos auf den Markt gebracht noch Atomkraftwerke betrieben werden.

---

19 Vgl. auch *R. Schmidt, H. Müller* (FN 16), S. 28.
20 BVerfGE 49, 89 (141); 53, 30 (57); 56, 54 (73); BVerfG, NJW 1983, S. 2931 (2932).
21 BVerfGE 53, 30 (65).
22 Vgl. *Kloepfer* (FN 15), S. 45.

Die objektive Schutzpflicht wird durch das Recht des Individuums auf Schutzvorkehrungen nur sehr unvollkommen ergänzt [22]. Der Gestaltungsfreiraum des Staates bei Wahrnehmung seiner Pflichten ist nämlich groß. Er hat die Gefahrensituation zu beurteilen und aus der Vielzahl denkbarer Regelungen und Maßnahmen in eigener Verantwortung die ihm geeignet erscheinenden auszusuchen [24]. Dem Gesetzgeber wird vom Bundesverfassungsgericht soviel an Spielraum zugebilligt, daß er dem verfassungsrechtlichen Auftrag im allgemeinen gerecht wird.

Einen Anspruch des Bürgers auf hoheitliches Tätigwerden erkennt das Bundesverfassungsgericht nur bei *evidenten* Verletzungen der in den Grundrechten verkörperten Grundentscheidungen an. Bisher hat das Gericht in keinem der entschiedenen Fälle eine Verletzung bejaht. Weder konnten die lärmgeplagten Anlieger des Flughafens Düsseldorf-Lohausen [25] mit Erfolg geltend machen, daß die Werte der TA Lärm zu hoch angesetzt seien, noch wurde die Verfassungsbeschwerde zur Entscheidung angenommen, mit der gerügt worden war, der Gesetzgeber hätte es unterlassen, wirksame Maßnahmen gegen die Emissionen von Schwefeldioxid, Stickstoffoxiden, Schwermetallen und Feinstäuben zu treffen [26]. In beiden Fällen wurde vom Gericht auf die bereits getroffenen und noch beabsichtigten Maßnahmen – ebenso wie bei den Klagen auf Ersatz der Waldschäden – [27] verwiesen. Für die Waldbauern, deren Existenzgrundlage langsam zerstört wird, dürfte es ein schwacher Trost sein, im einschlägigen Urteil des BGH die lange Litanei der staatlichen Aktivitäten zur Luftreinhaltung aufgelistet zu finden [28].

Als Zwischenergebnis ist festzuhalten: Grundsätzlich liegen Schutzmaßnahmen, die auf einer wertenden Beurteilung komplexer Wirkungszusammenhänge beruhen, im Aufgabenbereich des demokratisch legitimierten Gesetzgebers. Diesem müssen entsprechende Entscheidungsspielräume zugestanden werden [29]. Diese Rechtsprechung ist unter dem

---

22 Vgl. *Kloepfer* (FN 15), S. 45.
24 Vgl. Bericht der *Sachverständigenkommission* »Staatszielbestimmungen/Gesetzgebungsaufträge«, 1983, S. 85.
25 BVerfGE 56, 54 (73). Vgl. auch BVerfGE 11, 255 (261).
26 BVerfGE, NJW 1983, S. 2931.
27 Vgl. hierzu *Hoppe, Beckmann* (FN 18), S. 66, Anm. 110.; *R. Schmidt, H. Müller*, (FN 16), S. 32.
28 BGH, NJW 1988, S. 478 (481). Zur Schutzpflicht des Gesetzgebers, wonach atomrechtlich private Zwischenlager nur aufgrund einer ausdrücklichen Zulassung durch den Gesetzgeber geschaffen werden dürfen (verneinend) vgl. BVerfGE 77, 381 (Gorleben).
29 BVerfGE 56, 54 (82); BVerfG, NJW 1983, S. 2931 f.

Gesichtspunkt der Gewaltenteilung zu akzeptieren. Andererseits waren die Gerichte bei der Feststellung, ob der Gesetzgeber seine Pflichten tatsächlich verletzt hat, zu zurückhaltend.

Gerichtlich überprüfbare, vom Bürger einklagbare Schutzpflichten werden nur punktuell anerkannt. Die Sachverständigenkommission »Staatszielbestimmungen/Gesetzgebungsaufträge«[30] hat nicht unerhebliche Schutzlücken hinsichtlich des Lebens- und Gesundheitsschutzes der Nachwelt, »des Schutzes von öffentlichem Land, öffentlichen Gewässern, Ökosystemen, der Artenvielfalt und des Klimas, hinsichtlich globaler Faktoren, der Ressourcenbewirtschaftung, der Erholung und ästhetischer Werte«[31] festgestellt.

Es fragt sich, ob angesichts dieser verfassungsrechtlichen Situation, ausländischen Vorbildern folgend, der Umweltschutz deutlicher in der Verfassung verankert werden sollte.

4. Rechtspolitische Überlegungen

In Betracht kommen im wesentlichen zwei Möglichkeiten, nämlich die Verankerung eines Umweltgrundrechts, oder die Aufnahme einer Staatszielbestimmung[32]. Unter Staatsstruktur- und Staatszielnormen sind grundlegende Verfassungsprinzipien zu verstehen wie die freiheitliche demokratische Grundordnung, die Republik, die Demokratie, der Bundesstaat, der Rechtsstaat u. a. Solche Normen leiten in der Regel den politischen Prozeß nur in bestimmte Richtungen. Sie regen ihn an, aber sie verpflichten die Staatsorgane nicht unmittelbar zu bestimmtem Handeln. Vor allem aber lösen sie bei divergierenden Zielen nicht die Prioritätenfrage.

Grundrechte dagegen sind nach deutschem Verfassungsverständnis in erster Linie individuelle, einklagbare Freiheitsrechte, welche die Privatsphäre vor staatlichen Eingriffen schützen. Sie können in der Regel nicht

---

30 Vgl. a.a.O. (FN 24), S. 91.
31 A.a.O., S. 91.
32 Zur Diskussion um diese zwei Möglichkeiten vgl. *Sachverständigenkommission* (FN 24), S. 84 ff.; *Kloepfer*, DVBl. 1988, S. 311 ff.; *Breuer*, in: v. Münch (Hrsg.), Besonderes Verwaltungsrecht, 8. Aufl., 1988, S. 601 ff. (620 f.); *Kahl*, ZRP 1991, S. 9 ff. jeweils m.weit.Nachw. Zum Umweltgrundrecht *H.H. Klein*, Ein Grundrecht auf saubere Umwelt?, in: Festschrift Weber, 1974, S. 643 ff.; zur Staatszielbestimmung *v. Mutius*, WuV 1987, S. 51 ff.; zur Verankerung einer Grundsatznorm anstelle einer Staatszielbestimmung *Murswiek*, ZRP 1988, S. 14 ff. Unklar *Bull*, Die Staatsaufgaben nach dem Grundgesetz, 2. Aufl., 1977, S. 224 ff., S. 453.

in Ansprüche auf staatliche Leistungen, etwa auf einen Arbeitsplatz, auf eine angemessene Wohnung oder auf saubere Umwelt umgemünzt werden. Die staatliche Aufgabe, für die materiellen Bedingungen der individuellen Freiheitsentfaltung zu sorgen, ist in erster Linie politisch zu lösen und kann nicht von der Verfassung bewirkt werden. Teilhabe an staatlichen Leistungen, etwa bei der Gewähr von Studienplätzen, kann von der Gerichtsbarkeit nur im Rahmen des Vorhandenen am Maßstab des Gleichheitssatzes eingeräumt werden, nicht könnten die Gerichte den Staat dazu verurteilen, mehr Universitäten zu gründen.

Gegen ein Umweltgrundrecht spricht eine Reihe von gewichtigen Gründen, vor allem die Verschiebung des Gewichts zwischen Gesetzgeber und Gerichtsbarkeit[33]. In welchem Umfang Umweltschutz gewährleistet werden muß, gewährleistet werden kann, ist Ergebnis eines Abwägungsvorgangs im Parlament und kann nicht mit dem unbestimmten Maßstab eines Grundrechts der Gerichtsbarkeit zur Entscheidung überlassen werden. Die Justiz würde damit in die Mitte des politischen Prozesses gestellt werden[34]. Aber die Verankerung eines Umweltgrundrechts steht zur Zeit politisch ohnehin nicht zur Diskussion. Aktueller ist die Frage, ob eine Staatszielbestimmung Umweltschutz in das Grundgesetz aufgenommen werden sollte. Eine Staatszielbestimmung »Umweltschutz« ist ein in das politische Ermessen des Gesetzgebers gestellter Handlungsauftrag, eine Abwägungs- und Auslegungshilfe für Verwaltung und Rechtsprechung[35]. Ihre normative Wirkung sollte nicht unterschätzt werden. Generalklauseln gehören zum umweltrechtlichen Alltag ebenso wie der Belang Umweltschutz bei Abwägungen im Rahmen planerischer Entscheidungen. Eine Staatszielbestimmung Umweltschutz wird deshalb bei der Gesetzesauslegung und -konkretisierung ihre Wirkung entfalten können. Im Prozeß kann sie als Beweislastregel dienen. Eine mögliche Folge ist auch die Erweiterung von Klagebefugnissen[36].

---

33 Vgl. z.B. die Auflistung bei *Rauschning* (FN 12), S. 178 Anm. 31.
34 Vgl. hierzu etwa BVerfGE 56, 54 (71 – Düsseldorf-Lohausen).
35 Zur Diskussion vgl. *Sachverständigenkommission* (FN 24), S. 100 ff.; *Isensee*, in: HdbStR III, 1988, S. 59 ff.; *Michel*, NuR 1988, S. 280 ff.; *Murswiek*, ZRP 1988, S. 16 ff.; *v. Mutius*, WuV 1987, S. 51 ff.
36 Zu den möglichen Auswirkungen einer Staatszielbestimmung vgl. *Michel*, Staatszwecke, Staatsziele und Grundrechtsinterpretation unter besonderer Berücksichtigung der Positivierung des Umweltschutzes vom Grundgesetz, 1986, S. 281 ff.

Vor allem wirkt sie sich auf dem Umweg über die Gesetze auf die privatrechtlichen Beziehungen aus[37].

Wegen mancher kaum absehbarer Auswirkungen einer Staatszielbestimmung Umweltschutz und aus grundsätzlichen Erwägungen heraus wurde in der Staatsrechtslehre teilweise ein wahrer Proteststurm gegen die geplante Verfassungsänderung entfacht. Aus dem Füllhorn der Argumente greife ich heraus
- der Duktus des Grundgesetzes würde gestört, ein stilistischer Fremdkörper entstünde;
- es bestünde kein rechtspraktisches Regelungsinteresse, weil keine verfassungsrechtliche Lücke feststellbar sei;
- die diffuse neue Verfassungsnorm würde zur Entparlamentarisierung und Juridifizierung der Umweltpolitik führen, es würde ein verwirrender Interpretationswettbewerb einsetzen;
- schließlich wird sogar die Verfassungsrechtssicherheit als gefährdet angesehen[38].

Ich teile diese Besorgnisse mit einer im Vordringen befindlichen Meinung vor allem deshalb nicht, weil man mit der vergleichbaren Staatszielbestimmung »Sozialstaatlichkeit« seit 1949 genügend positive Erfahrung sammeln konnte. Allerdings sollte man sich davor hüten, zu hohe Erwartungen in eine Grundgesetzänderung zu setzen. Die Illusion, zum Schutz der Umwelt sei bereits durch eine Verfassungsänderung Wesentliches geleistet, wäre fatal[39].

Der Vollständigkeit halber sei darauf hingewiesen, daß die anthropozentrische oder ökozentrische Ausrichtung des Umweltschutzrechts nicht in unmittelbarem Zusammenhang mit der Einführung einer Staatszielbestimmung Umweltschutz steht. Ob die Natur um ihrer selbst willen, ob ihr Eigenwert schützenswert ist, oder ob die Natur nur um des Menschen willen da ist, ist eine anders gelagerte Frage. Im übrigen entschärft sich der Gegensatz zwischen beiden Sichtweisen, berücksichtigt man, daß die Verfassung den Menschen als obersten Wert ansieht. Insoweit ist die »Anthropozentrik unentrinnbar«[40]. Menschliche Interessen würden aber verkürzt und sogar falsch definiert, bezöge man sie nur auf die jetzt und hier feststellbaren wirtschaftlichen Interessen. Sie sind vielmehr allumfassend, im Hinblick auch auf langfristige Bedürfnisse und

---

37 Zu den wenig kalkulierbaren Auswirkungen siehe *Murswiek*, ZRP 1988, S. 14 ff. (17 f.).
38 So *Isensee* (FN 35), S. 59 ff.
39 Hiervor warnt vor allem *H.H. Klein* (FN 13), S. 660.
40 *H. Hofmann* (FN 9), S. 35.

ökologische Interessen der Nachwelt zu bestimmen und sie hindern keineswegs die Anerkennung des Eigenwerts der Natur[41].

III.

Adolph Wagners Lehre vom unaufhaltsamen Wachsen der Staatsaufgaben, Ende des 19. Jahrhunderts konzipiert, bestätigt sich. Der traditionelle liberale Rechtsstaat, der die politische Idee des Wohlfahrtsstaates verfassungsrechtlich rezipierte und der damit zum Sozialstaat geworden ist, schickt sich an, die Aufgabe des Umweltschutzes als Staatszielbestimmung in den Text der Verfassung zu übernehmen. Damit zieht er die Konsequenz aus der von ihm längst tatsächlich geleisteten vielgestalteten Verwaltungstätigkeit zum Schutz der Umwelt.

Die Übernahme der Aufgabe »Umweltschutz« liegt im Rahmen einer modernen Staatlichkeit, die als Abkehr von einer repressiven Störungsbeseitigung und gleichzeitige Hinwendung zum Präventivprinzip gekennzeichnet werden kann. Mehr noch als der um wirtschaftliche Stabilität und Prosperität bemühte Sozialstaat wird der Umweltstaat zum Vorsorgestaat.

Mit der Übernahme des ökologischen Präventionsprinzips taucht zugleich die Schreckensvision vom totalen Umweltstaat, die Idee einer allumfassenden Umweltsteuerung durch einen Staat auf, in dem die Machtbalance zwischen staatlicher Herrschaft und bürgerlicher Freiheit gestört ist[42]. Als besondere Gefahrenherde seien das Anwachsen der Umweltbürokratie, der staatlichen Umweltinvestitionen und die Vermehrung der staatlichen Eingriffsbefugnisse, kurz das faktische Monopol des Staates für eine weitreichende Umweltvorsorge genannt. Die überzogene Vision vom totalen Umweltstaat sollte aber nicht dazu verleiten, auf eine deutlichere Verankerung des Umweltschutzes in der Verfassung zu verzichten. Im Gegenteil. Die Langzeitverantwortung des Staates für den Umweltschutz ist unausweichlich. Eine Verfassung, die sich als rechtliche Grundordnung des Staates versteht, muß dies zum Ausdruck bringen.

Wie der Staat seiner Verantwortung gerecht werden will, ist ihm weitgehend freigestellt. Allerdings bietet die Verfassung auch hier nicht nur

---

41 Zur entsprechenden Fragestellung im Naturschutzrecht vgl. die Anhörung des *Arbeitskreises für Umweltrecht* zur Anthropozentrik und Ökozentrik, Neue Leitbilder im Naturschutzrecht?, Beiträge zur Umweltgestaltung, Bd. A, 107, 1988; vgl. auch *K. Heinz*, Der Staat, 1990, S. 415 ff.
42 Vgl. auch *Kloepfer*, DVBl. 1988, S. 305 ff. (305 f.).

eine Rahmenordnung. Der vermehrte Einsatz marktwirtschaftlicher Instrumente[43] und die Inpflichtnahme Privater entsprechen der Idee eines Rechtsstaates, der auf der Freiheit und der Autonomie des Individuums aufbaut, mehr als eine ökologische Planwirtschaft. Aber das ist ein anderes Thema. Schließlich ist auf den Anfang zurückzukommen. Es war dort die Frage aufgeworfen worden, inwieweit der gesellschaftliche Prozeß überhaupt durch die Verfassung gesteuert werden kann. Das schweizerische Vorbild stimmt eher nachdenklich. »Kantons-, Verbands- und Rezessionseinflüsse bremsten den Höhenflug des Verfassungsanspruches und erinnern daran, daß die schweizerische Demokratie offenbar ausgeprägter als früher gegenüber neuen Staatsaufgaben eine Staatsform der großen Geduld und der kleinen Schritte ist«[44].

Das komplexe Thema Norm und Wirklichkeit wird im Bereich des Umweltschutzes in der Bundesrepublik vor allem im Hinblick auf deren Auseinanderklaffen, das Vollzugsdefizit diskutiert. Es geht weniger auf Lücken im Bestand umweltrechtlicher Normen zurück, als auf Mängel im Verwaltungsaufbau. Störend wirkt vor allem die Trennung von fachtechnischen Aufgaben und Vollzugsaufgaben; überhaupt die Verteilung der Kompetenzen auf verschiedene Behörden. Übernormierungen, ungenaue und weitgefächerte Schutzgut- und Zielbestimmungen, fehlende Abwägungsdirektiven, eine große Zahl von Generalklauseln und unerfüllte Rechtsetzungsaufträge erschweren den Vollzug. Die schlechte technische Ausstattung und der bestehende Personalmangel, teilweise auch die unzureichende fachliche Qualifikation des vorhandenen Personals führen dazu, daß die Lücke zwischen Norm und Wirklichkeit groß ist[45]. Die Erfüllung einer Verfassungspflicht zum Umweltschutz hängt deshalb vor allem auch von der Leistungsfähigkeit der Verwaltung ab. Diese wiederum ist auf das Umweltbewußtsein und auf die Verzichtsbereitschaft der Bürger angewiesen.

---

43 Zu »Freiheit und Freiwilligkeit im Umweltrecht« vgl. den gleichnamigen Aufsatz von *Murswiek*, JZ 1988, S. 985 ff.
44 So *Wildhaber*, VVDStRL 38 (1980), S. 330.
45 Vgl. *H. Müller*, BayVBl. 1988, S. 289 ff. (S. 292 f.).

Keiichi Yamanaka, Osaka

Umweltkatastrophen, Massenprozesse und rechtlicher Ökologieschutz in Japan

I. Entwicklung der Umweltzerstörung in Japan
II. Umweltschutzgesetze und Entscheidungen
III. Zivilrechtliche Theorien zum Umweltrecht
IV. Rolle des Umweltstrafrechts in Japan
V. Aufgabe der Umweltrechtspolitik
VI. Umweltpflege und Recht

I. Entwicklung der Umweltzerstörungen in Japan

1. Besonderheit der Umweltproblematik in Japan[1]

Der Problembereich, den man in Deutschland als »Umweltverschmutzung« bezeichnet, wird in Japan meistens »öffentliche Schädigung«, auf japanisch »Kogai« genannt. Dieser Ausdruck stimmt überein mit dem englischen Wort »public nuisance«. Das Wort »Kogai« wurde bereits im Jahre 1880 in einer Zusatzbestimmung zur Osaka-Präfekturen-Verordnung von 1877 benutzt[2]. Freilich wird auch, vor allem heutzutage, das

---

* Da die von mir mitgebrachten Materialien zu diesem Thema in Deutschland begrenzt sind, sind die folgenden Zitate und Nachweise stark eingeschränkt und somit leider aus der zu diesem Thema kaum noch überschaubaren japanischen Literatur ziemlich willkürlich ausgewählt.

1   Als deutschsprachige Literatur in bezug auf das Umweltrecht in Japan sind hier bloß *Ueki*, Umweltschutz und Produzentenhaftung in Japan, in: G. Baumgärtel (Hrsg.), Grundprobleme des Privatrechts, Japanisches Recht, Bd. 18, 1985 und *Y. Sawai*, Soziale Probleme und Justiz in Japan, AcP 190 (1990), S. 585 ff. zu nennen. In englischer Sprache ist erschienen *J. Gresser/K. Fujikura/A. Morishima*, Environmental Law in Japan, 1981, London. Ein von einem japanischen Wirtschaftswissenschaftler auf deutsch mitverfaßtes Buch ist *S. Tsuru/H. Weidner*, Ein Modell für uns: Die Erfolge der japanischen Umweltpolitik, Köln 1985.

2   Vgl. dazu *Sawai*, Die Geschichte der Bürgerinitiative und des Umweltrechts, in: Kankyoron Josetsu (Einführung in die Umweltlehre), Kioto 1975, S. 161.

Wort »Umweltverschmutzung«, «Kankyo Osen«[3], häufig gebraucht. Aber das Wort »Kogai« scheint mir in Japan noch eine besondere Nebenbedeutung zu haben: Wenn man das Wort »Kogai« benutzt, denkt man nicht nur an die verseuchte Umwelt, sondern auch gleichzeitig assoziativ an die gefährdeten oder verletzten Menschen. Vielleicht kann man auch allgemein sagen, daß sich der Begriff »öffentliche Schädigung« mehr auf die direkte Gefährdung und materielle Verletzung des menschlichen Lebens oder der Gesundheit bezieht, während das Wort »Umweltverschmutzung« zunächst auf die Verschlechterung der Umwelt schlechthin hindeutet. In der Tat begann die Umweltproblematik in Japan mit der Entstehung der »Kogai« im oben genannten Sinne.

2. Anfänge des Umweltproblems

Als erstes großes Umweltproblem nach der Restauration im Jahre 1867, also nach dem Beginn der Modernisierung Japans, zog der sog. »Ashio-Bergbaugifte-Fall« Aufmerksamkeit auf sich, der sich in den 80er Jahren des 19. Jahrhunderts ereignete[4]. Die im Boden des durch Abwässer vom Bergbau verseuchten Watarase-Flusses abgelagerten Gifte breiteten sich jeweils bei Überflutung des Flusses über das Land aus. Dadurch kam es zu einem großen Fischsterben und zu einer Verseuchung der umliegenden Felder der Bauern. Der Ashio-Bergbaugifte-Fall ist gleichzeitig der erste Fall, in dem in Japan eine Bürgerinitiative gegen Umweltverschmutzung gegründet wurde. Der Abgeordnete Shozo Tanaka, der diese Bürgerbewegung gegen Umweltverschmutzung lange leitete, zog 1891 die Verursacher des Umweltproblems erstmalig im Reichsparlament zur Rechenschaft. Der Ashio-Bergbau-Fall dauerte etwa neunzig Jahre, bis 1973 der Bergbau Ashio geschlossen wurde. Die geschädigten Bewohner erhielten durch einen Schlichtungsvorschlag des Umweltverschmutzungsregulierungsausschusses einen Schadensersatzbetrag von etwa 1500 Millionen

---

3   Die Redewendung »Umwelt«verschmutzung ist in Japan erst in den 70er Jahren populär geworden. 1971 wurde das »Umweltamt« (Kankyo-Cho) unter dem Amt des Ministerpräsidenten (Sori-Fu) eingerichtet. Zur Entstehungsgeschichte des Umweltamtes vgl. *Gresser/Fujikura/Morishima*, S. 26 f. Zu einer kurzen Zusammenfassung der geschichtlichen Entwicklung des Umweltrechts vgl. *Y. Nomura*, Geschichte und Eigenschaften des japanischen Umweltrechts, Horitsu no Hiroba Bd. 42, H. 11, S. 10 ff.; *Y. Hirayama*, Entwicklung des Umweltschutzes, Jiyu to Seigi Bd. 40, H. 11, S. 10 ff.

4   Vgl. *Gresser/Fujikura/Morishima*, S. 4 ff.

Yen (etwa 18 Millionen DM)[5]. Der Ashio-Bergbau-Fall war natürlich nicht das einzige Beispiel, in dem durch Umweltverschmutzung die menschliche Gesundheit geschädigt wurde[6].

3. Umweltprobleme nach dem Zweiten Weltkrieg

Im Jahre 1945 stand auch Japan wie die Bundesrepublik Deutschland vor dem Neubeginn. Das Umweltproblem nahm mit zunehmendem Wirtschaftswachstum zu. Als der Koreakrieg im Jahre 1950 ausbrach, hatte Japan aufgrund des durch den Krieg ausgelösten Sonderbedarfs an Kriegsmaterial eine gute Konjunktur erlebt. Damit häuften sich aber auch die Umweltverschmutzungen in den Industriegebiete der großen Städte an. Die dadurch hervorgerufenen Gesundheitsschäden kamen in der zweiten Hälfte der 50er Jahre zum Vorschein.

Mit den 60er Jahren begann die sog. Wirtschaftswachstumsperiode. Die Regierung verfolgte eine offensichtlich die Wirtschaft bevorzugende Politik. So wurden die Regionalerschließungen gefördert. Die Kommunalverwaltungen befürworteten eine Politik der Industrieansiedlung[7]. Damit kam es zu vielen Schwer- und Chemieindustriegebieten an verschiedenen Orten. In dieser Zeit wurden die Ausgaben für den Umweltschutz zugunsten der Gewinnmaximierung eingespart. Die schmutzigen Industrieabwässer flossen in die Gewässer ab und Ruß und Qualm bedeckten den Himmel. Der dadurch verursachte Schaden breitete sich in ganz Japan aus.

Das belegt das Weißbuch für Umweltverschmutzung von 1970[8]. Hinsichtlich der Luftverschmutzung wies es auf die Ausdehnung der verseuchten Bereiche und die Mangelhaftigkeit der bisherigen Schutztechniken hin. So kam es etwa 1970 zu einer zur Ohnmacht führenden Vergiftung von 40 Gymnasiasten aufgrund in die Luft ausgesetzter chemischer Gifte. Diese waren durch die chemische Reaktion des Smogs mit dem Sonnenlicht entstanden (photochemischer Smog). Im Hinblick auf die Abwässerverschmutzung wurde festgestellt, daß die Meere und Flüsse in

---

5 Vgl. *Sawai*, Fußn. 2, S. 167; *Gresser/Fujikura/Morishima*, S. 8.
6 Bekannt sind der »Besshi-Kupferbergwerk-Fall«, der »Asano-Zement-Gesellschaft-Fall«, der »Hitachi-Bergwerk-Rauchschaden-Fall«, und der »Osaka-Alkali-AG-Fall«.
7 Für die größeren Umweltzerstörungen in dieser Zeit ist vor allem die Politik der Landerschließung verantwortlich. Sie wurde aufgrund des »Gesetzes zur gesamten Landerschließung« von 1950 durchgeführt. In diesem Gesetz finden sich noch keinerlei Umweltschutzaspekte. Vgl. *Sawai*, Fußn. 2, S. 184 f.
8 Kogai Hakusho von 1970, S. 7 f. (zit. bei *Sawai*, Fußn. 2, S. 194 f.).

der Nähe von Großstädten oder Industriegebieten (insbesondere in den Buchten von Tokio und Osaka) durch das Ablassen von Öl durch Schiffe sowie durch Flußvergiftungen erheblich beeinträchtigt wurden. In ruhenden Buchten, wie etwa der Hiroshima-Bucht, kam die Verschmutzung durch Organismen hinzu, so daß der Grad der Phosphor- und Stickstoffkonzentration dort anstieg. Die massive Entstehung von Blutalgen verursachte großen Schaden bei Meeresfrüchten. In der Fuji-Bucht häufte sich die schlammige Bodenschicht, die durch die von den Papierfabriken abgeflossenen Abwässer entstanden war, so stark an, daß große Schiffe nicht reibungslos einfahren konnten und eine große Anzahl der Jungfische starb. Auch der Boden blieb nicht von Verschmutzung verschont: In diesem Bereich erfolgte insbesondere eine Schädigung der Natur durch Agrarpestizide. In der Kuhmilch und sogar in der Muttermilch von Frauen wurde kondensiertes B.H.C. (Benzenhexachlorid) festgestellt.

4. Durch Umweltverschmutzung hervorgerufene Krankheiten

Durch die Umweltverschmutzung kam es nicht nur zu bloßen Gesundheitsschäden, sondern auch zu Todesfällen. Es existieren drei bekannte tragische Krankheitsbilder, die durch die Umweltverschmutzung verursacht werden: die »Itai-itai-Krankheit« (Weh-Weh-Krankheit), die »Minamata-Krankheit«, und das »Yokkaichi-Asthma«. Die Opfer oder ihre Erben strengten wegen dieser Krankheiten jeweils Gerichtsprozesse gegen die Verursacher an[9].

a) Weh-Weh-Krankheit. Die so bezeichnete Krankheit wird durch die langjährige Einnahme von Kadmium verursacht. Vor allem Frauen mittleren Alters und Schwangere werden dabei von Schmerzen am ganzen Körper befallen; die Knochen der Frauen werden angegriffen, was schließlich zu einem sehr schmerzhaften Tod führt. 552 Patienten oder deren Erben verlangten demgemäß von der Mitsui-Metall-Bauwerk-AG, die den Kadmium-Ausstoß zu verantworten hatte, Schadensersatz.

b) Minamata-Krankheit. Die Minamata-Krankheit[10] wird so bezeichnet, da sie zuerst bei den Bewohnern der Minamata-Flußmündung in der Kumamoto-Präfektur auf der Insel Kyushu auftrat. Es ist eine Krankheit des Zentralnervensystems, die durch Anhäufung von organischem Quecksilber im menschlichen Körper verursacht wird. Symptome sind

---

9 Vgl. dazu ausführlich *Gresser/Fujikura/Morishima*, S. 55 ff.
10 Zur Minamatakrankheit vgl. *M. Harada*, Minamatabyo, Tokyo 1972.

Gliederlähmung sowie Hör-, Sprach- und Sehfehler. Endstadium ist ein Sterben in geistiger Umnachtung. Diese Minamata-Krankheit trat nicht nur in Kumamoto auf, sondern auch in Niigata, einer Präfektur, die am japanischen Meer liegt. Die Minamata-Krankheit in Kumamoto wurde dadurch verursacht, daß die Erkrankten die Methylchlorid-Quecksilber-Verbindungen aufgenommen hatten, die in den Abwässern der Chisso-Minamata-Fabrik enthalten waren und sich in den dort befindlichen Fischen und Meeresfrüchten angehäuft hatten. Im April 1988 waren laut einer Statistik der Präfektur Kumamoto an diesen Symptomen immer noch 1721 Personen erkrankt. Die Minamata-Krankheit in Niigata wurde durch die Abwässer der Showa-Denko-AG, die am Oberlauf des Agano-Flusses liegt, verursacht.

c) Yokkaichi-Asthma. In der Stadt Yokkaichi, die zu der Präfektur Nagoya gehört, wurden seit 1958 industrielle Kombinate (insbesondere Petrochemie) aufgebaut und betrieben. Etwa seit 1961 kam es dort bei vielen Einwohnern zu Lungenkrankheiten (chronische Bronchitis, Bronchialasthma, Lungenemphysem). 1967 verlangten neun Patienten von den sechs Unternehmen im Yokkaichi-Ersten-Kombinat Schadensersatz.

Die hier als Krankheitsbilder aufgezeigten Fälle sind die vier größten Umweltverschutzungsfälle Japans.

II. Umweltschutzgesetze und Entscheidungen

1. Umweltschutzgesetzgebung nach dem Zweiten Weltkrieg

Schon seit der Meiji-Periode (1868–1912) wurden mehrere Verordnungen bzw. Gesetze gegen Umweltverschutzung erlassen. Unter anderem sind in diesem Zusammenhang die Vorschriften des Bergwerk-Gesetzes von 1939« zu nennen, die eine Gefährdungshaftung einführten (§§ 109 ff.).

Die Gesetzgebungsserie nach dem Zweiten Weltkrieg begann mit der »Präfektur-Verordnung von Tokio zur Abwehr gegen Umweltverschmutzung« von 1949. Ähnliche Verordnungen wurden in der Folgezeit in vielen Präfekturen erlassen[11]. Ende der 50er Jahre traten wichtige Gesetze für den Umweltschutz in Kraft. In Juni 1958 besetzten etwa 700

---

11 Z.B. die Osaka-Präfektur-Verordnung von 1950 oder die Kanagawa-Verordnung von 1951. In diesen Verordnungen wurden Grenzwerte für die Emission bestimmt. Sie bildeten die Kriterien, nach denen der jeweilige Gouverneur die Emission von Rauch, Gas und Ruß usw. als Umweltverschmutzung feststellen sollte.

Fischer in Urayasu, die durch Abwässer einer Papierproduktionsfabrik einen Schaden erlitten hatten, diese Fabrik. Es wurde eine 1000 Mann starke Sondertruppe der Polizei gegen sie eingesetzt und acht Fischer wurden festgenommen [12]. Aus Anlaß dieses Ereignisses erließ die Regierung noch in demselben Jahr »das Gesetz zum Schutze der Wasserqualität« und das »Gesetz zur Regulierung der Fabrikabwässer«. Im Jahre 1962 trat das »Gesetz zur Regulierung der Emission von Ruß und Qualm« in Kraft. Trotz dieser Gesetze verschlechterte sich die Umweltsituation in Japan in der 60er Jahren weiter. Als Reaktion darauf nahmen die Bürgerinitiativen gegen Umweltverschmutzung an Mitgliedern zu. Diese Initiativen verzeichneten auch Erfolge: So setzte sich 1964 eine Initiative gegen den Aufbau des »Mishima-Numazu-Kombinat« mit Erfolg durch. Dieser Erfolg hatte eine epochale Bedeutung in der Geschichte der Bürgerinitiativen gegen Umweltverschmutzung [13].

2. Inkrafttreten des »Grundverfassungsgesetzes zum Umweltschutz«

Allmählich erkannte man, daß erfolgreicher Umweltschutz eine umfassende, planmäßige Präventionspolitik erfordert. Notwendig dafür war es, die Grundprinzipien für den Umweltschutz zu verdeutlichen. Das Gesundheitsministerium veröffentlichte daher 1966 einen »Programmentwurf für ein Grundverfassungsgesetz zum Umweltschutz«. Dieser Entwurf wurde durch ein Regierungskomitee in mehreren Punkten entschärft. Der Entwurf des Gesundheitsminsteriums z. B. bezweckte den »Schutz der Gesundheit, der Lebensumwelt und des Vermögens des Volkes vor Umweltverschmutzung«. Diese Vorschrift wurde geändert: Betont wurde stattdessen die »Harmonisierung mit der gesunden Entwicklung der Industrie«. Am 3. 8. 1967 trat dann das »Grundverfassungsgesetz zum Umweltschutz« in Kraft. Die Harmonisierungs-Klausel wurde bereits bei einer Gesetzesänderung 1970 gestrichen. § 1 des Gesetzes lautet seitdem: »Dieses Gesetz hat im Hinblick auf die außerordentliche Wichtigkeit des Umweltschutzes für die Erhaltung des gesunden und kulturellen Lebens des Volkes den Zweck, eine umfassende Förderung von Umweltschutzmaßnahmen zu verwirklichen, indem es die Verantwortung des Unternehmers, des Staates und der Gemeinde in bezug auf die Vorkehrungen gegen eine Umweltverschmutzung verdeutlicht und elementare Leitsätze für die Strategie im Umweltschutz bestimmt.«

---

12 »Honshu-Papierfabrik-Fall«. Vgl. *Gresser/Fujikura/Morishima*, S. 17, *Sawai*, Fußn. 2, S. 180 f.
13 Vgl. *Gresser/Fujikura/Morishima*, S. 19; *Sawai*, Fußn. 2, S. 185 ff.

§ 9 des Gesetzes bestimmt bezüglich des Umweltstandards: »Die Regierung muß jeweils zur Einhaltung des wünschenswerten Standards für den Schutz der menschlichen Gesundheit und für die Sicherung der Lebensumwelt die umweltlichen Bedingungen im bezug auf die Luft-, Gewässer- und Bodenverschmutzungen sowie Lärm bestimmen«.

Im Juni 1968 entstanden das »Gesetz gegen die Luftverschmutzung« und das »Gesetz zur Regulierung des Lärms«, die jeweils die Vorgaben des Grundverfassungsgesetzes verwirklichen. Das erstgenannte Gesetz resultierte aus dem oben genannten Gesetz zur Regulierung von Ruß und Qualm von 1962.

3. Sog. »Umweltproblem-Periode«

Die 64. Periode des Parlaments, die im Dezember 1970 begann, wird als »Umweltproblem-Periode« (Kogai-Kokkai) bezeichnet, weil in dieser Zeit viele Gesetze zur Verwirklichung des Grundverfassungsgesetzes verabschiedet wurden. Insgesamt 14 Gesetze zum Umweltschutz wurden in dieser Periode geändert oder entstanden neu. Aus der oben erwähnten Änderung des Grundverfassungsgesetzes zum Umweltschutz resultierte das »Gesetz über Straftaten gegen die Umwelt« als Sonderstrafrecht. An die Stelle des »Gesetzes zum Schutz der Wasserqualität« und des »Gesetzes zur Regulierung der Fabrikabwässer« trat das »Gesetz zur Vorbeugung von Beeinträchtigungen der Wasserqualität«.

4. Die vier größten Umweltverschutzungsprozesse

In den 70er Jahren stellten sich für die Umweltschutzpolitik zwei Aufgaben: Vorbeugung von Umweltverschmutzung und Wiedergutmachung für die Opfer. Die oben erwähnten vier größten Prozesse haben die leitende Rolle auf dem Weg der Wiedergutmachung gespielt. Ab 1971 haben die Gerichte in diesen Prozessen zu urteilen begonnen, wobei in allen Fällen die Kläger im vollen Umfang obsiegten[14]. Anspruchsgrundlage für

---

14 Weh-Weh-Krankheit-Fall = Urteil des Landgerichts Toyama vom 30.6.1971, Kaminshu (Entscheidungssammlung für die unteren Gerichte) Bd. 22 H. 5–6, Sonderheft S. 1 ff.; Urteil des Obergerichts Nagoya (Kammer in Kanazawa) vom 9.8.1972, Hanrei Jiho Nr. 674, S. 25 ff.; Niigata-Minamata-Krankheit-Fall = Urteil des Landgerichts Niigata vom 29.9.1971, Kaminshu Bd. 22, H. 9–10, Sonderheft S. 1 ff.; Yokkaichi-Asthma-Fall = Urteil des Landgerichts Tsu (Kammer in Yokkaichi) vom 24.4.1972, Hanrei Jiho Nr. 672, S. 30 ff.; Kumamoto-Minamata-Krankheit-Fall = Urteil des Landgerichts Kumamoto vom 20.3.1973, Hanrei Jiho Nr. 696, S. 15 ff. Zu diesen Prozessen vgl. ausführlich *Gresser/Fujikura/Morishima*, S. 55 ff.

die Wiedergutmachung waren die §§ 709 ff. des jap. BGB, d. h. das Schadensersatzrecht wegen unerlaubter Handlung. Im Weh-Weh-Krankheits-Fall wurde der Anspruch auf die Gefährdungshaftungstatbestände des Bergbaugesetzes (§§ 109 ff.) gestützt. Im Zusammenhang mit diesen Zivilprozessen stellten sich gleichzeitig zahlreiche praktische und theoretische Probleme des Deliktsrechts. Besonders umstritten war die Feststellung der Kausalität, des Verschuldens und der Haftung mehrerer Täter (§ 719 jap. BGB)[15].

Diese Gerichtsverfahren führten aber nicht nur zu neuen rechtstheoretischen Fragen, sie trugen auch gesellschaftlich zur Bewußtwerdung der Ursache der Umweltverschmutzung und zur Feststellung der Verantwortlichkeit der Unternehmer bei. Letztere hatten bis dahin ihre Verantwortung stets geleugnet und den Betroffenen lediglich eine Entschädigung ohne jegliche Anerkennung einer Rechtspflicht gewährt. Die Verfahren brachten auch andere Fortschritte mit sich: Fachgutachter konnten nun die Unternehmen betreten und den schädigenden Vorfall untersuchen. Neben der rechtlichen Pflicht zur Zahlung von Schadensersatz wurde die Beziehung zwischen Opfer und Unternehmen gefördert, indem es zu Verhandlungen über freiwillige Unterstützungsleistungen der Unternehmen kam[16].

5. Unterlassungsklage

Der Schadensersatzanspruch dient nur der nachträglichen Wiedergutmachung. Erst mit der Unterlassungsklage kann der Geschädigte verlan-

---

15 Nach der herrschenden Meinung und der Rechtsprechung verlangt § 719 des jap. BGB für die Mittäterschaft keine subjektive Abrede zwischen mehreren Beteiligten. Vielmehr genügt ein objektives Zusammenwirken. Bei der Mittäterschaft haftet jeder Mittäter für den Schaden im vollen Umfang. Der einzelne Täter kann von den anderen Tätern grundsätzlich einen Ausgleich verlangen. Beim Umweltschadensersatz scheint jedoch dieser Grundsatz zu zu harten Ergebnissen für diejenigen Unternehmen zu führen, die den Schaden nur geringfügig mitverursacht haben. Daher wird die Auffassung vertreten, beim objektiven Zusammenwirken zwischen »schwachen« und »starken« Zusammenhängen zu differenzieren und nur beim »starken« Zusammenwirken die solidarische Verantwortung zu bejahen. In diesem Zusammenhang vgl. das Urteil des »Yokkaichi-Asthma-Falles«.
16 Vgl. *T. Ushiyama*, Kogai Saiban no Tenkai to Horiron (Entwicklung der Umweltprozesse und Rechtstheorien), Tokio, 1976, S. 248 ff.

gen, daß eine Anlage stillgelegt wird[17]. Nach dem erfolgreichen Abschluß der vier größten Prozesse wurden die japanischen Gerichte mit der Frage der Zulässigkeit der Unterlassungsklage konfrontiert. Problematisch bei der Unterlassungsklage ist, daß sie oft nicht nur zu Verlusten bei Unternehmen führt, sondern auch Schäden in der Gesellschaft verursachen kann. Im Hinblick auf diese Unterlassungsklage ist etwa der Osaka-Flughafen-Fall zu nennen, der Shinkansen(Neuschnellbahn)-Lärm-Fall, Kraftwerks- sowie Abfallbeseitigungsfälle. Im folgenden soll der Osaka-Flughafen-Fall[18] erörtert werden:

a) Sachverhalt: Insgesamt 264 Bewohner, die in der Umgebung des internationalen Flughafens von Osaka wohnten, verlangten wegen des verursachten Lärms, der Erschütterungen, der Abgase und des Absturzrisikos die Unterlassung des Ab- und Anflugs zwischen 21 Uhr bis 7 Uhr des nächsten Morgens sowie Schadensersatz bezüglich des bereits eingetretenen und des zukünftigen, bis zur Aburteilung noch eintretenden Schadens.

b) Urteil der ersten Instanz[19]: Das Landgericht Osaka ordnete 1974 die Unterlassung des Fliegens nach 22 Uhr an. Dabei hatten die Kläger die Verletzung ihres Persönlichkeitsrechts und ihres »Rechts auf Umwelt« als Grund der Unterlassungsklage geltend gemacht. Während ersteres festgestellt wurde, verneinte das Gericht letzteres, weil es sich bei § 13 (Recht auf Glück) und § 25 (Recht auf Existenz) der japanischen Verfassung um bloße Programmsätze handele und die Bejahung eines Rechts auf Umwelt über den privatrechtlichen Bereich hinausgehen müsse, wenn man mit diesem eine Unterlassung vor Eintritt eines konkreten Schadens erreichen wolle[20]. Im wissenschaftlichen Schrifttum wurde die Bedeutung dieser Entscheidung theoretisch wie praktisch als nicht sehr hoch eingeschätzt. Das Unterlassungsgebot ab 22 Uhr hatte schon damals fast

---

17 *Sawai*, Kogai Sashitome no Hori (Rechtstheorie der Umweltverschmutzungsunterlassung), Tokio, 1976; ders., Rechtliche Konstruktionen der Unterlassungsklage, in: Jiyu to Seigi Bd. 34, H. 4, S. 4 ff.; *ders.*, Fortschritt der Unterlassungsklage-Prozesse gegen die Umweltverschmutzung in den 70er Jahren, in: Jurist Nr. 541, S. 84 ff.
18 Über das Urteil der ersten Instanz vgl. *Sawai*, Osaka Kuko Saiban no Tenkai (Entwicklung des Osaka-Flughafen-Prozesses), Kioto, 1974; *Ushiyama*, Fußn. 16, S. 169 ff. Zum Urteil des Obersten Gerichtshofs vgl. Jurist Nr. 761; als eine kurze Zusammenfassung vgl. *T. Awaji*, Jurist Nr. 900, S. 176 f.
19 Urteil des Landgerichtes Osaka vom 27.2.1974, Hanrei Jiho Nr. 729, S. 3.
20 Vgl. *Ushiyama*, Fußn. 16, S. 170 ff.

keinen Sinn gehabt, weil bereits seit 1972 aufgrund einer Empfehlung des Präsidenten des Umweltamtes von Dezember 1971 der Flugverkehr nach 22 Uhr mit Ausnahme von Postflugzeugen unterlassen wurde. Ein Ersatz des zukünftigen Schadens wurde nicht anerkannt.

c) Urteil der zweiten Instanz[21]: Das Obergericht Osaka sah die Klage als begründet an. Es ordnete die Unterlassung des Ab- und Anfluges zwischen 21 Uhr bis 7 Uhr an und bejahte auch den Anspruch auf den zukünftigen Schaden.

d) Urteil des Obersten Gerichtshofs[22]: Der Oberste Gerichtshof lehnte sowohl die Unterlassungklage als auch den Anspruch auf den zukünftigen Schaden ab und erkannte nur den Anspruch auf den bereits entstandenen Schaden an. Die Unterlassungsklage wurde mit folgender Begründung zurückgewiesen: Der Ab- und Anflug resultiere aus der Zuständigkeit der Flughafenaufsicht und derjenigen des Verkehrsministers; um den Anfechtungs- bzw. Änderungsanspruch durchzusetzen, müsse der Verwaltungsrechtsweg beschritten werden. Die Entscheidung erging mit vier Gegenstimmen; im Schrifttum stieß sie auf fast einhellige Ablehnung.

III. Zivilrechtliche Theorien zum Umweltrecht

1. Forderung neuer Theorien

§ 709 des japanischen BGB regelt die unerlaubte Handlung, die als Rechtsfolge Schadensersatz vorsieht. Die Voraussetzungen der zivilrechtlichen Haftung sind dabei folgende: die Rechtswidrigkeit der Handlung, das Vorhandensein eines Kausalzusammenhangs zwischen der Handlung und dem Schadenseintritt und das Verschulden. Bei einer Umweltverschmutzung ist jedoch der Nachweis der Kausalität besonders schwer, weil es sich oft um Ereignisse handelt, die in dieser Fallgestaltung neu sind. Außerdem stehen die Kläger tatsächlich und finanziell in einer schwächeren Lage in bezug auf die Beweisführung. So war es etwa lange nicht geklärt, ob Kadmium tatsächlich die Ursache der Weh-Weh-

---

21 Urteil des Obergerichtes Osaka vom 27.11.1975, Hanrei Jiho Nr. 797, S. 37.
22 Urteil des Obersten Gerichtshofs vom 16. 12. 1981, Hanrei Jiho Nr. 1025, S. 39.

Krankheit ist[23]. Die Zivilrechtswissenschaft wurde vor die Aufgabe gestellt, diese Schwierigkeiten zu lösen.

2. *Kausalität*

a) Änderung der Beweislast bezüglich der Kausalität. Zu diesem Zweck wurden, grob gesagt, zwei Auffassungen vertreten: Einmal handelt es sich um den Gedanken des Beweisübergewichts (preponderance of evidence). Nach ihm soll genügen, daß ein – wenn auch nur geringes – Übergewicht für die Kausalität spricht. Die andere Auffassung schlägt vor, die tatsächliche Beweislast umzustellen. Nach dieser sog. Wahrscheinlichkeitstheorie obliegt dem Kläger die Beweislast, jedoch ist kein genauer Nachweis erforderlich; es genügt der Beweis der Wahrscheinlichkeit. Der Beklagte kann dabei seiner Haftung nicht entgehen, solange er diese Wahrscheinlichkeit nicht widerlegt. In der Judikatur folgen einige Entscheidungen dieser Theorie[24].

b) Epidemiologischer Kausalbegriff. Diese Theorie tendiert zu einer Beweisentlastung bezüglich der Kausalität. Sie beabsichtigt jedoch im Gegensatz zu den oben genannten zwei Auffassungen keine Beweiserleichterung, sondern vertritt einen neuen Kausalbegriff: den epidemiologischen Kausalbegriff. »Epidemiologie« wird als die Wissenschaft definiert, deren Gegenstand Massenphänomene sind, die massenhaft auftretende Krankheiten auf ihre Ursachen hin untersucht[25]. Sie erforscht die Ursachen der Epidemie als Massenerscheinung, zielt jedoch nicht auf die pathologische Erklärung der Mechanismen der einzelnen Viren oder Bakterien ab. Daraus ergibt sich der epidemiologische Kausalitätsbegriff: Nach ihm ist die Klärung der pathologischen Mechanismen zwischen

---

23 Schon 1910 wurde in dem Stadtteil *Toyama* eine merkwürdige Krankheit festgestellt, deren Ursache unbekannt war. Anfang der 50er Jahre nahm das Vorkommen der Krankheit zu. Danach wurde die Theorie vertreten, daß die Ursache die mangelnde Ernährung der meistens armen Bewohner in dieser Gegend sei. Ein Arzt in dieser Gegend namens *Hagino* bezweifelte diese Theorie und stellte fest, daß das Schwermetall im Wasser des Flusses *Jintsu* die Ursache war. Das Gesundheitsministerium veröffentlichte erst 1968 einen Forschungsbericht über die Ursache der Weh-Weh-Krankheit. Dieser bestätigte, daß Kadmium die Krankheit verursacht hatte. Nebenbei gesagt, ist auch beim Niigata-Minamata-Fall stark die Agrarpestizide-Theorie vertreten worden.
24 Vgl. *Ushiyama*, Fußn. 16, S. 24 ff.
25 *I. Shigematsu* (Hrsg.), Ekigaku (Epidemiologie), 1978, S. 1 f.; *K. Tsuchiya* (Hrsg.), Ekigaku Nyumon (Einführung in die Epidemiologie), 1978, S. 2 f.

dem vorausgegangenen Vorgang und dem eingetretenen Ereignis für den Kausalbeweis nicht erforderlich. Vielmehr genügt es, wenn zwischen beiden eine kausale Relation aus der Makro-Betrachtung der Massenerscheinung feststellbar ist. Dies soll mit einem Beispiel veranschaulicht werden: In der ersten Hälfte des vorigen Jahrhunderts hatte sich in London eine unbekannte Epidemie ausgebreitet. Ein Mann namens John Snow wollte ihre Ursache herausfinden, um sie zu bekämpfen. Er markierte die Orte, wo die Krankheit vorkam, auf dem Stadtplan und stellte fest, daß der häufigste Eintrittsort der Krankheit in denjenigen Stadtvierteln zu verzeichnen war, in deren Mitte ein Brunnen lag. Mit der Vermutung, daß irgendeine Substanz im Wasser die Ursache für die Krankheit sein könnte, legte er die Quelle still. Die Krankheit ging zurück. Dies geschah, bevor Robert Koch den Cholerabazillus entdeckt hatte. John Snow hatte somit praktisch mit der epidemiologischen Methode die Ursache der Epidemie festgestellt.

Es muß betont werden, daß der epidemiologischen Kausalität nicht die wissenschaftliche Genauigkeit fehlt. Wenn man diese Methode wissenschaftlich genau anwendet, ist der Beweis des Kausalzusammenhangs vollständig erbracht[26]. Konkret müssen folgende Voraussetzungen erfüllt sein: 1. Der vorangegangene Faktor muß eine Weile vor der Erkrankung eingetreten sein. 2. Der Faktor gewinnt an Bedeutsamkeit, wenn die Erkrankungsrate ansteigt. 3. Das Vorkommen, Steigen und Abfallen des Faktors muß ohne Widerspruch zu den epidemiologischen Kenntnissen erklärt werden. 4. Die Wirkungen, die der Faktor verursacht hat, müssen ohne biologischen Widerspruch erklärt werden können[27]. Werden diese Voraussetzungen erfüllt, handelt es sich beim epidemiologischem Kausalbegriff um nichts anderes als den normalen Kausalbegriff.

Dieser Kausalbegriff wurde in vielen Zivilprozessen wegen Umweltverschmutzung verwendet, vor allem im Abwasserverseuchungsfall, im Urteil der zweiten Instanz des Weh-Weh-Krankheitsfalls, im Luftverschmutzungsfall, im Yokkaichi-Asthma-Urteil und neuerdings im

---

26 Wenn die epidemiologische Kausalität eine Milderung des Kausalbeweises bedeuten würde, wäre es unzulässig, diese Gedanken auf die strafrechtliche Kausaltheorie anzuwenden, weil im Strafverfahren ein genauer Beweis, bei dem jeder vernünftige Zweifel ausgeschlossen ist, erforderlich ist. Vgl. *Fujiki* (Hrsg.), Kogai Hanzai to Kigyosekinin (Umweltdelikte und Unternehmensverantwortung), 1975, S. 65 ff., S. 136 ff.
27 *K. Yoshida*, Epidemiologische und rechtliche Kausaltheorie, in: Jurist Nr. 440, S. 16 f.

Chiba-Kawatetsu-Umweltverschmutzungs-Fall[28]. Nebenbei gesagt, wird dieser Begriff auch in den durch Medikamente hervorgerufenen Schadensfällen benutzt[29]; insbesondere kam er im sog. Tokio-SMON (Subacute Myelo-Optico Neuropathy)-Prozeß[30] zur Anwendung, in dem es sich um den Schadensersatzanspruch wegen einer Lähmung des Unterkörpers handelte, die durch die Einnahme des Chinoforms verursacht wurde.

2. Rechtliche Konstruktion der Unterlassungsklage

Viel diskutiert wurde auch die Frage, wie die Unterlassungsklage rechtlich begründet werden kann. Zuerst kommt die Konstruktion der Unterlassungsklage als sachenrechtlicher Anspruch in Betracht. Diese Auffassung betrachtet die Umweltverschmutzung als Verletzung des Bodennutzungsrechts. Aber diese Konstruktion scheint nur für einen Teilbereich des Problems zu gelten, weil die Gesundheitsverletzung des Menschen davon nicht erfaßt wird. Deshalb herrscht die Auffassung vor, daß die Unterlassungsklage trotz der fehlenden positivrechtlichen Verankerung im Gesetz über die Verletzung des Persönlichkeitsrechts begründet werden kann. Auch in der Rechtsprechung setzte sich diese Auffassung durch, seit sich das Landgericht Osaka im Osaka-Flughafen-Fall offensichtlich auf das Persönlichkeitsrecht berufen hatte. Der Grundgedanke besteht darin, daß »der materielle Inhalt des Anspruchs in der Verletzung des Persönlichkeitsinteresses Leben, Gesundheit und angenehmes Leben liegt. § 13 der Verfassung einerseits gewährleistet das Recht auf Leben, Freiheit und das Recht auf Glück, § 25 andererseits das Recht auf Existenz. Die verfassungsrechtliche Wertanschauung über das Persönlich-

---

28 Über die neue Diskussion um die epidemiologische Kausalität im Zivilrecht vgl. *Awaji*, Umweltproblem und Rechtstheorie, Jurist Nr. 828, S. 168 ff (Der Aufsatz *Awajis* ist in acht Teile aufgeteilt aufgenommen, in: Jurist Nr. 828, S. 167 ff.; 831, S. 87 ff.; 835, S. 124 ff.; 840, S. 20 ff.; 844, S. 90 ff.; 851, S. 107 ff.; 857, S. 87 ff.; 874, S. 77 ff.); *R. Yoshimura*, Kausalität bei der Umweltverschmutzung, in: Horitsu Jiho Bd. 59, H. 1, S. 22 ff.

29 Urteil des Landgerichts Chiba vom 27.11.1988, Hanrei Times Nr. 689, S. 40. Als Urteilsbesprechungen vgl. *Ushiyama*, Horitsu Jiho Bd. 18, H. 5, S. 42 ff.; *Awaji*, Kogai Kenkyu Bd. 18 H. 4, S. 6 ff. Dieses Urteil ist von Bedeutung, weil es nach der verschlechternden Reform des Entschädigungsgesetzes den epidemiologischen Kausalbegriff angewandt und bejaht hat.

30 Smon-Prozesse gab es bei neun Landgerichten. Insgesamt gab es 6154 Kläger. Vgl. die Liste der Urteilszusammenfassungen in Hanrei Times Nr. 399. S. 156 ff. Hier wurde inzwischen auch die Virus-Ursache-Theorie vertreten.

keitsrecht stellt ein signifikantes Indiz dafür dar, daß das Persönlichkeitsrecht auch im Zivilrecht als absolutes Recht gewährleistet werden muß[31].

Hingegen findet die Konstruktion eines »Rechts auf Umwelt«, die zuerst 1970 von einer Studiengruppe von Rechtsanwälten vertreten wurde[32], zwar Zustimmung in der Wissenschaft. Es gibt jedoch keine gerichtliche Entscheidung, die dieser Auffassung folgt, so daß sie von einem Autor[33] als »hoffnungslos« beurteilt wird. Die Eigentümlichkeit der Theorie des Rechts auf Umwelt besteht darin, daß sie auf die Verhinderung der Umweltzerstörung abstellt, bevor ein konkreter Schaden bei einem Individuum eingetreten ist; der Kläger versucht als »Repräsentant« den zu erwartenden umfangreichen Schaden durch ein gerichtliches Urteil zu verhindern. Die Theorie des Rechts auf Umwelt wurde durch das erstinstanzielle Urteil im Osaka-Flughafen-Fall offensichtlich verneint. Es gibt aber einen weiteren Fall, in dem die Kläger die Unterlassung des Betriebs eines Kraftwerks begehrten und dabei diese Theorie in den Vordergrund stellten[34]. Die Kraftwerksgesellschaft Kyushu wollte das Meer vor der Stadt Chikuzen zuschütten, um dort ein Kraftwerk zu bauen. Die Bewohner begehrten aufgrund ihres Rechts auf Umwelt die Unterlassung des Baus und des Betriebes des Kraftwerks, weil dieses das Gewässer und die Luft verseuchen könnte. Alle drei Instanzen wiesen die Klage zurück. Das Recht auf Umwelt wurde hauptsächlich nicht anerkannt, weil der Umfang dieses Rechts für die Einzelpersonen unklar und auch der Kreis der Rechtsinhaber nicht einschränkbar sei[35].

---

31 Vgl. *Sawai*, Jiyu to Seigi Bd. 34, H. 4, S. 7.
32 Vgl. *H. Nito/T. Ikeo*, Die Rechtstheorie des »Rechts auf Umwelt«, in Horitsu Jiho Bd. 43 H. 3, S. 154 ff.; vgl. auch Gespräch von Wissenschaftlern und Rechtsanwälten über die »Gegenwart und die Aufgabe der Umweltrechtstheorie«, in: Horitsu Jiho Nr. 542, S. 62 ff.; *Awaji*, Jurist Nr. 840, S. 20 ff.
33 *Sawai*, Fußn. 31, S. 10.
34 Urteil des Landgerichts Fukuoka (Kammer in Kokura) vom 31.8.1979, Hanrei Jiho Nr. 937, S. 19; Urteil des Obergerichts Fukuoka vom 31.3.1981, Hanrei Jiho Nr. 999, S. 33; Urteil des Obersten Gerichtshof vom 20.12.1985, Hanrei Jiho Nr. 1181, S. 77. Vgl. *R. Matsushita*, Chikuzen Kankyoken Saiban (Chikuzen-Umweltrecht-Prozeß) 1980; Kurz darüber *Awaji*, Jurist Nr. 900, S. 220 f.
35 Vgl. *Sawai*, Fußn. 31, S. 10 f. In der Wissenschaft gab es zahlreiche zustimmende Auffassungen. Es gibt aber keine Entscheidung, die diese Theorie bejaht hat. Vgl. den Date-Kraftwerk-Fall (Urteil des Landgerichts Sapporo vom 14.10.1980, Hanrei Jiho Nr. 988, S. 37), den Nagoya-Shinkansen-Umwelt-Fall (Urteil des Obergerichtes Nagoya vom 12.4.1085, Hanrei Jiho Nr. 1150, S. 30). Vgl. *Awaji*, Jurist Nr. 840, S. 20.

Im Gegensatz zu dieser Theorie steht die Lehre von den Duldungspflichten[36], die die Interessenabwägung zwischen Rechtsgutsverletzung und Unterlassungsfolge in den Vordergrund rückt[37]. Nach ihr soll die Unterlassungsklage dann zugelassen werden, wenn der Grad der Rechtsgutsverletzung die Duldungsgrenze überschreitet. Letztere läßt sich dadurch bestimmen, daß man vor allem auf die Art und Weise des verletzten Interesses, den Grad der Verletzung und auf die Sozialschädlichkeit der Handlung abstellt. Schwer festzulegen ist diese Grenze bei der Umweltverschmutzung durch gemeinnützige Betriebe, wie etwa Flughäfen oder Bahnen.

3. Unterlassen staatlichen Einschreitens

Der zivilrechtliche Begriff eines Rechts auf Umwelt, der eigentlich für die Prävention der Umweltverschmutzung sehr geeignet ist, wird, wie erwähnt, noch nicht anerkannt. Daher muß zum vorbeugenden Umweltschutz das Verwaltungsverfahren (Anfechtungsklage) verwendet werden. Was den Schadensersatzanspruch gegen den Staat oder die Gemeinde betrifft, so haben in den 80er Jahren die Fälle zugenommen, in denen die Kläger nicht nur von Privatunternehmen, die direkt den Schaden verursacht haben, sondern auch vom Staat aufgrund § 1 des Staatsentschädigungsgesetzes Schadensersatz verlangten. Die Sachverhalte, die § 1 dieses Gesetzes regelt, sind folgende: Einmal handelt es sich um den Fall, in dem die Amtsausübung unmittelbar einen Schaden verursacht. Der andere Fall ist der, in dem es die Verwaltung unterläßt, Schädigungshandlungen durch Privatunternehmen zu verhindern, obwohl sie die Befugnis und die Pflicht dazu hat. Gegenwärtig bedeutsam ist letzterer[38].

Bei der Unterlassungshaftung des Staates stellt sich die Frage, wie man die Rechtswidrigkeit der staatlichen Unterlassung begründen kann, wenn es sich um eine Ermessensentscheidung handelt. Diesbezüglich gibt es zwei Ansätze: Einmal wird die Lehre von der Ermessensreduzierung

---

36 *Y. Nomura/Awaji*, Zivilprozeß und Umweltrecht, Jurist Nr. 492, S. 239 ff.; *I. Kato*, Über den Begriff des »Rechts auf Umwelt«, in: Minpogaku no gendaiteki Kadai (Festschrift für Kawashima), S. 11.
37 Vgl. den parallelen Begriff im deutschen Zivilrecht, § 906 und § 1004 Abs. 2 BGB. Über die Rolle des Begriffs im Umweltrecht vgl. *Hoppe/Beckmann*, Umweltrecht, 1989, S. 172 ff.
38 Vgl. *Awaji*, Jurist Nr. 831, S. 91 ff.; Nr. 835, S. 124 ff.; *Sawai*, Ausbleiben des Regelungsbefugnisses und Staatshaftung, Horitsu Jiho Bd. 57, H. 9, S. 8 ff.; H. 10, S. 82 ff.; H. 11, S. 86 ff.

auf Null[39] vertreten, zum anderen ein Standpunkt, bei dem die Pflichtwidrigkeit unmittelbar in Frage gestellt wird. Nach der Lehre von der Ermessensreduzierung auf Null ist davon auszugehen, daß es im Ermessen der Verwaltungsbehörde steht, ob sie einschreitet oder nicht. Besteht jedoch einerseits ein großes Risiko für Leben, Körper oder Gesundheit des Bürgers, und kann andererseits durch ein Einschreiten der Verwaltung der Erfolgseintritt leicht vermieden werden, wird der Spielraum des Ermessens allmählich verengt, so daß es zu einer Ermessensreduzierung auf Null kommt; dann ist die Verwaltungsbehörde zum Einschreiten verpflichtet[40].

Es gibt mehrere Fälle, in denen das Ausbleiben des staatlichen Einschreitens Gegenstand war, z.B. die Fälle der Kumamoto-Minamata-Krankheit (3. Prozeß), der Niigata-Minamata-Krankheit (2. Prozeß) oder der Kawasaki-Fall[41].

IV. Die Rolle des Umweltstrafrechts in Japan

In der Bundesrepublik Deutschland wurden mehrere Vorschriften durch die Strafrechtsreform von 1980 in das StGB eingefügt (§§ 324 ff.). Hingegen ist das japanische StGB im Hinblick auf den Umweltschutz nicht geändert worden. Das jap. StGB weist lediglich Tatbestände wie Gasausströmung (§ 118) oder Delikte gegen das Trinkwasser (§§ 142 ff.) auf. Aber bei diesen Tatbeständen wird eine fahrlässige Handlungsweise nicht unter Strafe gestellt, so daß sie praktisch nutzlos sind. Hingegen gibt es in Japan viele sog. Verwaltungsstrafgesetze wie das »Gesetz zur Abfallbeseitigung und Reinigung«, das »Gesetz gegen Luftverschmutzung« sowie das »Gesetz zur Vorbeugung der Beeinträchtigung der Wasserqualität«, die als Strafen Zuchthausstrafe bis zu einem Jahr oder Geldstrafe vorsehen.

---

39 Diese Lehre wird in der Bundesrepublik Deutschland vertreten: vgl. *H. Harada*, Pflicht zum Einschreiten der Verwaltung und der Verwaltungsprozeß, Hanrei Times Nr. 304, S. 6 ff. Der »Minamatakrankheits-Fall« (Urteil des Landgerichts Kumamoto vom 30.3.1987) greift diese Lehre auf. Vgl. die Aufsätze von *Shiomi*, *Awaji* und *Abe* in Jurist Nr. 889, S. 4 ff., 9 ff., 18 ff.
40 Vgl. *Awaji*, Jurist Nr. 835, S. 124 f.; *Sawai*, Horitsu Jiho Bd. 57, H. 10, S. 82 ff.
41 Vgl. dazu *Awaji*, Jurist Nr. 835, S. 126 ff.

1. Fahrlässigkeitsdelikte

Obwohl die fahrlässige Tötung oder Körperverletzung (insb. § 211 des jap. StGB)[42] kaum dem Umweltschutz gelten, spielen sie in der japanischen Judikatur eine wichtige Rolle. Ob die Verfolgung von Umweltsündern mit Fahrlässigkeitsdelikten kriminalpolitisch sachgemäß ist, ist zwar problematisch[43], aber solange eine Handlung den Tatbestand der fahrlässigen Tötung sowie Körperverletzung erfüllt, gibt es keinen Grund dafür, die Anwendung der Fahrlässigkeitsdelikte von vornherein auszuschließen. Im Minamata-Krankheits-Fall[44] und Nippon-Aerosyl-Fabrik-Fall[45] kamen fahrlässige Tötung und Körperverletzung in Betracht. Die Aufgabe der Fahrlässigkeitsdogmatik liegt darin, herauszuarbeiten, wie man die Führungsspitze der Unternehmen wegen der fahrlässigen Erfolgsverursachung bestrafen kann. Die japanische Strafrechtsdogmatik hat dazu die sog. Aufsichtsfahrlässigkeitstheorie[46] entwickelt, nach der die Vernachlässigung der Aufsichtspflicht der leitenden Personen gegenüber ihren Untergeordneten die Fahrlässigkeitshaftung begründen kann.

2. Das Gesetz über Straftaten gegen die Umwelt

Das sog. Gesetz über Straftaten gegen die Umwelt ist seit dem 1.7.1971 in Kraft. Dieses Gesetz besteht nur aus insgesamt sieben Paragraphen. § 1 erläutert die Zweckbestimmung, § 2 enthält die Regelung der vorsätzlichen Tat, § 3 diejenige der fahrlässigen Tat. § 2 lautet: »Wer bei der Tätigkeit in einer Fabrik oder einer Betriebsstätte eine die menschliche Gesundheit schädigende Substanz ausströmen läßt, und damit das Leben oder den Körper mehrerer Personen gefährdet, wird mit Zuchthausstrafe bis zu 3 Jahren oder mit Geldstrafe bis zu 3 Millionen Yen bestraft.«

---

42 § 211 des jap. StGB schreibt Qualifizierungen der fahrlässigen Körperverletzung (§ 209) und Tötung (§ 210) in den Fällen vor, in denen die Tat während der Geschäftstätigkeit begangen wurde. Die Strafen sind Zuchthausstrafe oder Gefängnis bis zu 5 Jahren oder Geldstrafe bis zu 200,000 Yen (etwa 1600 DM).
43 Dazu siehe meinen Aufsatz über die »Entwicklung der japanischen Fahrlässigkeitsdogmatik im Lichte des sozialen Wandels«, ZStW Bd. 102 (1990), S. 950 ff.
44 Urteil des Landgerichts Kumamoto vom 22.3.1979, Hanrei Jiho Nr. 931, S. 6 ff.; Urteil des Obergerichts Fukuoka vom 6.9.1982, Hanrei Jiho Nr. 1059, S. 17 ff.; Urteil des Obersten Gerichtshofs vom 29.2.1988, Hanrei Times Nr. 661, S. 59 ff.; Dazu vgl. *Yamanaka*, Fußn. 43. S. 929 Anm. 4.
45 Urteil des Landgerichts Tsu vom 7.3.1979, Hanrei Jiho Nr. 922, S. 15; Urteil des Obergerichts Nagoya vom 24.1.1984, Hanrei Jiho Nr. 1106, S. 33; Urteil des Obersten Gerichtshofs vom 27.10.1988, Hanrei Jiho Nr. 1296, S. 28.
46 Dazu ausführlich *Yamanaka*, Fußn. 43. S. 946 ff.

Im folgenden sind die wesentlichen Grundsätze dieses Gesetzes zu nennen [47]:
- Es hat den Zweck, die Vorbeugung von Umweltverschmutzung insbesondere in bezug auf die menschliche Gesundheit im Zusammenwirken mit den anderen Umweltschutzgesetzen zu verfolgen.
- Regelungsgegenstand ist lediglich die Umweltverschmutzung in bezug auf die menschliche Gesundheit.
- Tathandlung ist das Emittieren einer schädlichen Substanz bei der Betriebstätigkeit.
- Ausreichend ist die Gefährdung des menschlichen Lebens oder Körpers.
- Es will nicht nur den handelnden Täter, sondern auch den Betreiber einschließlich der juristischen Person bestrafen.
- Die Strafen sind außer Zuchhausstrafe und einfacher Gefängnisstrafe eine summenmäßig hohe Geldstrafe.
- Die Kausalität wird vermutet.
- Es beinhaltet eine Sondervorschrift für die prozessuale Verjährung bei der Straftat des Betreibers und für die Gerichtsbarkeit der ersten Instanz.

Die Zahl der Anklagen und Aburteilungen aufgrund dieses Gesetzes blieb äußerst gering [48]. Die Fälle, die bei Gericht anhängig waren, beschränkten sich auf Fahrlässigkeitstaten. Meistens handelte es sich dabei um Fälle, in denen die Bewohner durch eine versehentliche Freisetzung von Chlor-Gas verletzt wurden. In der Judikatur wurde die Frage nach der in der Wissenschaft strittigen Bedeutung des Begriffs »Emission« behandelt. Zwei Auffassungen werden vertreten: Eine Auffassung behauptet, daß Emission nicht jede Freisetzung einer Substanz ist, sondern die Freisetzung beim Betrieb einer Anlage und nicht nur bei Gelegenheit erfolgen muß. Hingegen bedeutet nach der zweiten Auffassung Emission jede Freisetzung der schädigenden Substanz [49]. Der Oberste Gerichtshof ist in seinen zwei Entscheidungen der engen Auffassung gefolgt.

---

47 Vgl. *M. Kawai*, Kommentar zum Umweltdeliktsgesetz, in: Chushaku Tokubetsu Keiho (Kommentare zu den Sonderstrafgesetzen) Bd. 3, 1985, S. 10 f.
48 Zwischen 1971 und 1984 gibt es nur neun Fälle, in denen Anklage erhoben wurde, dagegen betragen die Fälle, in denen die Anklage nicht erhoben wurde, insgesamt 41.
49 Vgl. *Kawai*, Fußn. 47, S. 30 ff.

3. Nippon-Aerosyl-Fabriks-Fall[50]

Am 30.4.1974 hatte ein Angestellter der Yokkaichi-Fabrik der Nippon-Aerosyl-AG flüssiges Chlor von einem Tankfahrzeug in einen Fabriktank umgeladen. Während der Arbeit kam es aufgrund einer ungeschickten Handhabung des Ventils zur Emission von Chlor-Gas. Dadurch wurden 53 Anwohner verletzt. Neben dem Angestellten wurden drei Personen, einschließlich des Chefs der Herstellungsabteilung, wegen fahrlässiger Körperverletzung gemäß § 211 des jap. StGB und wegen § 3 des Gesetzes über Straftaten gegen die Umwelt angeklagt.

Im Gegensatz zu den beiden vorhergehenden Instanzen vertrat der Oberste Gerichtshof die enge Interpretation des Begriffs der Emission, schon bevor er im Daito-Drahtfabrik-Fall[51] dieselbe Auffassung vertreten hatte. Nach diesen beiden Entscheidungen wurde für eine Emission verlangt, daß sie bei einer zweckgerichteten Tätigkeit erfolgen muß, unabhängig davon, ob der Täter den schädigenden Charakter der Substanz kennt oder nicht. Das Gesetz über Straftaten gegen die Umwelt wurde damit ein symbolisches Gesetz, das kaum Anwendung findet.

V. Aufgabe der Umweltrechtspolitik

1. Ein Ende des Umweltproblems?

Im Laufe der 80er Jahre wurde in Japan der Eindruck erweckt, daß die schlimmste Zeit der Umweltverschmutzung vorbei sei. Sicher ist die willkürliche Freisetzung von Abwasser, Abgasen oder Rauch ohne Filteranlage undenkbar geworden. Die industrielle Struktur in Japan hat sich inzwischen gewandelt. Der Anteil der Schwer- und Stahlindustrien hat abgenommen[52].

---

50 Vgl. Fußn. 45. Vgl. *Yamanaka*, Umweltkatastrophen und Theorie der Aufsichtsfahrlässigkeit in der neuen japanischen Judikatur, in: Kansai Universität Review of Law and Politics Nr. 11 (1990), S. 104 ff.
51 Urteil des Landgerichts Osaka vom 17.4.1979, Keisai Geppo Bd. 11, H. 4, S. 341; Urteil des Obergerichts Osaka vom 6.11.1980, Kokeishu Bd. 33 H. 4, S. 320; Urteil des Obersten Gerichtshofs vom 22.9.1987, Keishu Bd. 41, H. 6, S. 255.
52 Seit der sog. Ölkrise im Jahre 1973 wendet man sich in Japan der energie- und rohstoffintensiven Industrie ab und der hochtechnologischen Industrie zu. Heutzutage ist jedoch die Umweltverschmutzung durch »high-tec« Industrie aktuell geworden. Trichloräthylen oder Tetrachloräthylen, die in den IC(integrierte Schaltung)-Fabriken zum Waschen der IC benutzt werden, sind Ursachen der Grundwasserverschmutzung.

Wenn man jedoch glaubt, das Umweltproblem dränge nicht mehr, liegt man falsch und ergeht sich in einem grundlosen Optimismus. Tatsächlich hat die Dichte von NO_2 (Stickstoffdioxyd) in der Luft, das als ein Hauptfaktor der Luftverschmutzung angesehen wird, seit 1986 jährlich zugenommen[53]. Das scheint das Resultat der am 11. 7. 1978 erfolgten Lockerung des Umweltstandards von NO_2 durch das Umweltamt zu sein, wobei umstritten ist, ob dieses Änderung des Standards nicht gesetzwidrig war. Die Verseuchung der Gewässer besserte sich kaum. Das Lärmproblem in den Großstädten wurde ebensowenig entschärft[54].

Trotz dieser Situation muß man heute bedauerlicherweise einen Rückgang auf dem Gebiet der Umweltpolitik und sogar des Umweltrechts beobachten. An der Spitze dieses Rückgangs steht die 1987 erfolgte Reform des seit dem 1.9.1974 geltenden Entschädigungsgesetzes für Gesundheitsschäden durch Umweltverschmutzung[55]. Dieses Gesetz bezweckte, Opfern von Umweltkatastrophen möglichst rasche Hilfe zu leisten. Patienten mit bestimmten Umweltkrankheiten, die in bestimmten Bezirken wohnen, erhielten Entschädigungsleistungen (Ausgaben für den Arzt und Medikamente usw.), deren Kosten von dem Verursacher der Umweltverschmutzung getragen wurden (Verursacherprinzip). Der japanische Arbeitgeberverband (Keidanren) wünschte schon seit 1976 eine Revision dieses Instituts. Das Gesetz wurde 1987 schließlich reformiert und seitdem wird für Kranke, die sich ab dem 1.3.1988 melden, keine Entschädigung mehr geleistet. Es ist somit nicht übertrieben, wenn gesagt wird, daß die Umweltpolitik in eine Dürrezeit eingetreten ist.

2. Umweltpolitik für die Bürger

Wenn man die Geschichte Japans nach dem Zweiten Weltkrieg kurz zusammenfaßt, so scheint sie die Geschichte eines wirtschaftlichen Entwicklungsstrebens zu sein, das Japan zu einer Wirtschaftsmacht werden ließ. Dabei gab und gibt es immer wieder die Auffassung, die wirtschaftliche Entwicklung bedeute gleichzeitig ein gutes Leben. Auf diese Weise kommt es zu einer die Unternehmen fördernden Politik. Wer diese Ent-

---

53 Nach der Vermutung des Umweltamtes liegt dies an der Zunahme der Autoabgase und des Brennstoffverbrauchs bei der Heizung.
54 Vgl. *M. Nakayama*, Gegenwärtige Situation der Umweltverwaltung. Kagawa Hogaku Bd. 8, H. 1, S. 163 ff.
55 Vgl. das Sonderthema über den »Rückgang der Institution der Entschädigung für Gesundheitsschäden durch Umweltverschmutzung und Umweltproblem«, Horitsu Jiho Bd. 59, H. 2, S. 6 ff.

wicklung verhindern will, gehört zu einer Minderheit, die dem Gemeinwohl geopfert werden muß. Wegen dieser Politik ist die sozialstaatliche Vorsorge immer weiter in den Hintergrund gerückt worden. Schreckliche Umweltschäden sind die Schattenseiten dieses Wirtschaftskultes, dessen Aufgabe mir als unvermeidbar erscheint.

Die zentrale Suche nach Lebensqualität bedarf einer natürlichen und sozialen Umwelt. Erinnert man sich des Einflusses von Bürgerinitiativen auf den Umweltschutz, dann muß zur Wiederherstellung und Wahrung einer intakten Umwelt beim Umweltbewußtsein des Einzelnen angesetzt werden[56].

Die Gefahren sind noch keineswegs gebannt. Vielmehr muß eine langfristige, planmäßige Umweltpolitik in den 90er Jahren neu beginnen[57].

VI. Umweltpflege und Recht

Es braucht nicht betont zu werden, daß beim Umweltschutz die Vorbeugung die wichtigste Maßnahme ist. Deshalb muß der Umweltschutz in erster Linie nicht durch Gerichte, sondern durch Gesetzgebung und Umweltverwaltung gewährleistet werden. Die Regierung müßte die gesamte Umweltpolitik planen und entwickeln. Gegenwärtig kann man jedoch kaum erwarten, daß sie die Umweltpolitik zugunsten der Bürger forciert. Hoffnung können wir immerhin auf die Gemeindepolitik setzen. Bei der Planung oder Genehmigung von Industrieanlagen muß nicht nur eine Umweltverträglichkeitskontrolle (Environmental Assessment) stattfinden, sondern auch z. B. die Teilnahme der Bewohner an dem Genehmigungsverfahren gewährleistet werden[58].

---

56   Zur konkreten Strategie für den vorbeugenden Umweltschutz vgl. *K. Fujikura*, Gegenwärtige Situation und Aufgaben des Umweltprolbems, Jiyu to Seigi Bd. 40, H. 11, S. 4 ff.
57   Die Bürger müssen notfalls auch dazu bereit sein, auf ihre Bedürfnisse für Lebensangenehmheiten oder -luxus zu verzichten. Es gilt z. B. für Plastikflaschen und Verpackungspapiere.
58   Als Beispiel für eine Bürgerbeteiligung am Genehmigungsverfahren in der Bundesrepublik Deutschland vgl. § 10 des Bundes-Immissionsschutzgesetzes.

In seiner Naturphilosophie war die Natur für Japan eine riesige Macht, durch die alles Schmutzige gereinigt wird. Inzwischen ist die Umwelt auf der japanischen Inselkette schwer beschädigt worden. Die Natur ist in Anbetracht der gewaltigen, menschlichen Technologie leicht verletzbar, sensibel und schutzbedürftig geworden. Durch das Recht muß sie gepflegt werden. Um die Umwelt durch das Recht zu erhalten, muß man die einzelnen Bürger für die Ausgestaltung des Rechts interessieren. Sowohl Japan als auch die Bundesrepublik Deutschland sehen sich vor die schwierige Aufgabe gestellt, eine globale Umweltrechtspolitik zu entfalten[59].

---

59 Ein wichtiges, schwieriges Umweltproblem für die entwickelten Länder ist die Frage, wie man dem Export von Umweltproblemen in die Entwicklungsländer begegnen kann. Es handelt sich sowohl um Fabrikaufbauten, z. B. in den südostasiatischen Ländern, als auch vor allem für Japan um die Abholzung der Urwälder in diesen Ländern.

Lorenz Schulz

»Die Zeit drängt«

Überlegungen zum Problem von Zeit und beschleunigter Geschwindigkeit und ihrer Bedeutung im Recht

> *Leben ist Umgang mit Zeit,*
> *ist Sinngebung für leere Uhrenzeit*
> (A. Portmann)

»Es ist kurz vor zwölf«. Wer schließt sich dem angesichts der ökologischen Probleme nicht an? »Die Zeit drängt«[1]. Läßt sich schon die Geschwindigkeit der Zerstörung von Welt und Umwelt kaum fassen, soweit man sie als konstant denkt, so kommt hinzu, daß ihr eine Beschleunigung eigen ist, die die kaum lösbare Lage als noch auswegloser erscheinen läßt. Die Probleme resultieren allerdings nicht alleine aus der tatsächlich akzelerierten Zerstörung, sondern auch aus den Schwierigkeiten, die Akzeleration zu erfahren. Daß wir die beschleunigte Veränderung dumpf spüren und erleiden und uns dennoch schwer tun, sie denkend zu verarbeiten, ist der allgemeine Ausgangspunkt für diese Anmerkungen. Der besondere ergibt sich aus der Frage, wie diese Schwierigkeit sich im Recht niederschlägt.

Für den Juristen liegt in dem genannten Anlaß nur bei näherem Zusehen ein Umstand von Bedeutung. Für ihn ergibt sich zunächst die Frage, ob sich die faktische Zerstörung jemandem objektiv und subjektiv zurechnen läßt. Im Haftungsrecht lassen sich dafür die zwei Wege von Verschuldens- und Gefährdungshaftung beschreiben, d.h. die Zurechnung von (verschuldeten) Handlungen oder von Zuständen, wobei über Beweislastverteilungen Zwischenlösungen möglich sind. Im Strafrecht, das im folgenden im Vordergrund stehen soll, ist das Schuldprinzip alleiniger Ausgangspunkt, so daß die Schwierigkeit hier noch deutlicher zutage tritt. Die Erfahrungsformen des handelnden Subjekts werden bei beiden Formen des Verschuldens, dem Vorsatz und der Fahrlässigkeit,

---

[1] Für viele andere *Weizsäcker, C.F.v.*, Die Zeit drängt, Berlin 1988.

bedeutsam[2]. Daß der naturwissenschaftlich faßbare Sachverhalt für die Zurechnung von nur begrenzter Bedeutung ist, erweist nicht erst die Prüfung von Vorsatz oder Fahrlässigkeit im subjektiven Teil des Straftatbestands, sondern bereits die der Kausalität im objektiven Tatbestand, die im Rahmen der Zurechnung als Verbindung zwischen Erfolg und Handeln gefordert wird. Für die Zurechnung von sich beschleunigenden Vorgängen spielt die faktische Geschwindigkeit und Beschleunigung deshalb nur bedingt ein Rolle, wie die Behandlung der Beschleunigung in der Kausalität zeigt[3]. Ausschlaggebend ist, ob und wie sie erfahren werden. Das entscheidet im konkreten Fall nicht alleine über die subjektive Zurechnung, sei es über die Abgrenzung des Vorsatzes von der Fahrlässigkeit, sei es beim Bestehen eines Irrtums über das Vorliegen des Vorsatzes oder sei es, wenn man darin kein Irrtumsproblem mehr erblickt, über die Konkordanz von objektivem und subjektivem Tatbestand bei abweichenden Kausalverläufen[4]. Rücksicht auf die Erfahrungsformen wird zudem schon im objektiven Tatbestand genommen, nämlich innerhalb der objektiven Zurechnung, die aus dem Menschenmöglichen das Sozialmögliche herausschält, bei der Frage des erlaubten Risikos oder der Voraussehbarkeit im Bereich der Fahrlässigkeit.

Der Frage der *Erfahrungsformen* und ihrer Bedeutung für die juristische Zurechnung stehen im Mittelpunkt der folgenden Überlegungen. Ich werde dabei zunächst auf die Zeitphänomene der Geschwindigkeit und Beschleunigung als hervorstechende Merkmale der Moderne eingehen (I), um in einem weiteren Abschnitt ihren Niederschlag im Recht zu erörtern (II). Daran schließen sich systematische Ausführungen zum Zeitbegriff (III) und die Darlegung der These an, daß die Form, die die Erfahrung dieser Phänomene ermöglicht, in die Tradition der Eschatologie verweist (IV). Wie diese Tradition für das Recht fruchtbar gemacht werden kann, bildet den Abschluß meiner Überlegungen (V). Daß dazu am Rande einige weitere Aspekte der »Querschnittmaterie« Zeit zur Sprache kommen, wird nicht verwundern und für den juristischen Leser, der an konkreten, dogmatisch ergiebigen Resultaten interessiert ist, beispielhaft zeigen, wie sich die juristische Dogmatik gleichsam von außen befruchten

---

2   Im Straftatsystem gilt das nicht erst für die Prüfung der Schuld, sondern bereits für die des Tatbestands.
3   s. u. Kap. II 2.
4   Die h.M. (s. *Jescheck*, Lehrbuch des Strafrechts, 4. Auflage 1988, 280) versteht auch die Behandlung von Kausalabweichungen als Irrtumsproblem; dagegen *Wolter*, Objektive und personale Zurechnung zum Unrecht, in: Schünemann (Hrsg.), Grundfragen des modernen Straftatsystems, 1984, 103 (114).

läßt. Das kompensiert die Unsicherheiten, die das damit verknüpfte Betreten des schwankenden Bodens interdisziplinärer Zusammenhänge hervorruft.

Das Thema Zeit erfreut sich gegenwärtig wissenschaftlicher Konjunktur[5]. Es wurde entdeckt als ein fundamentales Thema für alle Wissenschaften, als Querschnittsmaterie, die eines interdisziplinären Zugangs bedarf. Das weite Feld, das sich damit auch für diesen Beitrag auftut, wird in zweierlei Hinsicht eingezäunt. Zunächst lege ich fachlich ein besonderes Augenmerk auf die Rolle der Zeit im Recht, dann geht es mir beim Gegenstand Zeit um die Phänomene der Geschwindigkeit und Beschleunigung.

I.

Neuerdings stellte der französische Kulturphilosoph *Virilio* die Phänomene von Geschwindigkeit und Beschleunigung als Grundzüge der Moderne heraus und analysierte ihren Einfluß auf gesellschaftliche und rechtliche Beziehungen. Eindringlich vor totalitären Entwicklungen warnend, plädiert er für den Widerstand gegen die rasende Geschwindigkeit, für eine »demokratische« Geschwindigkeit statt einer »dromokratischen«, die mit der Herrschaft einer »Elite der Bewegung« verbunden ist; es geht ihm um eine Geschwindigkeit, in der wirkliche, auf hinreichende Zeit angewiesene Politik wiederersteht[6]. Nach den geschichtlichen Anfängen von Geschwindigkeit und Beschleunigung suchend, geht er weit zurück: Schon im Kind auf dem Rücken der Mutter, in den Lasttieren, vor allem im Pferd als dem »großen Vehikel« des Mannes liegen die Anfänge. Dann folgen Straßen und Brücken, Schiffe, die Eisenbahn, das Flugzeug, die optische, dann die elektronische Nachrichtenübertragung, schließlich der Laser, in dem absolute Höchstgeschwindigkeit und Zerstörung in Form der Laserwaffe zusammenfallen. Exponentielle Entwicklungskurven verbinden sich mit der Menschheitsgeschichte insgesamt, in der sich die Herstellung von Werkzeugen, die Hervorbringung

---

5 Vgl. *Peisl/Mohler* (Hrsg.), Die Zeit. Dauer und Augenblick. München 1983 m.w.H.
6 *Virilio*, Der negative Horizont. Bewegung/Geschwindigkeit/Beschleunigung, München 1989. Vgl. schon *ders.*, Krieg und Kino. Logistik der Wahrnehmung, München 1986, worin er analysiert, wie die Beschleunigung die Geschichten auflöst, in denen das Individuum einen Ort in der Zeit findet.

von Kunstgegenständen, die Einführung von Ackerbau und Viehzucht, die Entfaltung der Hochkulturen und schließlich in den letzten Jahrhunderten der abendländischen Geschichte die Herrschaft einer genuinen Schnelligkeit in immer rascherer Folge verzeichnen lassen. Führt man diese Beschleunigung fort, gerät man in immer erschreckendere Szenarios mit apokalyptischen Zügen. Die Geschwindigkeit als »letzte postindustrielle Einnahmequelle« muß zwangsläufig versiegen und wird in dialektischer Manier wie die Revolution ihre eigene Kinder verspeisen. Diese Warnung zeugt nicht von postmoderner Modephilosophie, vielmehr von der Sensibilität für das bedrückende Phänomen einer Dynamisierung der Zeit, das wir erleben und doch kaum begreifen. Zeitersparnis ist beispielsweise ein Ziel mit noch immer wachsender Bedeutung, das Verfolgen des Ziels führt indes in das Erlebnis einer Paradoxie: Je angestrengter man Zeit spart, desto weniger bleibt von ihr. Mit der zunehmenden Teilnahme der Frauen am Erwerbsleben beanspruchen auch sie Eigenzeit, als wollten sie Eigentum an der Zeit erwerben[7]. Wird dem Anspruch nachgegeben, d.h. ein Recht auf Eigenzeit zuerkannt, ergibt sich »freie« Zeit, die augenblicklich den neuen, Zeitdruck erzeugenden Strukturen der Freizeit, d.h. einer Zeitbedrängnis anheimzufallen droht. Die Dynamisierung der Zeit erfaßt öffentliche wie private Lebensbereiche und unterwirft sie dem Diktat einer Beschleunigung, die die persönlichen wie gesellschaftlichen Lebensverhältnisse unübersichtlich werden läßt. Damit sind einige Erlebnisse genannt, die für das moderne Zeiterleben stehen und die in überkommenen Zeitmetaphern keinen angemessenen Ausdruck mehr finden; selbst das noch junge, der Industrialisierung entstammende Wort von der Zeit, die Geld ist, wird von besagter Dynamisierung überholt.

Virilio untersuchte nicht als erster das Phänomen der Beschleunigung. Nur wenig früher als Virilio widmete sich *Koselleck* dem Phänomen[8]. Bereits vor einem Jahrhundert fragte angesichts eines vormals unbekannten, im Gilded Age Amerikas beispielhaft erlebbaren zivilisatorischen Fortschritts der neuenglische Historiker *Henry Adams* nach der geschichtlichen Zeitstruktur und formulierte die Beschleunigung als geschichtliches Prinzip (law of acceleration), wonach die sich beschleuni-

---

7 Vgl. *Nowotny*, Eigenzeit. Entstehung und Strukturierung eines Zeitgefühls, Frankfurt 1989.
8 in: Der Traum der Vernunft. Vom Elend der Aufklärung. Eine Veranstaltungsreihe der Akademie der Künste, Berlin. Darmstadt/Neuwied 1985, 75–104; vgl. auch *ders.*, Vergangene Zukunft. Zur Semantik geschichtlicher Zeiten. Frankfurt 1979, passim.

gende Zukunft den Rückgriff auf den Erfahrungsbestand der Vergangenheit stetig verkürzt. Geschichte ist nicht mehr ein Reservoir für Handlungsanweisungen, sondern bietet nur noch Anschauungsmaterial dafür, daß das Handeln sich im Reagieren erschöpft[9].

Es bedarf keiner vollen Übereinstimmung mit *Virilios* »postmoderner« Kulturkritik, um der These beizupflichten, daß Beschleunigung zur Unübersichtlichkeit führt[10]. Diesen Zusammenhang vernachlässigt *Habermas,* wenn er zwar mit *Koselleck* auf das vom Bewußtsein der Beschleunigung geschichtlicher Ereignisse geprägte Zeitbewußtsein der Moderne verweist, dann aber die Unübersichtlichkeit systemtheoretisch als Symptom des reflexiv gewordenen Systems der Arbeitsgesellschaft analysiert und als Antwort die Verlagerung der utopischen Akzente von der Arbeit auf die Kommunikation, d.h. eine Verschiebung des rationalen Diskurses empfiehlt[11]. Richtig ist sein Hinweis, daß es neben einer objektiven eine andere Unübersichtlichkeit gibt, die in »Funktion der Handlungsbereitschaft« steht[12]. Diese Handlungsbereitschaft ist wiederum fundiert in der Erfahrung. Damit ist auch bei *Habermas* der These Raum gegeben, daß die Unübersichtlichkeit aus der Beschleunigung resultiert, jenseits aller Systemtheorie und der von ihr erfaßten Abläufe. Ob die systemtheoretische Perspektive[13] mit dem vor einigen Jahren integrierten Gedanken der Autopoiese hinreichend modifiziert werden kann, um dem Phänomen der Beschleunigung gerecht zu werden, erscheint trotz der damit verbundenen »Temporalisierung von Komplexität«[14] jedenfalls als zweifelhaft[15]. Gewonnen ist damit immerhin, daß ein »geschlossenes« Modell, in dem, modaltheoretisch ausgedrückt, alle Möglichkeiten

---

9 *Adams,* The Education of Henry Adams, New York 1931 (urspr. 1918), ch. xxxiv, 489 ff.
10 *Kamper,* Hieroglyphen der Zeit, München 1988, 90.
11 Die neue Unübersichtlichkeit, Frankfurt 1985, 139 ff.
12 *Habermas,* aaO. 143
13 Bei aller Verschiedenheit systemtheoretischer Ansätze ergibt sich zumindest durch das Phänomen der Komplexität, die nur durch Systembildung zustandekommen könne, eine gemeinsame Perspektive; *Luhmann,* Soziale Systeme, Grundriß einer allgemeinen Theorie, Frankfurt 1984, 45 f.
14 *Luhmann,* aaO. 70 ff.
15 Die Bedingung der Möglichkeit besagter Temporalisierung, mit der das System seine eigene Komplexität zu steigern vermag, ist das autopoetische, selbstreferentielle System; es wird als dynamisch stabil, als Einheit von Bestimmtheit und Unbestimmtheit definiert. Beschleunigung wird reflektiert als Zeitgewinn innerhalb eines Systems im Vergleich zu entsprechenden Prozessen der Umwelt des Systems; *Luhmann,* aaO.

grundsätzlich gegeben sind, relativiert wird zugunsten des konkurrierenden Modells, in dem neue Möglichkeiten durch Selbstorganisation hinzukommen können[16]. Geistesgeschichtlich erinnert dies nicht nur an den Gedanken einer Schöpfung aus dem Nichts, sondern auch an die damit verbundene Möglichkeitsspekulation, in der die Erlösung als nicht schon grundsätzlich, a priori gegebene Möglichkeit reflektiert werden konnte. Dies war der klassischen Tradition der attischen Philosophie so wenig annehmbar wie besagte creatio ex nihilo. Ohne eben dieses, in der Moderne zur Vorherrschaft gelangende »offene« Möglichkeitsmodell lassen sich die ökologischen Probleme nicht adäquat erfassen. In ihm kommt der Zeit ein fundamentaler Stellenwert zu, der ihr in der klassischen Tradition durch ihre Anbindung an den Raum verweigert wurde und der den Phänomenen von Geschwindigkeit und Beschleunigung den Durchbruch ermöglichte[17].

II.

Diese kultur- und geistesgeschichtlichen Hinweise erlauben es, das Augenmerk auf den Niederschlag der genannten Entwicklung im gegenwärtigen Recht zu legen. Im Gegensatz zu anderen Wissenschaften steht der gewachsenen Bedeutung des Zeitfaktors im Recht ein relativ geringes, erst neuerdings wachsendes Interesse der Rechtswissenschaft gegenüber[18].

In juristischer Hinsicht hat *Teubner*, Recht als autopoetisches System, 1989 den Gedanken der Autopoiese umzusetzen versucht; kritisch dazu *Lüderssen*, RhistJ 1986, 343 sowie *Naucke*, ZStW 102 (1990) 85.

16 Zum »Paradigmawechsel in der Systemtheorie« s. die gleichnamige Einführung in *Luhmann*, aaO. 15–29. In der herkömmlichen Systemtheorie dominiert die Differenzierung von offenen und geschlossenen Systemen, die auf der Unterscheidung von System und Umwelt aufbaut. Geschlossene Systeme sind Systeme, »für die die Umwelt ohne Bedeutung oder nur über spezifizierte Kanäle von Bedeutung ist« (22); demgegenüber findet bei offenen Systemen die Umwelt über das Input/Output-Schema Eingang ins System – was noch keine Entscheidung zugunsten eines der vorliegend eingeführten Modalprinzipien impliziert. Die autopoetischen, selbstreferentiellen Systeme brauchen die Differenz von System und Umwelt systemintern als »Prinzip der Erzeugung von Informationen«. Die Differenzierung von offenen und geschlossenen Systemen führt bei ihnen in die Frage, »wie selbstreferentielle Geschlossenheit Offenheit erzeugen könne« (25).

17 ausführlich dazu s.u. Kap. III.

18 Vgl. *Kaufmann, Arthur*, Rechtsphilosophie im Wandel, 2. Aufl. 1984, 18–23; aus zivilrechtlicher Perspektive *Großfeld/Gersch*, JZ 1988, 937, aus verfassungsrechtlicher *Häberle*, Zeit und Verfassungskultur, in: Peisl/Mohler (Hrsg.), aaO, 289 (294). Für eine frühe Annäherung vgl. *Engisch, K.*, Vom Weltbild des Juristen, 2. Aufl. 1965, 67–109 und *Husserl, G.*, Recht und Zeit, 1955.

Der juristischen Dogmatik, die vom traditionellen Paradigma des Dauerhaften und Reversiblen geprägt ist, eröffnet sich nur schwer ein Zugang zum Phänomen der Geschwindigkeit und Beschleunigung. Im folgenden sollen, ohne daß damit ein Anspruch auf Vollständigkeit verknüpft wäre, einige Bereiche des Rechts berührt werden, in denen der Zeitfaktor bedeutsam wurde.

1. Faßbar ist das Phänomen im *Prozeßrecht*. Neben dem Zivil-[19] und Verwaltungsprozeßrecht[20] zeigt dies vor allem das hier im Vordergrund stehende Strafprozeßrecht, wo angesichts wachsender Verfahrensdauer und sich daraus ergebender Unübersichtlichkeit die Beschleunigungsmaxime Einzug gehalten hat und sich in letzter Zeit fast zum selbständigen Rechtsinstitut entwickelt, auch wenn man von keinem allgemeinen Verfahrensgrundsatz sprechen kann. Es ist vielmehr neben dem Gebot der Chancengleichheit und der prozessualen Fürsorge[21] eine mit Verfassungsrang versehene Ausprägung des Fairneßgebots[22]. Andererseits mag sogar, sieht man von der gewisse Verzögerungen gestattenden Gestaltungsfreiheit im Ermittlungsverfahren ab[23], die Fairneß es gebie-

---

19 Zum »Jahrhundertgesetz« (Putzo) der sog. Vereinfachungsnovelle (Gesetz zur Vereinfachung und Beschleunigung gerichtlicher Verfahren) vom 3.12.1976, die u.a. in § 282 Abs.1 ZPO als Gegenstück zur Konzentrations- und Beschleunigungsmaxime des Gerichts eine allgemeine Prozeßförderungspflicht für die Parteien begründete, vgl. *Putzo*, NJW 1977, 1. Zur strittigen Frage, wann eine Verzögerung des Rechtsstreits i.S. von § 296 ZPO vorliegt, *BGHZ* 75, 138, *Thomas-Putzo*, Zivilprozeßordnung, 16. Aufl. 1990, § 296, 2 a und *Baumbach/Lauterbach/Albers/Hartmann*, ZPO, 48. Aufl. 1990, § 296, 2 C, kritisch zur »Überbeschleunigung« des BGH, *Rosenberg-Schwab*, Zivilprozeßrecht, 14. Aufl. 1986, § 69 II 1 a. Der absolute Verzögerungsbegriff des BGH, wonach jedwede Verzögerung reicht, ist verfassungsgemäß, *BVerfG* NJW 87, 2735.

20 Die Beschleunigungs- bzw. Konzentrationsmaxime im Verwaltungsverfahren hat in § 67 Abs.3 VwVfG und in § 87 VwGO Ausdruck gefunden. Vgl. daneben das Entlastungsgesetz vom 31.3.1978, geändert durch das Beschleunigungsgesetz v. 4.7.1985 (Sartorius Nr. 601).

21 die in vielen Fällen bei einer Verletzung des Beschleunigungsgebots berührt sein mag.

22 Der Verfassungsrang ergibt sich aus dem Rechtsstaatsprinzip gem. Art. 20 Abs. 3 und aus Art. 1 Abs. 1, 2 Abs. 1 GG; ausdrücklich genannt ist es in Art. 6 Abs. 1 EMRK; zum Überblick *Rogall* in: Systematischer Kommentar (SK) StPO (2. Lfg. 1987), Rn 118 vor § 133 m.w.N.

23 Der Staatsanwalt hat in Hinsicht auf den Zeitpunkt von erforderlichen Ermittlungsmaßnahmen nach pflichtgemäßem Ermessen zu entscheiden, wobei er entsprechend den Umständen des Einzelfalls den Grundsatz der Verhältnismäßigkeit und das Beschleunigungsgebot zu beachten hat; *BGH* NStZ 1988, 510 (511). Bei pflichtwidriger Verzögerung ist allerdings eine Verfolgungsvereitelung durch Unterlassen gem. § 258 a StGB zu prüfen, der nach h.M. schon bei einer Verzögerung »für geraume Zeit«

ten, das Verfahren für die umsichtige Ermittlung der belastenden und entlastenden Umstände zu verzögern[24]. Umstritten ist, zu welchen Folgen eine Verletzung dieses Gebots führen soll, ob eine »überlange Verfahrensdauer« (bei einer durch pflichtwidrige Verlangsamung der Strafbehörden bewirkten »qualifizierten« Überlänge) ein übergesetzliches Prozeßhindernis bewirkt[25].

Beispielhaft für den sensiblen Bereich prozessualer Zwangsmaßnahmen ist die Untersuchungshaft, die nach § 121 StPO grundsätzlich auf 6 Monate beschränkt bleiben soll und faktisch immer noch häufig und dabei nicht unwesentlich überschritten wird[26].

Dem Beschleunigungsgebot hat der Gesetzgeber auch in einer Reihe von Vorschriften der StPO, vor allem durch das 1.StVRG sowie die StVÄGe 1979 und 1987 Rechnung getragen. Das formell beschleunigte Verfahren (§ 212 StPO), bei dem auf den Eröffnungsbeschluß verzichtet wird, hat in der Praxis keine große Bedeutung gewonnen[27]. Praktisch wesentlich wichtiger ist die Beschleunigung, die durch das Strafbefehlsverfahren, im Rahmen der vom Opportunitätsgedanken geprägten § 153 Abs. 1 StPO (bei absoluter Geringfügigkeit) und §§ 154 Abs. 1, 154 a

---

vorliegt (*BGHSt* 15, 22; *Stree* in: Schönke-Schröder, StGB, § 258 a Rn 10); vgl. auch die gleichlautende Behandlung der »Strafvereitelung auf Zeit« gem. § 258 StGB, für die sich aus generalpräventivem Grund in sehr weitgehendem Maße *Rudolphi*, JuS 1979, 860 ausgesprochen hat; gegen eine solche Pönalisierung vor allem mit Hinweis auf die praktischen Abgrenzungsschwierigkeiten *Samson* in: SK StGB (20. Lfg. 1986), § 258 Rn 25 ff.

24 *Wolter* in: SK StPO (4. Lfg. 1990), Rn 54 vor § 151.
25 Bejahend zunächst einige Landgerichte und Oberlandesgerichte (neuerdings z.B. *LG Düsseldorf*, NStZ 1988, 427 und OLG *Saarbrücken*, StrafV 1989, 51) und neuerdings auch der BGH, der bis dato (*BGH* NJW 1988, 2189; *BGH* wistra 1990, 20) von einer Strafzumessungsfrage sprach, nun allerdings ein Verfahrenshindernis erwägt, wenn er auch noch ein offenes Votum vermeidet, *BGH* wistra 1990, 65. Für das Schrifttum siehe *Schroeder*, NJW 1983, 137, *Ulsenheimer*, wistra 83, 12 (für Verfahrenshindernis), *Roxin*, Strafverfahrensrecht, 21. Aufl. 1989, 89 m.w.V.; ausführlich *Roxin, Imme*, Die Rechtsfolgen schwerwiegender Rechtsverstösse in der Strafrechtspflege, 1988, 78 ff. und daran anschließend *Schroth*, NJW 90, 29; zustimmend bei extremen Verstössen die Rspr. des *BVerfG* (NStZ 1984, 128), krit. *Rieß*, JR 1985, 45 (48). – Allgemein zum Beschleunigungsgebot im deutschen Strafverfahren *Küng-Hofer*, Die Beschleunigung des Strafverfahrens unter Wahrung der Rechtsstaatlichkeit, 1984 (mit Schwerpunkt im Strafrecht der Schweiz); für das österreichische Verfahrensrecht, *Driendl*, Verfahrensökonomie und Strafprozeßreform, 1984.
26 Da eine absolute Haftgrenze nur für den Fall des Haftgrundes der Wiederholungsgefahr (§ 112 a) bestimmt ist, sind auch Fälle nicht selten, in denen die U-Haft länger als ein Jahr dauert.
27 zur Praxis *Herzog*, ZRP 1991, 125, der wegen rechtsstaatlicher Bedenken seine Abschaffung fordert.

Abs.1 StPO (bei relativer Geringfügigkeit) sowie im Wege von informellen Absprachen erzielt wird. Gerade im Umweltstrafrecht läßt sich diese Entwicklung verfolgen, die bereits aus dem Wirtschaftsstrafrecht vertraut ist. Wenn schon gegen eine gravierende Beeinträchtigung der Umwelt, die nicht durch behördliche Duldungen oder Gestattungen legalisiert ist oder bei der die Unübersichtlichkeit der Pflichtwidrigkeiten von vorneherein einem Einschreiten die Erfolgsaussicht nimmt, ermittelt wird, dann wird nicht nur wegen mangelnder Ausrüstung oft nicht mehr bis zur Anklagereife durchermittelt[28]. Diese Abkürzung wird im Wege von Absprachen noch intensiviert[29], was in Hinsicht auf das Legalitätsprinzip (§ 152 StPO) in eine Grauzone führt und die beklagte Legitimitätskrise dieses Prinzips verstärkt[30].

2. Der Faktor Zeit findet zunehmenden Eingang auch ins klassische *materielle Recht*, das ihn nicht nur durch Fristregelungen und Verjährungsvorschriften kennt. So führt die Änderung der Rechtslage dogmatisch zur Frage der zeitlichen Geltung der Strafgesetze gem. § 2 StGB[31] und zum Rückwirkungsverbot als einer Ausprägung des nullum crimen-Satzes in Art. 103 Abs. 2 GG[32]; dieses zugunsten des Täters wirkende Verbot wird folgerichtig gem. § 2 Abs. 3 bei einer lex mitior durchbrochen, was allerdings nicht bei »Zeitgesetzen« gem. § 2 Abs. 4 StGB gilt[33].

---

28 Einer Durchermittlung bedarf es allerdings ausnahmsweise nicht bei § 153 Abs. 1 S.1 für den Fall, daß »die Schuld des Täters als gering anzusehen wäre«, ein Dispens, der auf der Verfahrensökonomie beruht. Zum frühzeitigen Abbruch der Ermittlungen laden in der Praxis vor allem die Möglichkeiten gem. §§ 154, 154 a ein, wobei beide Regelungen wiederum eine Beschränkung der Pflicht zur Durchermittlung enthalten.
29 dazu *Wolter*, aaO. Rn 66 ff.
30 Nachweise bei *Rieß*, in: Löwe-Rosenberg, StPO, § 152 Rn 55 ff.
31 dazu *Schroeder*, Bockelmann-Festschr. 1979, 785.
32 *Jescheck*, aaO. § 15 IV m.w.N.
33 Dem Problem des Zeitgesetzes (»Ein Gesetz, das nur für eine bestimmte Zeit gelten soll«) wurde durch die Neuregelung der Parteienfinanzierung (ParteiFinG) unerwartete Bedeutung verschafft. Läßt man bei § 2 Abs. 4 mit der h.L. (Verweise bei *Eser* in: Schönke-Schröder, § 2 Rn 37 f.) nicht nur Zeitgesetze i.e.S. zu, deren Geltung kalendermäßig fixiert ist, sondern auch Gesetze i.w.S., die sich vor allem aufgrund der erwähnten dynamischen Verweisungen in Blankettgesetzen wie dem § 370 AO ergeben, so wirkt das zuungunsten des Täters; in Hinblick auf Art. 103 Abs. 2 GG krit. zur extensiven, freilich durch den Wortlaut naheliegenden Auslegung der h.L. *Rüping*, NStZ 1984, 450, dem die bloße Anpassung von Gesetzen an den Wandel der Lebensverhältnisse für die Annahme eines Zeitgesetzes noch nicht genügt.

Der Faktor Zeit, auch das Phänomen der Beschleunigung, wird im objektiven Tatbestand bei der Bewertung von Kausalverläufen bedeutsam. Dort markiert die »Beschleunigung« den Beginn der Zurechnung. Wird eine vorhandene Ursache in ihrer Wirkung durch das Tun des Täters auch nur geringfügig beschleunigt, liegt nach h.L. Kausalität vor[34]. Die Rechtsprechung, die solche »Beschleunigungsfälle« in jüngster Zeit vor allem im Bereich der ärztlicher Heileingriffe wiederholt zu entscheiden hatte[35], verlangt bei Abstellen auf den konkreten Erfolgseintritt eine »erhebliche« Abkürzung. Damit erweist sich das scheinbare Kausalitätsproblem als eines der Zurechnung[36]. Die Frage der Beschleunigung stellt sich nicht weniger eindringlich in den Fällen der (passiven) Sterbehilfe, wo der Erfolg anders als im genannten Fall gerade mit Sicherheit nicht ausbleibt und die Beschleunigung sogar vom Opfer erwünscht ist. Innerhalb der Fallgruppen der objektiven Zurechnung, die sich aus der zeitlichen Entfernung des Eintritts des Erfolgs hinsichtlich einer Ersthandlung ergeben, haben die Aids-Fälle, bei denen der Erfolg durchschnittlich erst zehn oder mehr Jahre nach der Infektion eintritt, für neue Diskussion gesorgt[37].

Der Faktor Zeit wirkt allerdings tiefer. Läßt man einmal die geläufige fragmentarische Natur des Strafrechts, die mit der einhergehenden grundsätzlichen Offenheit des Rechtsgüterschutzes geschichtlichen Entwicklungen und damit der Zeit gewissermaßen Raum gibt, außer Betracht, dann wirft die Zeit für den Begriff des *Tatbestands* Probleme auf. Das wird im Umweltstrafrecht deutlich greifbar. Das Umweltrecht ist »latentes Recht auf Zeit«, das auf eine gewisse Reversibilität zu programmieren sei: »Schon deshalb kommt auch das Strafrecht nicht daran vorbei, Tatbestände zu installieren, die tendenziell offen sind und damit die Anpassung des Rechts an sozialen und technischen Wandel ermöglichen, ohne daß es

---

34 *Lenckner* in: Schönke-Schröder, StGB, vor §§ 13 ff. Rn 80; *Rudolphi* in: SK StGB (13. Lfg. 1990), Rn 46 vor § 1. Nach *Samson*, Hypothetische Kausalverläufe im Strafrecht, 1972, 96–124, der diese Beschleunigung erstmals monographisch untersuchte, gründet das Ergebnis im »Intensivierungsprinzip«.
35 *BGH* NStZ 1981, 218; *BGH* NStZ 1985, 27; *BGH* StrafV 1986, 59.
36 Womit freilich noch wenig gewonnen ist für eine Entscheidung darüber, welche Zeitspanne erheblich sein soll. Durch das Abstellen auf den Erfolgseintritt in seiner konkreten Gestalt bleibt allerdings in *BGH* NStZ 1981, 218, wo der Patient bei richtiger Behandlung mit an Sicherheit grenzender Wahrscheinlichkeit um einen Tag überlebt hätte und mit hochgradiger Wahrscheinlich nicht gestorben wäre, letzterer hypothetischer Verlauf unberücksichtigt, ein bedenkliches Ergebnis.
37 zur Übersicht *Silva-Sanchez*, GA 1990, 206, ausf. dazu unten Kap. V 2 a.

eines ständigen gesetzgeberischen Eingriffs in das Strafgesetzbuch bedürfte«[38]. Die im Umweltstrafrecht zentrale Verwaltungsakzessorietät, d.h. die Aufspaltung der Norm in ein Blankettgesetz als Rahmen und einen Verweis ins Verwaltungsrecht läßt eine »dynamische« Entwicklung zu, indem etwa auf den »Stand der Technik«[39] eingegangen wird. Diese »Zeitoffenheit« erlaubt bis zu einem gewissen Maß Experimente der Exekutive, sorgt indes auch in Hinblick auf die Garantiefunktion des Tatbestands für eine verfassungsrechtlich bedenkliche Abhängigkeit von der Verweisungsregelung und ihren Gestaltern[40]. »Verweisungsbegriffe«, eine Gestalt der normativen Tatbestandsmerkmale i.w.S., prägen zunehmend die strafrechtliche Gesetzgebung und führen zu schwerwiegenden Problemen in der *subjektiven Zurechnung*, vor allem in der Behandlung von Irrtümern[41]. Dort ist es traditionell die in Hinsicht auf normative Tatbestandsmerkmale entwickelte Figur der Parallelwertung in der Laiensphäre[42], die erst den Subsumtionsirrtum als unerheblich für die subjektive Zurechnung zuläßt und in der, auf unser Thema bezogen, der Zeitfaktor zur Geltung gelangt. Auch wenn diese Figur angesichts der wachsenden Unübersichtlichkeit der modernen Gesellschaft »noch immer an einer allzu statischen Betrachtungsweise krankt«[43], ist sie nach herkömmlicher Dogmatik das subjektive Bindeglied zwischen den tatsächlichen Umständen, der quaestio facti, und dem Erfassen der rechtlichen Wertung, der quaestio juris. Wo man noch immer festhält an der Differenzierung von deskriptiven und normativen Tatbestandsmerkmalen, da wird vorgeschlagen, die Parallelwertung auch auf erstere auszudehnen[44]. Wo man alle Tatbestandsmerkmale als »mehr oder weniger«

---

38 *Heine*, im vorliegenden Band S. 64.
39 § 3 Abs. 6 BImSchG.
40 Für die Problematik der dynamischen Blankettverweisung im öffentlichen Recht vgl. *Brugger*, VerwArch 78 (1987) 1 ff.
41 *Herzberg*, JuS 1980, 469 (473); auf das in seiner Bedeutung wachsende Problem des Zeitgesetzes gem. § 2 Abs. 4 StGB wurde bereits hingewiesen.
42 begründet von *Mezger*, Traeger-Festschr. 1926, 187 in Reaktion auf das von Liszt gestellte Problem, daß im Grunde nur der zur sauberen Subsumtion befähigte Jurist einen Vorsatz haben könnte, und von der Rspr. seit BGHSt 3, 248 praktiziert; kompensierte nach dem Grundsatzbeschluß des Großen Strafsenats, BGHSt 2, 194, in gewisser Weise die damit obsolete reichsgerichtliche Lehre vom unerheblichen strafrechtlichen und vorsatzausschließenden, außerstrafrechtlichen Irrtum.
43 *Kaufmann*, Die Parallelwertung in der Laiensphäre, 1982, 19, der diese Statik mit Rückgriff auf die Sprachphilosophie im Sinne eines »Schulddialogs« dynamisiert.
44 *Schroeder*, in: Leipziger Kommentar StGB (10. Aufl. 1985), § 16 Rn 43.

normativ qualifiziert, da versteht sich dieser Schritt von selbst[45]. An die Grenzen des Tatbestandsbegriffs stößt man bei den von *Roxin* so genannten gesamttatbewertenden Merkmalen, die von einer in ihrem Fall noch ausstehenden Differenzierung zwischen Tatbestand und Rechtswidrigkeit, einer steckengebliebenen Typisierung des Unrechts zeugen[46]. Von Differenzierungsschwierigkeiten zwischen Unrecht und Schuld zeugt hingegen der Vorschlag, für bestimmte Fallkonstellationen der Freistellung von Strafe die schillernde Figur eines »rechtsfreien Raumes« zu bemühen[47], der sich im Strafrecht in Hinsicht auf den Tatbestand sowohl durch die Fragmentarität des Strafrechts wie durch Tatbestandseinschränkungen im Rahmen der Zurechnungslehre ergibt. Ob es über den »tatbestandsfreien« und »rechtsfolgenfreien« Raum hinaus einen »rechtswertungsfreien«[48] geben soll, ist umstritten geblieben[49].

3. Den Zeitfaktor spiegelt *deliktstypologisch* das Fahrlässigkeits- und das Gefährdungsdelikt. Wiederum illustriert das Umweltstrafrecht die Tendenz des Gesetzgebers, in solchen Deliktstypen Zuflucht zu suchen und damit der Fragmentarität des Strafrechts entgegenzuarbeiten[50]. Während man diese Entwicklung im Recht der Ordnungswidrigkeiten relativ gelassen hinnimmt, stößt sie im Bereich des Kernstrafrechts auf vehemente Kritik. Ergibt sich damit in prozessualer Hinsicht für die Feststellung des Vorsatzes auch eine Zeitersparnis, so wird gleichzeitig für die

---

45 *Kaufmann*, aaO. 10 f.; *Stratenwerth*, Strafrecht, Allgemeiner Teil, 3. Aufl. 1981, Rn 258. Als Beispiel sei die Schädigungseignung bei der umweltgefährdenden Abfallbeseitigung (§ 326 Abs. 1 Nr. 3) genannt. Die Umweltgefährdung ist, darin besteht Einigkeit, ein wertausfüllungsbedürftiger Begriff, selbst wenn man darin noch ein deskriptives Merkmal erblickt.
46 *Roxin*, Offene Tatbestände, 2. Aufl. 1970. Beispiele sind die »Verwerflichkeit« in § 240 Abs. 2 StGB und der »vernünftige Grund« in § 17 TierSchG. Besondere Probleme bereiten dabei die nicht zerlegungsfähigen gesamttatbewertenden Merkmale, z.B. die Steuerpflicht in § 370 AO oder die Unterhaltspflicht in § 170 b StGB, wo die Kenntnis der Pflicht das Bewußtsein der Rechtswidrigkeit notwendig nach sich zieht, ein Verbotsirrtum also in der Regel nicht mehr denkbar ist.
47 *Kaufmann*, Maurach-Festschr. 1972, 327 mit Augenmerk auf dem Problem des Schwangerschaftsabbruchs; ähnlich *Schild*, JA 1978, 449 ff., der im Anschluß an Belings »Neutralitätslehre« für (bloße) Unrechtsausschließungsgründe votiert.
48 *Kaufmann*, Schneider-Festschr. 1990, 158 (176).
49 krit. die h.L., vgl. *Hirsch*, Bockelmann-Festschr. 1979, 89; ders. in: LK vor § 32 Rn 16 ff.
50 Diese Bewegung kennzeichnet das Umweltstrafrecht, s. *Albrecht/Heine/Meinberg*, ZStW 96 (1984), 943, auch *Seelmann*, NJW 1990, 1257, und das Wirtschaftsstrafrecht, s. *Tiedemann*, JZ 1986, 865.

Strafverfolgung ein Druck geschaffen, der den Ruf nach prozessualer Ökonomie noch verstärkt[51].

4. Mit dem bei den Blankettgesetzen angedeuteten Moment des Experimentellen hält auch der Zeitfaktor Einzug. Nicht nur im Strafrecht[52], sondern ganz allgemein gibt es Ansätze *gesetzgeberischen Experimentierens*. Dabei läßt sich dies zunächst in einem weiten Sinn verstehen, wie es *O. W. Holmes* in Tuchfühlung mit *Henry Adams* und den philosophischen Pragmatisten tat[53], wonach Gesetze und selbst die Verfassung wie alles im Leben ein Experiment sind[54] – und, so darf man ergänzen, der Anpassung der Gesetzgebung an den Wandel der gesellschaftlichen Verhältnisse dienen. Selbst das Bundesverfassungsgericht sieht, im Rückgriff auf den Kritischen Rationalismus *Poppers*, das Recht aus »einem Prozeß von 'trial and error'« entstehen[55]. Gesetzesreformen gehören längst zum Alltag der Gegenwart[56]. Sie können den Geist des Experiments selbst dann atmen, wenn sie als eine auf Dauer angelegte Regelung gedacht sind, doch tritt dieser Geist explizit zutage, wenn der Gesetzgeber sein Werk selbst als Experiment versteht und vorläufige Gesetze erläßt, um zu einer endgültigen Lösung zu finden[57].

---

51 *Schünemann*, Pfeiffer-Festschr. 1988, 461. Der gesellschaftliche Wandel führt zusammen mit dieser Fehlreaktion des Gesetzgebers zu einer prinzipiellen, qualitativen Überforderung, deren Bewältigung mit konventionellen Mitteln »als völlig aussichtslos angesehen werden muß« (472). Neben der radikalen Reduzierung der das gesellschaftliche Leben überwuchernden Sanktionsnormen spricht sich *Schünemann* prozessual für eine »Ersetzung des *schuldstrafrechtlichen* Paradigmas durch ein *ökonomisches* im gesamten Bereich der *Bagatelldelikte*« aus (480).
52 Beispiele bei *Marxen*, GA 1985, 534 ff., 540 ff.
53 Die experimentelle Philosophie entstammt hauptsächlich den Naturwissenschaften; *R. Schmidt*, AcP Bd. 184 (1984), 8. Zum Pragmatismus vgl. *Schulz*, Das rechtliche Moment der pragmatischen Philosophie von Charles Sanders Peirce, 1988.
54 S. Sondervoten in »Abrams vs. United States« 250 U.S. 616 (1919) 630 und in »Truax vs. Corrigan « 257 U.S. 312 (1921) 344. Dem korrespondiert *Holmes'* Voraussage-Theorie des Rechts.
55 *BVerfG* NJW 1985, 2396; vgl. bereits das Minderheitsvotum zur Abtreibungsentscheidung des Bundesverfassungsgerichts (BVerfGE 39, 72).
56 Vgl. *Noll*, Gesetzgebungslehre 1973, 95: »Darum auch die vielen Änderungsgesetze, die der Gesetzgeber verfaßt, weil er *in der Realität die Experimente nachholen* muß, die ihm die Wissenschaft nicht liefert. Der Gesetzgeber wird sich damit abfinden müssen, daß seine Entscheidungen immer experimentellen Charakter haben.« Vgl. auch *Vogel*, ZRP 1981,3 (»Verfahren von Versuch und Irrtum«).
57 Die Bandbreite reicht dabei von den erwähnten »Zeitgesetzen« bis hin zu »Experimentiergesetzen«.

Gesetzesexperimente i.e.S. sind Gesetze, die unter einem Bewährungsvorbehalt im Sinne einer aufschiebenden Bedingung stehen. Dabei ist die äußere Form nicht alleiniges Kriterium. Wenn der negative Ausgang des Experiments a priori absehbar ist, dann handelt es sich um kein Experimentier-, sondern alleine um ein symbolisches Gesetz[58]. Hier soll es, ungeachtet der Diskussion im Öffentlichen Recht, nur um das Experiment im Strafrecht gehen. Während eine Reihe von Strafrechtlern den Gedanken des Experiments wohlwollend aufnehmen, ja nach einem verstärkten Einsatz von Gesetzesexperimenten rufen[59] und sich damit die allgemeine Forderung nach einer Steigerung der Gesetzeseffektivität verbindet[60], wird das Experiment vor allem mit Blick auf das Bestimmtheitsgebot (Art. 103 Abs. 2 GG) auch abgelehnt[61].

Die »Gesetzgebung auf Zeit«, ein Experiment im weiteren Sinne, ist zwar vor allem im Öffentlichen Recht zum Thema geworden[62], betrifft freilich auch das Strafrecht, wie die »Kronzeugenregelung« zeigt[63]. Vorwirkungen von Gesetzen und Verträgen, d.h. formell noch nicht wirksames, gleichwohl auf die Zukunft wirkendes Recht, sind sogar Beispiel einer Beschleunigung des Zeitfaktors[64]. Sich häufende Gesetzgebungsaufträge durch das Bundesverfassungsgericht geben ein weiteres Beispiel für den wachsenden Stellenwert des Zeitfaktors[65]. Die Deutung des Grundgesetzes und seiner wesentlichen Prinzipien als »Verfassungsauf-

---

58 Vgl. die zeitlich auf drei Jahre begrenzte Einführung einer Kronzeugenregelung, s. *Lammer*, ZRP 1989, 248, oder die vor einigen Jahren erfolgte versuchsweise Einführung von Geschwindigkeitsbegrenzungen auf Autobahnen auf dem Höhepunkt der Diskussion um ein allgemeines Tempolimit, dazu *Naucke*, KritV 1986, 198. Zur Frage der symbolischen Gesetzgebung s. *Hassemer*, NStZ 1989, 553 und *Voss*, Symbolische Gesetzgebung, 1989.
59 Vgl. *Roxin*, Strafrechtliche Grundlagenprobleme, 1973, 55. Auch *Hassemer* setzt sich in der Frage der Strafuntergrenzen für »kontrollierte Experimente« ein; Einführung in die Grundlagen des Strafrechts, 2. Aufl. 1990, 294.
60 Verweise bei *Marxen*, aaO.
61 *Naucke*, KritV 1986, 189, auch ZStW 102 (1990) 92; *Marxen*, aaO. 533 fügt dem aus dem nullum crimen-Satz abgeleiteten Unbestimmtheitsverbot und dem Rückwirkungsverbot mit dem »Experimentierverbot« ein weiteres hinzu.
62 Verweise bei *Häberle*, aaO. 307 Fn 68. *Kloepfer* sieht das Gesetzesexperiment als eine »eigenständige Rechtsfigur« an, VVDStRL Bd.40, 1982, 117.
63 *Lammer*, ZRP 1989, 248
64 *Häberle*, aaO. 306 m.w.V.
65 Als Beispiel der jüngsten Vergangenheit vgl. das Volkszählungsurteil, *BVerfGE* 65, 1 mit Anm. *Hufen*, JZ 1984, 1072, davor vor allem Entscheidungen, die das Gleichheitsgebot gem. Art. 3 GG betreffen.

trag« fügt sich in dieses Mosaik der Bedeutung des Zeitfaktors im Recht als besonders markanter Stein ein[66]. Eine bemerkenswerte Variante des Experimentiergesetzes lieferte jüngst die Neufassung der italienischen StPO, einer sich wesentlich um Beschleunigung bemühenden Prozeßordnung, worin die Exekutive ermächtigt wird, innerhalb von drei Jahren nach Inkrafttreten »unter Beachtung der vom Ermächtigungsgesetz festgelegten leitenden Grundsätze und Maßstäbe ergänzende und verbessernde Bestimmungen« zu normieren[67].

5. Im Hintergrund dieser Entwicklung steht die *Ablösung des klassischen Gesetzesbegriffs,* der im Sinne des naturrechtlichen Gebots der allgemeinen Vernunft (dictatum rectae rationis[68]) auch materiell allgemeinverbindliche Normen meint[69], durch den Begriff der Regularität, der sich zunächst in den Naturwissenschaften vollzog und dann auf das Recht übergriff[70]. Der dort erlittene Gewißheitsverlust prägt inzwischen auch hier die Reflexion dessen, was Recht und Gesetz ist[71]. Diese Entwicklung gilt es für das Verständnis des Bestimmtheitsgebots zu berücksichtigen, entspricht dem Wandel des Gesetzesbegriffs doch eine *Erschütterung des Bestimmtheitsgebots* in Wissenschaft und Recht[72]. Der zunehmenden

---

66 *Alexys* Deutung der Grundrechte als Prinzipiennormen mit einem Optimierungsgebot (Theorie der Grundrechte, 1985, 71 ff.), die wachsenden Widerhall auch beim Bundesverfassungsgericht findet, kann allerdings die Frage nicht ausklammern, wann und wie schnell ein Prinzip der Umsetzung in die Wirklichkeit bedarf.
67 Art. 7 Codice di procedura penale, s. *Amodio,* ZStW 102 (1990) 173 und 192 (zur Beschleunigung).
68 *Grotius,* De jure belli ac pacis libri tres (hrsg. von Molhuysen, Leiden 1919), Lib.I, cap.i, § 10.
69 zum Gesetzesbegriff im Recht und seiner Entwicklung s. *Krawietz,* Art. »Gesetz« im HWPh Bd. 3 (1974) Sp. 480–493.
70 *Denninger,* KJ 1988,1 ff.; eine Rezeption der sog. Chaos-Forschung im Recht steht noch aus; *Naucke,* ZStW 102 (1990) 92, der aufgrunddessen zu größerer Zurückhaltung mit experimentellen Gesetzen rät.
71 *Lüderssen,* Erfahrung als Rechtsquelle, 1972 und *Naucke,* Rechtsphilosophische Grundbegriffe, 1982, 144 f.
72 Der Hinweis auf den geistesgeschichtlichen Wandel des Gesetzesbegriffs zeugt bereits davon, daß das Recht nicht isoliert von geistesgeschichtlichen und kulturellen Entwicklungen gesehen werden kann. Zwar gibt es den seit dem späten 19. Jahrhundert betonten Eigenstand der juristischen Dogmatik, aber auch der Positivismus der Gegenwart kann über die Einbettung der Dogmatik in rechtsphilosophische und kulturelle Fragen und Entwicklungen nicht hinwegtäuschen; vgl. *Naucke,* KritV 1986, 189 ff. Diese Einsicht war schon in der Weimarer Zeit Gemeingut; *Geis,* JuS 89, 91. Daß »das Zeitthema weder methodisch noch sachlich prinzipiell über das im engeren Sinne Juristische

materiellen Unbestimmtheit korrespondieren Entwicklungen in der Auslegungs- und Argumentationslehre[73], für die Prozeß und Ergebnis zusammengehören, d.h. die Verknüpfung von Richtigkeit und Begründbarkeit konstitutiv ist[74].

Nicht nur die erwähnten Experimentiergesetze verstossen leicht gegen das Ethos des Gesetzes als eine prinzipiell auf Dauer ausgerichtete, bestimmte Regelung und können so zur Ineffektivität des Rechts beitragen[75]. Die Tendenz zur Unbestimmtheit spiegelt sich für die praktische Jurisprudenz in prozessualen Entwicklungen der Gegenwart, die unter dem Titel »Legitimationskrise des Legalitätsprinzips« schon früh angesprochen wurden[76]. Der Wandel des Gesetzesbegriffs schlägt sich in der Schwierigkeit eines »Zustands der legalen Opportunität« nieder[77]. Eine Entwicklung zur Unbestimmtheit tritt sowohl im materiellen wie im Prozeßrecht auf[78].

---

hinausgeführt [wird]: etwa im Blick auf das übergreifend Kulturelle hin, von dem Verfassung und Recht doch nur ein Teil sind«, moniert *Häberle*, aaO. 294, an den bisherigen Studien zum Zeitfaktor im Recht. Sein Ansatz, der aus dem Begriff einer Verfassungskultur resultiert und dem Prozeßcharakter der Kultur in seinen traditionalen wie innovativen Momenten Raum gibt, will gerade die Isolation des Juristischen vermeiden; vgl. dazu m.w.V. und kritischer Stellungnahme *Geis*, Kulturstaat und kulturelle Freiheit, 1990, 195 ff.

73 *Kaufmanns* Klage vom Beginn der siebziger Jahre über das Fehlen einer juristischen Argumentationslehre sind inzwischen bedeutende Arbeiten in dieser Richtung gefolgt; vgl. zum Überblick *Neumann*, Juristische Argumentationslehre, 1986.

74 *Neumann* aaO. 13.

75 Daß Experimentiergesetze gegen das durch Art. 103 Abs. 2 GG geschützte Vertrauen verstoßen, weil der Bürger zum Objekt eines Experiments wird, mag als solches noch nicht überzeugen, wenigstens in Fällen, wo das Experiment in bonam partem gerichtet ist. Dazu kommt, daß er der Würde nicht zwangsläufig zuwiderlaufen muß, wenn sich eine Person bewußt in den Objektstatus begibt.

76 Vgl. nur *Baumann*, ZRP 1971, 273. Das Legalitätsprinzip wird indes nicht nur von den normierten Opportunitätsregeln der §§ 153 ff. StPO tangiert. Das moderne, auf neue Techniken zurückgreifende Ermittlungsverfahren hat in Probleme geführt, die mit Stichworten wie »Zufallsfunde«, die früher alleine im Rahmen der Beschlagnahme gem. § 108 StPO eine Rolle spielten, und »Fernwirkung« markiert sind. Zufallsfunde verbinden sich mit ordnungsgemäßer Ermittlung, die Fernwirkung mit nicht ordnungsgemäßer Informationsgewinnung.

77 *Naucke*, JuS 1989, 866; zur Situation der Praxis *Rieß*, in: Löwe-Rosenberg, StPO, 24. Aufl., § 152 Rn 43 m.w.V.

78 *Schroeder*, Peters-Festschr. 1974, 411 (412), der allerdings der Zuständigkeitsfrage zu großes Gewicht beimißt.

Nachdem ich das Phänomen akzelerierter Veränderung im Recht, angefangen vom Bemühen um Beschleunigung im Verfahren bis zum tief liegenden Wandel des Gesetzesbegriffs und seiner Folgen darlegte, vertiefe ich im folgenden anhand einer philosophischen Analyse des Phänomens die juristische Perspektive.

III.

Es scheint, als wäre die Beschleunigung längst in unsere Wahrnehmung und Erfahrung eingegangen. »Es ist schlimm genug, ... daß man jetzt nichts mehr für sein ganzes Leben lernen kann. Unsere Vorfahren hielten sich an den Unterricht, den sie in ihrer Jugend empfangen; wir aber müssen jetzt alle fünf Jahre umlernen, wenn wir nicht ganz aus der Mode kommen wollen.« Dies ist nicht erst, wie man meinen möchte, die Einsicht unserer Tage, bereits *Goethe* hat diese Beobachtung in den »Wahlverwandtschaften« notiert. *Koselleck,* der dies zitiert, datiert die »Erfahrung der Beschleunigung« auf die Wende zum 19. Jahrhundert, in die Zeit der Anfänge der Industrialisierung [79].

Fragen wir nach der Beschleunigung, geht es uns zunächst nicht anders als *Augustin*, als er nach dem Wesen der Zeit fragte und nicht mehr wußte, was er immer gewußt zu haben glaubte [80]. Bedenkt man seine Entdeckung der inneren Zeit [81], dann gilt es in unserem Zusammenhang neben der objektiven auch die subjektiv wahrgenommene und erfahrene Beschleunigung zu untersuchen.

Objektiv springt Beschleunigung als oben skizzierte Eigenheit der modernen Zivilisation ins Auge, die sich ohne größere Schwierigkeiten in die Anfänge der Industrialisierung zurückverfolgen läßt. Man kann sie in dieser Perspektive als Höhepunkt der Entfremdung des Menschen von der Natur durch die Zivilisation betrachten. Natur wird in dieser mit Goethes Sicht übereinstimmenden Betrachtungsweise zum Gegenpol der in der Beschleunigung liegenden Hybris des Menschen. Die Vorstellung, daß die Natur sich durchweg der Langsamkeit verschrieben hätte, stimmt allerdings nicht. Die Erforschung der sog. chaotischen Prozesse in der

---

79 *Koselleck,* aaO. [Fn 8]; an anderer Stelle spricht *Koselleck* von einer »Sattelzeit« als dem Beginn eines neuzeitlichen Geschichtsverständnisses und dem Beginn einer Orientierung an Bewegungsbegriffen wie Beschleunigung-Verzögerung oder Rückschritt-Fortschritt; ders., Vergangene Zukunft, Frankfurt 1979, passim.
80 Confessiones XI 14.
81 Confessiones XI 20.

Natur ergibt vielmehr ein differenziertes Bild, in dem sich beschleunigende Vorgänge vorkommen [82].

Erkenntistheoretisch ergibt sich freilich die Frage, ob wir nicht auch damit der Natur ein Muster unseres Denkens aufprägen, wie es nach *Kants* Bestimmung der Zeit als reiner, von uns an die Natur herangetragener Anschauungsform unvermeidbar wäre. Die Frage kann insoweit offen bleiben, als es uns um die Form, in der Geschwindigkeit und Beschleunigung erfahren werden, somit um ein Muster unseres Denkens und Erfahrens zu tun ist.

Unsere Erfahrung ist weitgehend von Kategorien geleitet, die vom Primat des Raumes vor der Zeit bestimmt sind. In den aristotelischen Kategorien erscheint Zeit zwar als genuine Kategorie, definiert als Maßzahl der Bewegung, doch wird diese Bewegung räumlich gedeutet [83]. Dem entspricht die Dominanz der Substanzkategorie unter den zehn aristotelischen Kategorien. Das immer noch geläufige Bild, dahinter stehe das statische Denken der Hellenen, nicht das dynamische der Hebräer, soll damit nicht übernommen werden. Die gängige Behauptung, daß die Griechen und Römer die Welt zyklisch dachten und erst die Juden und Christen der Zeit in ihrer Einmaligkeit und Gerichtetheit gerecht wurden, überzeichnet die Differenzen [84]. In der jüngeren, orientalisch beeinflußten Stoa, die das wissenschaftlich-technische Weltverhältnis im klassischen Rom und ein aggressives, auf Nutzbarmachung der irdischen Ressourcen ausgerichtetes Naturverhältnis reflektiert, findet sich beispielsweise ein Fortschrittsgedanke (processus temporum), der allerdings in die römische Geschichtstheologie einer Roma Aeterna eingebunden wird [85]. Will man die Zeitspekulation der antiken Philosophie adäquater wiedergeben und greift man dafür auf ihren systematischen Beginn in der attischen Philosophie zurück, dann darf man nicht übersehen, daß die dem Mythos entstammende Wiederkehr endlicher Perioden durch den einlinig-unendlichen Zeitstrom ersetzt wird. Dies erfolgt, um grundsätzlich unrealisierte

---

82 Zur Erforschung des vielsagend »Chaos« genannten Zustands, der für Neues offen ist (so die Definition von *Cramer*) s. *Cramer*, Chaos und Ordnung. Die komplexe Struktur des Lebendigen, Stuttgart 1988.
83 *Aristoteles*, Physikvorlesung IV 10–14 (»Nun ist die Urform des Prozesses die Ortsbewegung und die fundamentale Ortsbewegung die Kreisbewegung«, 223 b 14; Akademie-Ausgabe).
84 Dazu *Cancik*, Die Rechtfertigung Gottes durch den »Fortschritt der Zeiten«, in: Peisl/Mohler (Hrsg.), aaO. 256 ff. Endzeitvorstellungen sind in vielen Kulturen bekannt.
85 *Cancik,* aaO. 265 ff.

Möglichkeiten auch bei den Göttern des Olymp auszuschließen[86]. Ausgangspunkt ist also die Entscheidung für ein *modaltheoretisch geschlossenes System*, nämlich für das Prinzip, daß alle Möglichkeiten grundsätzlich gegeben sind.

Demgegenüber läßt die hebräische Tradition in der Möglichkeitsspekulation von Prophetie und Apokalyptik solche Möglichkeiten zu und erlaubt damit grundsätzlich eine dramatisch konzipierte Geschichtlichkeit, die im griechischen Denken fehlt[87]. Dabei wäre es wiederum eine Überzeichnung, wollte man dieses »eschatologische« Möglichkeitsmodell, das auf die prophetische Entdeckung grundsätzlich nicht realisierter Möglichkeiten bei Gott zurückgeht, dem jüdisch-christlichen Denken als geistiges Sondergut vorbehalten und der hellenischen Tradition ganz absprechen. Es handelt sich vielmehr um Prioritäten, die in den jeweiligen Traditionen gesetzt werden und die sich für die Ausbildung von Begriffen und Symbolen als prägend erweisen.

Während die Zeit von einzelnen Denkern schon im Späthellenismus in ihrer existenziellen Bedeutung erkannt und reflektiert wurde[88], erfuhr sie in der philosophischen Lehre erst im Zuge der Neuzeit, beginnend mit *Kants* Subjektivierung der Zeit als reiner, aller Erfahrung vorausgehender Anschauungsform eine Aufwertung[89]. Den ihr heute zugesprochenen Vorrang gegenüber dem Raum erhielt sie schließlich mit der naturwissenschaftlichen Entdeckung irreversibler Prozesse und deren Rezeption in der Philosophie, wie sie beispielsweise früh bei *Peirce* erfolgte[90]. Diese Anerkennung der Zeit öffnet nun nicht nur den Weg für die philosophische Reflexion der Erfahrung von Geschwindigkeit und Beschleunigung, die Erfahrung von Geschwindigkeit führt auch umgekehrt auf jene der Zeit.

Zeit korrespondiert, wie bereits Aristoteles darlegte, dem fundamentalen Begriff der Bewegung. Sie ist allerdings nicht nur eine Maßzahl für

---

86 *Deku*, Wahrheit und Unwahrheit der Tradition, 1986, 40. In *Platons* »Timaios« erschafft der Demiurg die Götter des Olymp als Gehilfen seines kosmischen Werkes, in dem die gleichfalls geschaffene Zeit die harmonische Ordnung eines zwar geschaffenen, zugleich aber unaufhörlichen Universums abbildet.
87 Vgl. *Schulz*, aaO. 24 ff.
88 S. *Augustin* für die christliche Tradition und für die römische *Seneca*, der von der Zeit als dem einzigen Eigentum des Menschen und bereits von Unumkehrbarkeit und Zeitdruck spricht; vgl. *Cancik*, aaO. 276 ff.
89 Die mystische Tradition, z.B. die Zeitspekulation *Plotins*, ist dabei außer Acht gelassen.
90 *Schulz*, aaO. 228 m.w.V.

Bewegung, die es ermöglicht, Bewegungen zu koordinieren. Eine Koordination von Bewegungen (Positionsveränderungen) läßt auch der Raum zu. Über diese Parallelität hinaus, die für die philosophische Reflexion von Raum und Zeit prägend wurde, kommt bei der Zeit hinzu, daß sie irreversibel verläuft und es bei ihr nicht gibt, was die reine Geometrie für den Raum zuläßt, nämlich die gänzliche Abstraktion vom Inhalt. Psychologisch ist diese Differenz bekannt: Während der Raum die (simultane) Wahrnehmung von Ganzheiten zuläßt, strapaziert die Zeit das Bedürfnis nach Gestalt. Die Wahrnehmung und Erfahrung der Zeit ist mittelbarer, weil sie einer Rekonstruktion bedarf. Können wir räumlich von einem Punkt A zu einem anderen B gehen und wieder zu A zurückkehren, so müssen wir in der Zeit den Punkt A rekonstruieren. Den psychologisch faßbaren Sachverhalt drückte *Augustinus* damit aus, daß der Lauf der Zeit erst mit der Existenz sich wandelnder und bewegender Kreaturen in Gang gesetzt wird[91]. Läßt der Raum, um die Differenz anders auszudrücken, eine Abstraktion vom Prozeß der Bewegung zu, so ist dies bei der Zeit nicht möglich. Zeit ist die Koordination von Prozessen, d.h. von Bewegungen samt ihrer Geschwindigkeit. Wenn man Geschwindigkeit traditionell als eine Beziehung zwischen dem Abstand zweier Raumpunkte A und B und der zeitlichen Dauer der Bewegung von A und B definiert, gerät man in einen circulus vitiosus, da die zeitliche Dauer ohne Geschwindigkeit nicht gemessen werden kann; Zeit ist die Beziehung zwischen einer Handlung (Bewegung) und der Geschwindigkeit, mit der diese vollzogen wird.

Einen Ausweg aus diesem Zirkel versuchte *Piaget* zu weisen, indem er auf eine »intuitive« Wahrnehmung von Geschwindigkeit aufmerksam machte, die sich angesichts eines Überholvorgangs einstellt[92]. Ohne eine Messung zu erfordern, ergibt sich die Wahrnehmung, daß ein überholender Gegenstand schneller ist als der überholte. Geschwindigkeit ist demnach im Vergleich zu Zeit der fundamentalere Begriff[93]. Die Wahrnehmung der Zeit setzt jene von Geschwindigkeit voraus. Ändert sich diese, wirkt das auf die Zeiterfahrung zurück. Beschleunigung ist eine solche Änderung der Geschwindigkeit, eben ihre Zunahme. Der wahrnehmungspsychologische Hinweis Piagets kann freilich eine systematische Analyse nicht ersetzen. Diese findet sich bereits bei *Augustinus*, dessen

---

91 De civitate Dei XI 6.
92 *Piaget*, Einführung in die genetische Erkenntistheorie, Frankfurt 1973, 72 ff.
93 *Piaget*, aaO.

Analyse der Zeit erst der moderne Existentialismus zu voller Geltung verhalf. Zeit ist nicht Gegenwart, Vergangenheit und Zukunft, sondern deren jeweilige Gegenwart in Form von Erinnerung (memoria), Anschauung (contuitus) und Erwartung (exspectatio)[94]. Dabei kommt letzterer besondere Bedeutung zu, da die Konstitution der Zeit bei ihr den Ausgang nimmt[95]; theologisch ist es die Erwartung des Eschaton. Der Verlauf der Dinge ist im Hinblick auf die Erwartung »schnell«, »langsam«, »rechtzeitig« und dergleichen, wobei erst der Vergleich von Bewegungen solche Aussagen ermöglicht[96]. Dieser Vergleich entspricht dem Überholvorgang. Wo sich Erwartung mit dem eigenen Handeln verknüpft, da verbinden sich bei den genannten Aussagen Erwartung und Verantwortung. Da wird auch deutlich, daß Verantwortung Erwartungen erzeugen kann und daß Aussagen wie »rechtzeitig« oder »zu spät« von dieser Verantwortung zeugen. Was man erwartet, ergibt sich schließlich aus dem Begriff des Möglichen. Die Erfahrung von Zeit, speziell von Geschwindigkeit und Beschleunigung wird entscheidend davon geprägt, ob man vom klassischen oder eschatologischen Möglichkeitsmodell ausgeht. Je nach Ausgangspunkt werden Prozesse unterschiedlich gedeutet, wahrgenommen und erfahren. Geht man von ersterem aus, ergibt sich ein Geschichtsbild, wonach Geschichte in der Realisierung grundsätzlich gegebener Möglichkeiten liegt. Diese Realisierung läßt sich, beispielsweise in Form einer Revolution, beschleunigen, aber auch eine solchermaßen beschleunigte Geschichte bleibt die gleiche Geschichte[97]. Man kann im Unterschied zum »eschatologischen« von einem »teleologischen« Begriff der Beschleunigung sprechen[98]. Während das telos apriori bestimmt oder strukturiert ist, verhält es sich mit dem eschaton differenzierter.

In diesem Abschnitt wurde der Zeitbegriff anhand zweier Modalprinzipien näher bestimmt. Diese Prinzipien wurden geistesgeschichtlich der klassischen philosophischen Tradition der Antike einerseits sowie der

---

94 Confessiones XI 20.
95 Confessiones XI 28.
96 Confessiones XI 24.
97 Dieses Modell prägt einen Teil der Geschichtsschreibung zur Französischen Revolution, etwa *Toquevilles* 1856 erschienene Deutung, wonach die Revolution die schon vorher betriebene Zentralisierung beschleunigte (Der alte Staat und die Revolution, München 1978); vgl. dazu *Koselleck,* aaO. [Fn 8] 1985, 90.
98 *Koselleck,* aaO. wählt eine andere Terminologie. Während er bei ersterem schlicht von »Beschleunigung« spricht, ist bei letzterem von dem »teleologischen Begriff der Zeitverkürzung« die Rede.

jüdisch-christlichen Tradition der Eschatologie andererseits zugeordnet. Sie markieren formal grundlegende Erfahrungsformen, die zu einem differierenden Begriff der Beschleunigung führen.

IV.

Diese Differenziertheit kann hier systematisch und historisch nur vergröbernd skizziert werden. Die Eschatologie in der jüdisch-christlichen Tradition nimmt von der alttestamentlichen Prophetie ihren Ausgang und mündet nach dem Verstummen der Propheten in die Apokalyptik, deren wirkmächtigste Form der Millenarismus oder Chiliasmus wird. Während das eschaton in der Prophetie für eine »offene«, in Gottes Händen liegende Möglichkeit in einem geschichtlichen Kontinuum steht, wird daraus in der Apokalyptik eine Möglichkeit, die einen Zweiten Äon markiert und bestimmt werden muß, sei es durch Deutung oder durch menschliches Zutun [99]. Eingehenderer Klärung bedarf die Frage, ob damit in Hinsicht auf Beschleunigung und Handlungsdruck eine eigenständige Erfahrungsform vorliegt.

Kennt die prophetische Eschatologie einen Handlungsdruck? Die Frage läßt sich in dieser allgemeinen Form nicht verneinen. Gleichwohl ist eine Differenz zur Apokalyptik nicht zu übersehen. Die im Neuen Testament gepredigte Umkehr hat mit jener von den Propheten geforderten nur mehr das Wort gemein [100]. Wenn der Prophet zur Umkehr mahnt und auf einem Jetzt insistiert, erfolgt dies ohne den Determinismus der Apokalyptik. Der prophetische Gott mag jetzt nein sagen, wenn sein Volk nicht umkehrt, aber dies steht einem späteren Ja grundsätzlich nicht entgegen. Der Geschichtsverlauf wird in der Prophetie eben als prinzipiell offen betrachtet. Die intensive Erfahrung des Zeitdrucks, die im apokalyptischen »jetzt oder nie« liegt, korrespondiert der aus der Apokalyptik erwachsenden Erfahrung der Erfahrung der Beschleunigung.

Zunächst seien einige Hinweise zum exegetischen Befund gegeben. Im letzten Buch des Neuen Testaments, der »Geheimen Offenbarung«, die

---

[99] Dabei geht es nicht mehr um eine geschichtliche Verkürzung von Zeitabläufen, sondern um ein vorgezogenes Ende der Geschichte des Ersten Äons.
[100] Selbst diese Verwandtschaft schwindet übrigens, wenn sie durch die gnostische Erweckungsformel *Wachet auf* (Eph 5.14) ersetzt wird; *Jonas*, Gnosis und spätantiker Geist, Göttingen 1954, 126 ff.

über die Parusieverzögerung hinwegtrösten will und Geduld empfiehlt, fehlt allerdings der Begriff der Beschleunigung[101]. Im zweiten Petrusbrief (2 Petrus 3, 11 f, entstanden zwischen ca. 90 und 130 n. Chr.) gesellt sich dagegen dem Warten auf den Tag Gottes die »Beschleunigung« durch »heiligen Wandel und Frömmigkeit« zu, nachdem kurz vorher mit Nennung von Ps 90, 4 die Vorstellung des Milleniums anklingt. Der locus classicus ist indes weitaus früheren Datums und findet sich in Jes. 60, 22b: »Ich, der Herr, beschleunige es zu seiner Zeit«. Daran knüpfte sich in der rabbinischen Tradition ein Lehrstreit über drei oder vier Jahrhunderte an, der um die Wende zum zweiten Jahrhundert nach Christus einsetzte. Rabbi Eliezer erhob die Buße Israels zur Bedingung der Erlösung und sprach mit Hinsicht auf Jes 60, 22 von der Möglichkeit einer Beschleunigung, was vermutlich wiederum auf einer älteren Überlieferung beruht[102].

Daß im Millenarismus, als geschichtsmächtigster Strömung innerhalb der Tradition der Eschatologie, eine Erfahrungsform entwickelt wurde, die sich von jener der Prophetie differenzieren läßt, kann hier nicht weiter begründet werden und sei heuristisch vorausgesetzt[103]. Einige Erläuterungen sollen für unseren Zusammenhang genügen. Der Millenarier weiß sich in einem Provisorium, das zu Ende geht. Die geschichtlichen Prozesse verlaufen für ihn nicht stetig, sondern in dramatischer Gestalt, zu der auch die Verlangsamung und Beschleunigung ihrer Geschwindigkeit gehört. Dem korrespondiert eine Erfahrung von Beschleunigung, die zu den Charakteristika der millenarischen Erfahrungsform gezählt werden muß. Der Millenarier lebt im millenarischen kairos, dem »trächtigen Augenblick«[104], einem kritischen Moment, der mit dem kairos der Philosophie nichts gemein hat. Der Millenarismus äußert sich in zwei Grundformen: einer »konservativen« des Wartenden und einer »revolutionären« des »Bedrängers des Endes«, wie der jüdische Terminus lautet, d.h.

---

101 Off. 1,1; 2,16; 3,11; 11,4; 22,6 u.a. sprechen vom »baldigen«, »unverzüglichen« oder »schnellen« Kommen des Herrn.
102 *Strobel,* Untersuchungen zum eschatologischen Verzögerungsproblem, Leiden/Köln 1961, 87–97, 92 m.w.V. *Strobel* erblickt in der zitierten Stelle aus dem Zweiten Petrusbrief eine Übernahme des jüdischen Schemas. Das Moment der *Akzeleration* ist jedenfalls apokalyptischer Herkunft; vgl. auch *Benz,* Beschreibung des Christentums, 1975, 114.
103 *Aulitzky,* Möglichkeit und Tradition, Diss. München 1973, 224 bestreitet der Apokalyptik, wie Mystik, Prophetie und Philosophie eine Erfahrung *sui generis* ausgebildet zu haben. Da sie eines eigenen Denkansatzes entbehre, sei auch ihre Erfahrung nur eine abgeleitete.
104 *Buber,* Werke Bd.II, München, Heidelberg 1964, 929.

der aktiven Einflußnahme. Der revolutionäre Typus predigt die Aktion, weil er glaubt, Gott in die Hände greifen zu müssen. Gottes Konstitutivität erscheint ihm als situativ beschränkt. Deshalb bedarf es zur Perfektion des Magnum Opus seiner Mitwirkung. Der konservative Millenarier teilt diese Annahme nicht und überläßt das Werk ganz dem allmächtigen Gott[105]. Indem im aktiven, revolutionären Millenarismus dem Menschen eine Möglichkeit zum Eingriff zugesprochen wird, kann von ihm im entscheidenden Moment ein genuiner Zeit- oder Handlungsdruck erfahren werden. Darin liegt zwar nicht die alleinige Quelle für Handlungsdruck, doch verdient sie besondere Aufmerksamkeit.

Der in den Geschichtsprozeß eingreifende Millenarier bemüht sich um Beschleunigung im Sinne von Zeitverkürzung, er will das Ende vorziehen. Auch dem konservativer Millenarier ist die Erfahrung von Beschleunigung nicht fremd, er überläßt letztere allerdings ausschließlich der göttlichen Gnade. Dabei bemühen sich beide mit Leidenschaft, die heilsgeschichtlich angelegte Beschleunigung empirisch aufzuweisen, den apokalyptischen kairos gewissermaßen dingfest zu machen. Das Studium der millenarischen Voraussagen steht noch im 17. Jahrhundert gleichrangig neben naturwissenschaftlichen Untersuchungen im modernen Sinn[106]. Daß man sich immer wieder irrte, tat dem Ansinnen nur bedingt Abbruch. *Newton* spricht sich zwar gegen eine naturwissenschaftliche Berechenbarkeit des eschaton aus[107], widmet sich aber dessenungeachtet parallel zu seinen mathematischen Studien jahrzehntelang der Alchemie und erkundete in minuziösen und hartnäckigen Laborexperimenten die Möglichkeiten, das Magnum Opus, die Synthese des Goldes zu vollbringen[108]. In der Alchemie bricht sich die ungeduldige Aktivität des revolu-

---

105 Die Vorstellung der Omnipotenz Gottes ist keine genuin millenarische. Weil sie ihrer bedurften, um ihrem Möglichkeitsprinzip überzeugenden Ausdruck zu verleihen, wurde sie bereits von den Propheten propagiert. Die Apokalyptiker und Millenarier nahmen diese Vorstellung auf und übersteigerten sie, wobei sie den Gedanken der creatio ex nihilo betonten. Beredtes Beispiel ist Lukas 1.37, wo der Engel der Verkündung Marias Zweifel mit den Worten ausräumt, daß bei »Gott kein Ding unmöglich« ist, eine Stelle, die besonders gerne zitiert wurde, als sich im späten Mittelalter der Begriff von Gottes potentia absoluta allgemein durchzusetzen begann.
106 *Davidson*, The Logic of Millenial Thought, New Haven 1977, 264 f.
107 *Newton*, Obervations on the Prophecies of Daniel and the Apocalypse of Saint John, London 1733.
108 Vgl. *Prigogine/Stengers*, Dialog mit der Natur, München 1981, 70 f. m.w.V. Wie man erst dieser Jahre überzeugend darlegen konnte, liegt Newtons Setzung einer universalen Kraft, welche als *actio* die leblose Materie beseelt und im eigentlichen die Bewegung der Natur darstellt, seine alchemistische Leidenschaft zugrunde.

tionären Millenariers Bahn, die das Tun Gottes zu beschleunigen sucht, allerdings mit einem Hang zur Esoterik. Der Alchemist, der durch seine Kunst in kurzer Zeit fabriziert, wozu die natürlichen Prozesse viel länger brauchen, nimmt die Stelle der Zeit ein[109].

Mit der revolutionären Strömung im Millenarismus verbindet sich im englischen und neuenglischen Raum, in dem sich die millenarische Tradition ungehindert von einer mächtigen Orthodoxie entfalten konnte, der sog. Postmillenarismus, d.h. der Gedanke, daß die Präsenz Christi während des Milleniums nur spiritueller Natur sei, seine physische Rückkehr also erst nach diesen tausend Jahren erfolge. Der Postmillenarismus gebiert schließlich, und das markiert einen Umbruch in der millenarischen Tradition, einen evolutionären Gedanken, demzufolge die Geschichte sich graduell auf das Millenium hin entwickelt[110]. Damit ist dem einer klassischen Apokalyptik fremden Gedanken eines innerweltlichen Fortschritts der Weg gebahnt. Die Zeitverkürzung, die von außen her der Geschichte ein vorgezogenes Ende setzen sollte, wird so auch innerhalb des gegebenen, empirisch faßbaren Äons greifbarer. Apokalyptische Erwartungen gehen so im Gewand millenarischer Hoffnungen in den Beschleunigungsbegriff der Aufklärung ein, der sich bei den großen Aufklärern von *Lessing* bis *Kant* finden läßt[111]. Formal entspricht die darin enthaltene Zeitstruktur der millenarischen. Von Säkularisierung zu sprechen liegt deshalb nahe, das Phänomen der Säkularisierung kann allerdings kaum als geklärt gelten[112]. Geht man von der Eschatologie als jener Tradition aus, die sich zu grundsätzlich noch nicht realisierten Möglichkeiten bekennt, reicht eine formale Entsprechung im Möglichkeitsgedanken aus, um von Säkularisierung zu sprechen. Daß der »Erfahrungskern, auf den sich die neuen Erwartungen beriefen, ... nicht mehr aus der Apokalypse ableitbar« war, wie *Koselleck* behauptet, überzeugt nur im Kontext eines eingeengten Begriffs der Apokalyptik[113].

Weitergehender noch ist die These eines modernen Erfahrungsbegriffs der Beschleunigung, der aus dem konkreten Erfahrungsbestand des wissenschaftlich-technischen und industriellen Fortschritts und aus dem

---

109 *Beil*, Die Wiederkehr des Absoluten, 1988, 33; *Eliade*, Schmiede und Alchemisten, Stuttgart 1960, 31.
110 *Schulz*, aaO. 31 ff.
111 *Koselleck*, aaO. 96 f.
112 Säkularisierung ist vom juristischen Begriff der Säkularisation zu differenzieren, zu letzterem *Raab*, Staatslexikon Bd. 4, Sp. 990 ff.
113 *Koselleck*, aaO. 96.

Vergleich mit den vorausgegangenen Ereigniszusammenhängen abgeleitet werden könne. Sie wird von *Koselleck* selbst abgeschwächt, wenn er sein Anliegen nennt: »In der Praxis freilich färben sich beide Begriffe der Beschleunigung, der Erfahrungsbegriff und der Erwartungsbegriff, gegenseitig ein. Es kommt nur darauf an, sie analytisch zu trennen, um die utopischen Hoffnungen, die sich an die Beschleunigung geknüpft haben, nicht auf eine gefährliche Weise ausufern zu lassen.«[114] Ob die bedenkliche Setzung einer gewissermaßen von aller Geistesgeschichte gereinigten Beschleunigungserfahrung eine Antwort auf das Problem gibt, mit der millenarischen Symbolik angemessen umzugehen, darf bezweifelt werden.

Wie erwähnt, bestimmt die Form, in der Geschwindigkeit und Beschleunigung erfahren wird, auch die Erfahrung des Handlungsdrucks. Ohne letztere führt auch ein objektiv bestehender Handlungsbedarf zu keinem Handeln[115]. Es hat zudem den Anschein, daß diese Erfahrung nur vermittels eschatologischer, insbesondere apokalyptischer Symbolik möglich ist. Beschäftigt man sich eingehend mit der ökologischen Herausforderung, dann macht man, wie *Muschg* notierte, »die Erfahrung, daß man dabei unversehens in die Sprache der religiösen Zeiten verfällt, der Propheten und Ausrufer des Jüngsten Gerichts«[116]. *Amerys* auch für die millenarische Tradition aufschlußreiche Studie über »Das Ende der Vorsehung« läßt diese merkwürdige Erfahrung bereits im Titel anklingen[117]. Theologen halten die apokalyptische Symbolik ebenfalls für unverzichtbar[118]. *Anders* meint schließlich sogar, daß Begriffe wie »Weltende« erst heute »ihren ernsten und unmetaphorischen Sinn gewinnen«[119]. Schließen wir mit einem Beispiel: Daß es »kurz vor zwölf« ist, gehört zu den geläufigsten Umschreibungen des Handlungsdrucks. Das Symbol einer Uhr, deren Zeiger auf elf oder kurz vor zwölf steht, entstammt der christlichen Tradition und soll nicht nur Vergänglichkeit ver-

---

114 *Koselleck*, aaO. 99. Erfahrung heißt bei ihm vergegenwärtigte Vergangenheit, wogegen Erwartung für vergegenwärtigte Zukunft steht, vgl. *ders.*, aaO. 1989, 349 ff.
115 Eine Fülle von aufschlußreichen Beispielen bietet die ökologische Zerstörung. Objektiv besteht seit vielen Jahren ein Handlungsbedarf, und doch bleiben hinreichende Schritte aus, solange dieser Handlungsdruck nicht in die Erfahrung eingegangen ist.
116 in: *Rheinisch* (Hrsg.), Das Spiel mit der Apokalypse, 1984, 82.
117 Frankfurt 1973.
118 *Martin*, Weltuntergang. Gefahr und Sinn apokalyptischer Visionen, Stuttgart 1984.
119 Die atomare Bedrohung, (3. erw. Aufl. von *ders.*, Endzeit und Zeitenende), München 1981, 214, 218, 220.

sinnbildlichen, sondern auch die Todsünde der »geistlichen« Trägheit (acedia oder desidia). Es ist schließlich eine Mahnung zur Umkehr, die an die »Narren« der elften Stunde gerichtet wird[120]. Man entkommt der apokalyptischen Symbolik nicht, der Rückgriff auf sie sollte allerdings bewußt und kritisch erfolgen. Zu den Gefahren, die mit dieser Tradition einhergehen, zählt eine gewisse Austauschbarkeit des empirischen Materials, mit dem das millenarische Geschichtsschema erhärtet wird[121]. Die Apokalyptik abstrahiert, das zeigt auch ihr Begriff von Recht und Gesetz[122]. Demgegenüber fällt eine große Sensibilität für Krisen auf, die gerade angesichts tiefsitzender Verdrängungsmechanismen fruchtbar gemacht werden sollte[123].

Im vergangenen Abschnitt wurde die Erfahrungsform der Beschleunigung historisch und systematisch bestimmt als Teil der eschatologischen, insbesondere millenarischen Tradition. Diese läßt sich formal durch ein Modalprinzip definieren, das mit dem klassischen konkurriert und neue Möglichkeiten nicht grundsätzlich verneint. In Hinblick auf diese formale Bestimmung wurde besagte Tradition in säkularisierter Gestalt weiter verfolgt und das Postulat einer davon gereinigten Beschleunigungserfahrung relativiert. Daß sich diese Tradition durchhält, erwies sich schließlich an der Unverzichtbarkeit millenarischer Symbolik für die Erfahrung des Handlungsdrucks.

V.

Die wachsende Bedeutung des Zeitfaktors, insbesondere von Geschwindigkeit und Beschleunigung, im Recht wurde ausführlich illustriert. Offen blieb die rechtliche Bedeutung der These, daß die Erfahrung von Geschwindigkeit und Beschleunigung eschatologisch geprägt ist. Dem soll abschließend nachgegangen werden, indem den folgenden Einwänden entgegnet wird: (1) das Recht sei indifferent gegen millenarische Symbolik; (2) die Differenzierung nach Modalprinzipien sei im juristischen Kontext unbrauchbar.

---

120 *Moser*, Fastnacht, Fasching, Karneval: das Fest der verkehrten Welt. Graz, Wien, Köln 1986, 165 ff. (171).
121 *Koselleck*, aaO. 94 f.
122 Demgegenüber finden sich bei den Propheten des Alten Testaments noch auf konkrete historische Situationen bezogene Anklagen.
123 »Ein falsches Bewußtsein kann also durchaus richtig eine Katastrophen*atmosphäre* wahrnehmen, ohne sie begreifen und bearbeiten zu können«, *Martin*, aaO. 25.

1. Für den ersten, einfacher zu entkräftenden Einwand ist zunächst auf das rechtliche Interesse innerhalb der eschatologischen Tradition hinzuweisen. Daß die Gerichtssituation in der Prophetie hervorgehoben wird und im einzelnen zahlreiche Klagen über Rechtsverstöße geführt werden, bedarf keiner näheren Erläuterung. Auch in der Apokalyptik geht es zwar um die »letzten Dinge«, aber selbst hier spielen rechtliche Fragen eine zentrale Rolle, was die Dominanz der Gerichtsmetapher bezeugt [124]. Diese Hinweise könnte man materialreich aufarbeiten. Stattdessen soll ein Beispiel unserer Tage zeigen, daß das Recht gegen millenarische Symbolik keineswegs indifferent ist. Der Verfassungsrechtler und Rechtsphilosoph *Hofmann* greift angesichts der ökologischen Herausforderung bewußt auf die eschatologische Symbolik zurück, wenn er auf die Katechontik rekurriert und das Recht zum »Aufhalter« der Beschleunigung, zum Katechon der Erdverwüstung machen will [125]. Er propagiert damit im juristischen Kontext, wozu auch in der Kulturkritik aufgerufen wird [126].

---

[124] »Es finden sich«, so stellt *Rössler*, Gesetz und Geschichte, 1962, 45 schon für das Schrifttum der jüdischen und frühchristliche Apokalyptik fest, »eine Fülle von Aussagen zu theologischen Themen etwa über das Gesetz, die Gerechtigkeit, Sühne und Leiden. Nicht allein der formale und literarische, sondern vor allem der theologische Zusammenhang dieser Texte wird negiert und zerrissen, wo man versucht die Apokalyptik auf ein Konvolut eschatologischer Vorstellungen zu reduzieren.« – Der Apokalyptiker weigert sich indes – entsprechend seiner heterodoxen Zuordnung von Natur und Gnade – die klassische Differenzierung von Recht und Liebe zu übernehmen.

[125] *Hofmann*, JZ 1988, 278. Katechontik ist die Lehre vom »Aufhalten« eines Prozesses, der sich beschleunigt auf ein Ende zubewegt. Der Begriff des Katechon kommt an prominenter, immer wieder gedeuteter Stelle des Neuen Testaments zum Tragen. 2 Thess. 2, 6–7 gehört zu den dunkelsten Stellen der paulinischen Briefe. Problematisch ist bereits die Zuordnung der Begriffe to katechon »das, was aufhält« und ho katechon »der Aufhalter«. Richtigerweise ist es der göttliche Heilsplan und als Aufhalter die Person Gottes, die die anbrechende, der Parusie Christi vorgeschaltete Herrschaft des Antichristen verzögern; vgl. *Strobel*, aaO. 107 und ihm folgend *Trilling*, Untersuchungen zum zweiten Thessalonicherbrief, Leipzig 1972, 94–101 sowie neuerdings *Aus*, God's Plan and God's Power: Isaiah 66 and the Restraining factors of 2 Thess 2:6–7, JBL 96 (1977) 537–53 mit Verweis auf Jes. 66,9. Strobel stellt das Katechon in den Zusammenhang mit Hab.2,3 und damit in die jüdische Tradition; das urchristliche Verzögerungsproblem könne ohne die Zusammenhänge mit der spätjüdischen Apokalyptik nicht behandelt werden. Zur Geschichte dieser Lehre *Freyer*, Weltgeschichte Europas, 2.Bd. 1948, 616 ff.

[126] *Kamper*, aaO. 47 (»Verlangsamung der Bewegung des Denkens statt der weiteren Beschleunigung«). Daß in Kampers Augen heute »möglicherweise nur noch der Bruch dieses Rahmens, der aus heilsgeschichtlichen oder fortschrittsmythischen Mustern besteht« hilft (aaO. 44), und er gleichwohl mit der Katechontik ein Element dieser Muster empfiehlt, ist bemerkenswert.

Würde man darin nur eine sinnvolle Mahnung erblicken, könnte man die Frage, wie mit eschatologischer Symbolik fruchtbringend und kontrolliert umzugehen ist, beiseite lassen. Der Rekurs auf den Begriff des Katechon enthält freilich mehr. Mit ihm wird da angesetzt, wo die Beschleunigung des geschichtlichen Prozesses seinen geistes- und realgeschichtlichen Ausgangspunkt nahm[127]. Die Frage, ob der Rekurs kontrollierbar bleibt, harrt demnach einer Antwort. Diese muß sich aus dem oben dargelegten Verständnis von Eschatologie ergeben, das anhand des »offenen« Modalprinzips gewonnen wurde. Aussagekraft und Kontrollierbarkeit des Rückgriffs auf die millenarische Symbolik hängen so an der Ergiebigkeit dieses Prinzips[128].

2. Daß es in juristischer Hinsicht durchaus fruchtbar gemacht werden kann, bedürfte einer eigenen Untersuchung[129]. An dieser Stelle soll, ohne den Rahmen dieses Beitrags zu sprengen, die Fruchtbarkeit der eingeführten Dichotomie von Modalprinzipien in kursorischen Analysen der in Abschnitt II skizzierten Phänomene erwiesen werden.

a. Dafür liefert der ursprünglich philosophische[130] Begriff der *Zurechnung* im Strafrecht ergiebiges Material[131]. So läßt sich anhand unserer

---

[127] Das Recht zum Katechon zu machen, liegt i.ü. auch im Zusammenhang mit der Interpretationsgeschichte zu 2 Thess. 2,6–7 nicht fern: Über viele Jahrhunderte hinweg galt die auf *Tertullian* zurückgehende Auslegung, wonach das Gesetzmäßigkeit und Recht garantierende römische imperium das Aufhaltende wäre.

[128] Bezweifelt der Leser letztere nicht, dann mag er den folgenden Abschnitt (V 2) als bloßen Anhang betrachten.

[129] Für philosophische und rechtsphilosophische Ergiebigkeit der Differenzierung am Beispiel des philosophischen Pragmatismus, *Schulz*, aaO. passim.

[130] Eine allerdings noch ethische Zurechnungslehre entwickelt bereits *Aristoteles*. Für das Strafrecht markiert den wichtigsten Einschnitt *Pufendorfs* Zurechnungslehre, deren Zurechnungsbegriff theologischen Ursprungs ist (*Welzel*, Die Naturrechtslehre Samuel Pufendorfs, 1958, 84 Fn 4) und die auf der Dichotomie von quaestio facti (die entia physica betreffend) und quaestio iuris (die entia morales betreffend) aufbaut; *Hruschka*, ZStW 96 (1984) 661 ff., dort auch zur Geschichte von imputatio iuris und imputatio facti bis Feuerbach (aaO. Anhang II, 692 ff.); zur Geschichte der Zurechnungslehre neuerdings mit Augenmerk auf das »Vorverschulden« *Hettinger*, Die »actio libera in causa«, 1988, 57 ff.

[131] Zur objektiven Zurechnung *Lenckner* in: Schönke/Schröder, StGB, Rn 71 ff vor §§ 13 ff. – Kritisch zur Zurechnung im objektiven Tatbestand der Vorsatzdelikte *Hirsch*, Festschr. der Rechtswissenschaftlichen Fakultät der Universität Köln, 1988, 399 (403 ff.); *Schroeder*, in: Leipziger Kommentar StGB, 10. Aufl. (1985), § 16 Rn 25 ff. Die Rspr. bekennt sich zwar im Bereich der Vorsatzdelikte noch immer nicht zur Zurechnungslehre, allerdings hat das *BayObLG* in seiner jüngst ergangenen Aids-Entscheidung (NStZ 1990, 81) die vom *BGH* 1984 für die Fahrlässigkeitsdelikte

Differenzierung der Begriff des zuzurechnenden Risikos erläutern, der für die objektive und die subjektive Zurechnung zentral ist[132]. Von den problematischen Fallkonstellationen sei hier beispielhaft eine herausgegriffen, in der der Zeitfaktor eminente Bedeutung beansprucht: die Haftung des Ersttäters für Zweit- oder Folgeschäden. Diese Konstellation wurde vor allem anhand des zum Tode führenden Fehlverhaltens eines Arztes im Anschluß an die Ersthandlung einer Körperverletzung diskutiert[133]. Dabei geht es auch hier um das Anliegen der Zurechnunglehre, gemäß dem Schuldprinzip eine Erfolgshaftung im Sinne des kanonistischen *versari in re illicita* zu vermeiden. Ob dies gelingt, ist, um einen Grenzfall zu nehmen, zweifelhaft beim normativen Begriff der »Modellgefahr« von *Jakobs*, der damit eine restriktive, wenn auch sehr klare Deutung des klassischen Modalprinzips liefert: Der Täter haftet für eine von ihm eröffnete, grundsätzlich realisierte Möglichkeit, soweit nicht das ärztliche Fehlverhalten außerhalb des typischen Verletzungsrisikos liegt[134]. Die Frage heißt grundsätzlich, ob das durch die Ersthandlung bewirkte Risiko durch eine neue Gefahr »verdrängt« wird. In Grundzügen läßt sich so festhalten: Zugerechnet werden Abläufe im Rahmen des klassischen Möglichkeitsmodells. Entlastet wird der Täter im alternativen

anerkannte Zurechnungsfigur der autonomen Selbstgefährung (*BGH* NStZ 1984, 452) auf einen Vorsatzfall übertragen (von *BGHSt* 36, 1 noch offengelassen).

132 Die Zurechnungslehre, die seit ihrer Wiederbelebung durch *Roxin* (Honig-Festschr. 1970, 33) in den letzten zwei Jahrzehnten sehr diffizil geworden ist, verlangt grundsätzlich im ersten Schritt die Schaffung eines rechtlich mißbilligten Risikos, das heißt unter rechtlich qualifizierten unrealisierten Möglichkeit, und im zweiten Schritt einen Realisierungs- bzw. »Risikozusammenhang«. Dadurch wird gewährleistet, daß die Haftung für eine Rechtsgutsverletzung immer durch die Gefahr vermittelt ist, auf der sie beruht. – Eine Definition des Dispositionsbegriffs Risiko setzt eine modaltheoretische Analyse voraus, für die die eingeführte Dichotomie der Modalprinzipien herangezogen werden kann.

133 Nachweise bei *Frisch*, Tatbestandsmäßiges Verhalten und Zurechnung des Erfolges, 1988, 423 ff.

134 *Jakobs*, Studien zum fahrlässigen Erfolgsdelikt, 1972, 92 ff. Dem hält die überwiegende Meinung entgegen, daß man nur mit leichten oder mittleren Kunstfehlern eines Arztes rechnen müsse; auf die Frage von Tun oder Unterlassen stellt *Rudolphi* ab (in: SK StGB, vor § 1 Rn 74), der nur bei pflichtwidrigen Unterlassungen des Arztes zurechnen will. – Dieses Zurechnungsproblem stellt sich im übrigen bei genauerer Betrachtung selbst dann, wenn man in der objektive Zurechnung ein Problem des Vorsatzes und damit der subjektiven Zurechnung erblickt. So verlangt *Schroeder*, in: Leipziger Kommentar § 16 Rn 31, daß die Ersthandlung »konkret erfolgstauglich«, das Opfer also bereits tödlich verletzt sein muß; dann kann eine »Beschleunigung« des Todes die Zurechnung nicht ausschließen.

Modell, das mit hinzukommenden, »neuen« Möglichkeiten umzugehen weiß. In der Antwort der Frage, wann letztere vorliegen, gehen die Deutungen auseinander[135]. Von den typischen Konstellationen unter den Folgeschäden hat die Fallgruppe der Spätschäden durch die Aids-Fälle eine bemerkenswerte Variante erfahren, in der der Zeitfaktor als solcher für den Zurechnungsausschluß in Betracht gezogen wird. Während man bei den »Dauerschäden« (das kletterbegeisterte Opfer verliert durch die Ersthandlung ein Bein und stürzt Jahre später bei einer Klettertour infolge der Beinamputation tödlich ab) noch plausibel von einer »Ausheilung der Primärverletzung« spricht[136], entfällt diese Konstruktion bei Aids, wo man das Zurechnungsband alleine aufgrund der langen Latenzzeit von durchschnittlich zehn oder mehr Jahren kappen müßte[137]. Wenn dies mit Hinweis auf den »Prozeß der Geschichtswerdung« getan wird[138], dann wird damit zwar eindringlich auf die Bedeutung des Zeitfaktors hingewiesen, die Lösung selbst vermag indes nicht zu befriedigen[139]. Innerhalb des klassischen Modalprinzips, das sich zur Erfassung dieser Fallkonstellation eignet, spielt der Zeitfaktor keine konstitutive Rolle. Aus dem reichhaltigen Material der Zurechnungslehre sei mit dem erfolgsqualifizierten Delikt am Beispiel des § 226 StGB ein weiterer Anwendungsfall herausgegriffen. Das hier von der Rechtsprechung und herrschenden Lehre eingeführte Zurechnungskriterium der Unmittelbarkeit des qualifizieren-

---

135 Dies gilt entsprechend für die Konstellation eines Fehlverhaltens beim Opfer.
136 *Rudolphi* in: SK StGB Rn 77 vor § 1; zwingend ist diese Begründung allerdings nicht; *Frisch*, aaO. 496.
137 Dieses Zurechnungsproblem ist, wie immer es gelöst wird, im Regelfall praktisch ohne Bedeutung, da schon aufgrund der Beschleunigungsmaxime mit dem Prozeß nicht gewartet werden darf und es prozessual zur Rechtskraft kommt. Wenn also in einem Aids-Fall der Täter im Anschluß an *BGHSt* 36, 1 wegen versuchter gefährlicher Körperverletzung verurteilt wird und das Opfer stirbt Jahre später an der Infektion, bleibt eine Ergänzungs- oder Vervollständigungsklage nach h.L. außer Betracht; aA *Roxin*, Strafverfahrensrecht, 22. Aufl. (1991) § 50 B II 4 b m.N.
138 *Schlehofer*, NJW 1989, 2017 (2025). Das Kriterium der Geschichtlichkeit bleibt bei Schlehofer zu vage, um überzeugen zu können; sein Eingeständnis, daß das Urteil, weil es dabei letztlich um Abwägung ginge, »oft schwanken und das Rechtsgefühl mit einem ‚Schuß irrationaler Erwägung' den Ausschlag geben [wird]«, zeigt dies deutlich. Zutreffend ist es, wenn er feststellt, daß der Zeitfaktor per se nach dem gegenwärtigen Zustand der Zurechnungslehre ohne Belang sei (2022).
139 *Frisch*, JuS 1990, 365 f. mit Strafzumessungslösung, ebenso *Silva-Sanchez*, GA 1990, 206, der den Risikozusammenhang bejaht und den Unrechtsgehalt gemindert sieht: »Es ist auch zu bedenken, daß ein zeitlicher Begriff des Rechtsguts 'Leben' als derjenigen Zeitspanne, die das Opfer (zum Zeitpunkt der Handlung) noch zu leben hätte, eine Abstufung der Angriffe auf besagtes Rechtsgut durchaus zuläßt« (215).

den Erfolgs zur geschaffenen Gefahr läßt sich nach den eingeführten Modalprinzipien konkretisieren. Deutet man sie anhand des Prinzips, wonach alle Möglichkeiten grundsätzlich vorgegeben sind, ergibt sich das sog. Letalitätserfordernis, demzufolge die Verwirklichung des Grunddelikts einer Körperverletzung als solche tödlich sein muß. Das »klassische« Prinzip führt damit zu einer leicht überschaubaren, rigiden Lösung. Kombiniert man dieses Prinzip mit dem zweiten, wonach neue Möglichkeiten hinzukommen können, lassen sich flexiblere Lösungen denken, die zusätzliche, vom Täter nicht verursachte und mit seinem Handeln dennoch im Zusammenhang stehende Risiken integrieren [140].

b. Die Regeln der objektiven Zurechnung schlagen sich auch im *Prozeßrecht* dort nieder, wo sich die Kausalitätsfrage ergibt, z.B. die Frage nach der Kausalität eines Verfahrensverstosses für das Urteil im Revisionsverfahren. Der Kausal- und Zurechnungszusammenhang wirft besondere Schwierigkeiten bei der sog. Fernwirkung auf. Muß man in den einschlägigen Fällen die Kausalität zwischen rechtswidriger Ermittlung und mittelbar gewonnenem Beweisergebnis auch bejahen, so soll dies nach einer vermittelnden Ansicht in zwei Fallkonstellationen nicht den Ausschlag geben: wenn das mittelbar gewonnene Beweisergebnis alternativ aus einem eigenständigen und legalen, »sauberen« Erkenntnisvorgang hergeleitet werden kann – oder aus einem hypothetischen Vorgang, soweit er in den Ermittlungen bereits vor der rechtswidrigen Maßnahme angelegt war; dies entspricht der amerikanischen »inevitable discovery doctrine«, die einen »hypothetic clean path« als einer »imminent, but in fact unrealized source of evidence« fordert [141]. Diese Formulierung verweist wörtlich auf das klassische Modalprinzip, das hier die Relevanz eines hypothetischen Kausalverlaufs begründen hilft.

---

140 Vgl. *Wolter*, JuS 1981, 168 (171 ff.) mit einer Übersicht über die bislang entwickelten Konkretisierungen der »Unmittelbarkeit« und einem eigenen Vorschlag (»vorsatz- bzw. grunddeliktsadäquates« und zugleich »zwangsläufiges«, besonders hohes Todesrisiko, das sich im Qualifikationserfolg realisiert). Einprägsam, wenn auch konkretisierungsbedürftig ist die auch zur Lösung der »Folgeschäden« herangezogene Unterscheidung von Folgen, die »im Zusammenhang« mit dem Grunddelikt oder nur »bei Gelegenheit« eintreten (und nicht zugerechnet werden können).

141 Verweise bei *Rogall*, in: SK StPO (2. Lfg. 1987), § 136 a Rn 96, vgl. auch *ders.*, NStZ 1988, 385 (392) in Anknüpfung an *Wolter*, NStZ 1984, 275 und *Schlüchter*, JR 1984, 514 (519 ff.). Diese Ansicht vermittelt zwischen den Befürwortern der »fruit of the poisonous tree doctrine« und den Gegnern einer Fernwirkung.

Bleiben wir noch im Prozeßrecht: Die Beschleunigungsmaxime im Strafprozeß kann, bringt man letzteres Prinzip zur Anwendung, die schnellere Realisierung der anlagemäßig vorgegebenen Möglichkeit »Urteil« meinen [142]. Das Urteil ist hier das Erkennen eines Sachverhalts, ist ein »Erkenntnis« im klassischen Verständnis, der Prozeß »deklaratorisch« [143]. Komplexer als in diesem juristischen Determinismus wird der Sachverhalt, wenn man im Urteil nicht eine grundsätzlich gegebene Möglichkeit erblickt, sondern eine Möglichkeit, deren Struktur erst im Zuge des Prozesses zutage tritt, die Argumentation während des Prozesses also »konstitutiv« für das Urteilen wird [144].

c. In der *subjektiven Zurechnung* geht es um die innere Beteiligung des Handelnden an den Vorgängen im Außen. Nur indirekt spielt deshalb die Qualifikation der tatsächlichen Möglichkeit eines Schadens eine Rolle, ein vages Kriterium, für dessen Präzisierung sich die besagte Differenzierung von Modalprinzipien heranziehen läßt. Entscheidend ist freilich das Verständnis der Möglichkeit im Täter, womit sich hier die Frage der Erfah-Erfahrungsformen ergibt [145]. Der Vorsatz entfällt bei einem Irrtum. Während *Kaufmann* in diesem Bereich der subjektiven Zurechnung die Parallelwertung in der Laiensphäre dynamisieren will [146], liefert *Kuhlen* einen kühnen Versuch, die Irrtumslehre im vordergründigen Rückgriff auf die reichsgerichtliche Lehre vom außerstrafrechtlichen Irrtum neu zu strukturieren und damit die von Kaufmann beklagte Statik der Parallelwertung durch eine Radikalkur zu beseitigen [147]. Dabei geht es ihm darum, den

---

[142] vorausgesetzt, das Verfahren kommt nicht wie in den überwiegenden Fällen vorher durch Einstellung oder im summarischen Verfahren zu einem Ende.

[143] Zur Differenzierung von »deklaratorischem« und »konstitutivem« Prozeßverständnis, die auf Kelsen zurückgeht, *Marxen*, Straftatsystem und Strafprozeß, 1984, 35 ff.; sie entspricht der Dichotomie von Rechtsanwendung und Rechtsfindung.

[144] Dem Modell des juristischen Determinismus, dem modaltheoretisch das klassische Prinzip zugrunde liegt, folgt auch *Larenz*, Methodenlehre der Rechtswissenschaft, 6. Aufl. 1991, 402 ff., selbst wenn er die Erkenntnisleistung des Richters als eine schöpferische erachtet.

[145] Der Vorsatz als die Entscheidung für die Rechtsgutsverletzung ist ein weiterer Dispositionsbegriff, dessen Bestimmung ohne ein normatives Fundament nicht auskommt; s. *Hassemer*, Armin Kaufmann-Festschr. 1989, 289. Zum Zurechnungsmoment, das freilich nicht zur Konstruktion von Wirklichkeit im Sinne des Labeling-Ansatzes führt, s. *Hruschka*, Kleinknecht-Festschr. 1985, 191 (201).

[146] Die Parallelwertung in der Laiensphäre, 1982

[147] Die Unterscheidung von vorsatzausschließendem und nichtvorsatzausschließendem Irrtum, 1987; dazu die Rez. von *Puppe*, ZStW 102 (1990) 893, bes. 898 f.

Einzelnen angesichts der wachsenden Unübersichtlichkeit des Rechts von Informationsrisiken zu entlasten[148]. Sich von der herrschenden Dogmatik um Tatbestandsirrtum und Irrtum über die Rechtswidrigkeit lösend, stellt er im Grunde nur darauf ab, ob ein strafrechtlicher Tatbestand eine »statische« Verweisung auf das Kernstrafrecht selbst enthält oder eine »dynamische« Verweisung auf Strafgesetze, die »zum jeweiligen Handlungszeitpunkt gelten«. Anhand des damit zentralen »Kriteriums der Zeitstruktur« kommt *Kuhlen* zwar zu ähnlichen Ergebnissen, wie sie die Lehre von der Parallelwertung in der Laiensphäre erzielt, aber er tut dies mittels einer einfachen Struktur, die in der offenen Einführung des Zeitfaktors gründet und mit der diffizile Unterscheidungen der herrschenden Lehre wie jene von deskriptiven und normativen Tatbestandsmerkmalen sowie von Blankettverweisungen relativiert werden. Das Kriterium der Zeitstruktur[149] spiegelt rechtstheoretisch eine Absage an die Substituierbarkeitsthese, wonach sich Verweisungsbegriffe ohne Veränderung des Schutzbereichs eines Tatbestands grundsätzlich durch die entsprechenden Verweisungsnormen substituieren lassen[150], und führt in eine konsequente »Entsubstantialisierung«[151]. Modaltheoretisch ist es eine Absage an das klassische Modell, wonach alle Möglichkeiten bereits vorgegeben sind. Mit ihm kommt, in anderen Worten, das offene Möglichkeitsmodell im Rahmen der subjektiven Zurechnungslehre systematisch zur Geltung.

In unseren Ausführungen zur Zurechnung im Tatbestand trat zutage, daß sich die Zurechnungslehre der durch das geschichtsmächtige eschatologische Möglichkeitsprinzip hervorgerufenen Dynamik der Lebensverhältnisse, die aufgrund der traditionellen Kausal- und Vorsatzlehre offen oder verdeckt zuungunsten des Täters ausschlägt, mit konstruktiver Phantasie stellt. Sie bemüht sich in ihren Antworten, die beiden Modalprinzipien in eine flexible, dialektische Zuordnung zu bringen und damit sachangemessene Lösungen zu erreichen. Dabei werden durch das klassische Prinzip zu erfassende Abläufe als im »Risikozusammenhang«[152]

---

148 aaO 404 f.
149 aaO 370 ff.
150 aaO 369 f. in Auseinandersetzung mit *Burkhardt*, JuS 1980, 469 (472). Dahinter steht die Frage der Eliminierbarkeit von Rechtsbegriffen, vgl. *Neumann*, Rechtsontologie und juristische Argumentation, 1979, 56 ff.
151 aaO. 400.
152 Wenn von verschiedener Seite versucht wird, z.B. die Konstellation der Spätfolgen aus dem »Risikozusammenhang« heraus und in den Gefahreröffnungszusammenhang hinein zu bringen, so hat das vorwiegend mit Folgen für die Anforderungen an die subjektive Zurechnung zu tun; vgl. *Frisch,* aaO. 496, der die Gefahreröffnung sogar aus der »Zurechnung« herausnimmt und als Frage des »tatbestandsmäßigen Verhaltens« behandelt.

stehend zugerechnet, während das konkurrierende Prinzip Tatbestandseinschränkungen zuläßt[153]. Wenn auch die bislang gesicherten Ergebnisse der sog. Chaos-Forschung, die auf ihre Weise in den Naturwissenschaften das »offene« Modalprinzip umsetzt, in der Strafrechtsdogmatik noch nicht rezipiert sind, mag es gut sein, »daß die moderne Zurechnungslehre mit ihren vielfältigen Möglichkeiten, die angestammte Kausalitätslehre zu korrigieren, eine kongeniale Parallele zu modernen naturwissenschaftlichen Auffassungen ist«[154].

d. Der vielfach ausstrahlende *Wandel des Gesetzesbegriffs* läßt sich philosophisch deuten anhand der zwei Modalprinzipien. Das »klassische« Prinzip, wonach alle Möglichkeiten grundsätzlich gegeben sind, gestattet einen »harten« Begriff von Gesetz, während das konkurrierende Prinzip, das neue Möglichkeiten hinzukommen läßt, einer gewissen Unbestimmtheit Raum gibt und zu einem »weichen« Gesetzesbegriff im Sinne von Regularität führt. Das soll am Gesetzlichkeitsprinzip im Strafrecht, das davon unmittelbar betroffen wird, erläutert werden.

Dieses Prinzip wird nicht nur in materieller Hinsicht tangiert, sondern auch im Prozeßrecht im Rahmen des Legalitätsprinzips gem. § 152 Abs. 2 StPO. Die Zunahme von Opportunitätsregelungen hat es in eine »Legitimitätskrise« gestürzt[155], aus der es nur herausfinden kann, wenn die Beziehung zum materiellen Recht, vor allem zur Theorie der Strafe und zum Verfassungsrecht überzeugend hergestellt wird[156].

Nicht weniger wichtig sind die Folgen der Erschütterung des klassischen Gesetzesbegriffs für den Tatbestand in seiner Garantiefunktion[157]. Hier ist eine *Logik der Vagheit* vonnöten, die vermeidet, daß neuerdings Willkür da Einzug hält, wo sie durch dieses Prinzip ausgeschlossen wurde[158]. Dabei geht es um die wachsende Unbestimmtheit, die nicht nur aus

---

153 Ausweitungen der Zurechnungslehre auf die Fälle des »Vorverschuldens« oder auf den Problemkreis von Täterschaft und Teilnahme sollen hier dahinstehen.
154 *Naucke*, ZStW 102 (1990), 92.
155 s.o. Kap. II 1 und 5, N. in Fn 76.
156 Vgl. den Hinweis bei *Wolter* in: SK StPO, Rn 13 vor § 151. Verfassungsrechtlich wird das Prinzip sowohl aus der Gerechtigkeit als Gleichbehandlung gem. Art. 3 GG (vgl. *BVerfGE* 46, 215, 222 f.; auch 49, 24, 57) als auch aus der Rechtssicherheit begründet. Letztere ergibt sich aus dem Rechtsstaatsprinzip gem. Art. 20 Abs. 3 GG. Eine besondere Ausprägung des staatsrechtlichen Legalitätsprinzips im Strafrecht enthält Art. 103 Abs. 2.
157 Auf das Moment des Experimentellen wurde oben in Kap. II 2 und vor allem II 4 hingewiesen.
158 *Naucke*, JuS 1989, 862.

der Zunahme von normativen Tatbestandsmerkmalen erwächst, sondern auch aus den Blankettatbeständen und gesamttatbewertenden Merkmalen[159].

Mit dem Tatbestand ist, um eine weitere Abstaktionsstufe zu beschreiten, die strafrechtliche Systembildung, das Straftatsystem insgesamt betroffen. Angesichts der geschilderten Phänomene scheint ein »geschlossenes System«, das *Beling* oder *v. Liszt* noch fordern konnten[160] und mit dem die Garantiefunktion des Tatbestands am besten gewahrt wäre, unerreichbar[161]. Zwar mag man etwa einen »rechtsfreien Raum« zwischen Unrecht und Schuld, mit dem das »offene« Möglichkeitsprinzip an einer für die Identität des Straftatsystems entscheidenden Stelle bemüht würde, noch mit guten Gründen zurückweisen[162]. Der insgesamt zu beobachtenden Verflüssigung wird man mit einem Rekurs auf die Geschlossenheit nicht mehr begegnen können.

Ausdrücklich propagiert wird ein offenes System von den Vertretern eines »zweckrationalen« oder »funktionalen« Strafrechtssystems[163]. Wie ergiebig dieser Ansatz, der sich durch eine enge Wechselwirkung zwi-

---

159 Zum Aufkommen und zur stetigen Ausweitung der normativen Tatbestandsmerkmale in diesem Jahrhundert *Engisch*, Mezger-Festschr. 1954, 127, darin auch der wichtige Hinweis, daß diese Merkmale nicht ohne weiteres die Unbestimmtheit von Begriffen spiegeln (142 f.). Gesamttatbewertende Merkmale zuzulassen, heißt nicht, »offene Tatbestände« im engen Sinn zu befürworten, für die sich *Welzel* aussprach; krit. *Roxin*, Offene Tatbestände und Rechtspflichtmerkmale. 2. Aufl. 1970. Siehe auch die oben in Kap. II gegebenen Hinweise.
160 *v. Liszt*, Lehrbuch des deutschen Strafrechts, 21./22. Aufl. 1919, Vorwort; zu *Beling*, der den Systembestandteilen Handlung, Rechtswidrigkeit und Schuld das Merkmal der Tatbestandsmäßigkeit hinzufügte und damit die »klassische« Version des Straftatsystems formulierte, *Jescheck*, aaO. 180 f. und eingehend *Marxen*, aaO. 83 ff. Diese Trias, zumindest aber die Unterscheidung von Unrecht und Schuld, geben dem Straftatsystem seine unbestrittene Identität.
161 Dagegen *Hirsch*, aaO. [Fn 131], der sich bereits gegen die Zurechnung im objektiven Tatbestand richtet.
162 s. Kap. II 2, Fn 47–49.
163 *Schünemann*, Einführung in das strafrechtliche Systemdenken, in: ders. (Hrsg.), Grundfragen des modernen Strafrechtssystems, 1984, 8 ff., passim. Der Begriff des offenen Systems wird dabei allerdings nur vage bestimmt: »So daß – alles in allem – das Ideal der strafrechtlichen (wie auch allgemein der rechtswissenschaftlichen) Systembildung von einem 'offenen System' repräsentiert wird, das die in der wissenschaftlichen Auseinandersetzung erzielten, gesicherten Erkenntnisse ordnet und bewahrt, gegenüber einer Modifizierung oder gar Umstürzung durch neue Problemlösungen oder neue inhaltliche Erkenntnisse aber nicht immunisiert ist« (18).

schen präventivem Strafzweck und Deliktsaufbau charakterisieren läßt, ist, muß sich noch erweisen[164].

Bedenklich ist, wenn die »Elastizität« des Systems zur Anpassung an die gesellschaftliche und rechtliche Entwicklung herausgestellt wird. Richtig ist, daß Anpassungsfähigkeit ein wesentliches Moment eines offenen Systems ausmacht. Dazu kommt indes die Wahrung der Identität als gleichzeitiges Erfordernis. Es geht insoweit, paradox gesprochen, um die Offenheit eines geschlossenen Systems. Systemtheoretisch ausgedrückt, bedarf es der Reproduktion des Systems, die ohne Konstanz der Elemente möglich sein soll. Die daraus entstehende Prozessualität ist eine Form der Kommunikation. Sie droht mit der Kategorie der Anpassung verkürzt zu werden[165]. Für die erforderliche Kommunikationsstruktur ist ein Modalprinzip unbefriedigend, in dem die Kommunikation nur als Realisierung von grundsätzlich gegebenen Möglichkeiten begriffen werden kann. Eine befriedigendere Lösung verspricht demgegenüber die Heranziehung des konkurrierenden Modalprinzips, in dem der Kommunikation ein Freiraum, besser noch »Frei-Zeit« für Neues geboten wird. Dabei gilt es schließlich die Kommunikation für das »Gespräch« zwischen beiden Modalprinzipien offen zu halten.

Als »Institution«, in dem diese Kommunikation räumlich wie zeitlich statthaben kann, liegt der Strafprozeß nahe, wie dies z.B. *Kaufmanns* prozessuales Verständnis der »Parallelwertung der Laiensphäre« zeigt (Zurechnung als *»Kommunikationsprozeß* zwischen Richter und Täter«[166]). Auch für die Straftatsystematik drängt sich der Zusammenhang von »Straftatsystem und Strafprozeß« auf, der die starre Trennung von materiellem und Prozeßrecht dynamisiert[167]. Wenn nun schon der Strafprozeß die Struktur eines Dialogs besitzt, dann liegt der Gedanke nicht fern, daß auch die Sache, die verhandelt wird, dialogischer Natur ist, eben die strafrechtliche Zurechnung selbst[168]. Rechtsmethodisch verbindet sich das Bemühen um ein offenes System im Strafrecht vereinzelt

---

164 zweifelnd *Naucke,* Die Wechselwirkung zwischen Strafziel und Verbrechensbegriff, 1985, 187 Fn 25.
165 Das Strafrecht gestaltet rechtspolitisch zugleich die Wirklichkeit, der es sich anpaßt.
166 *Kaufmann,* aaO. 36 f.
167 Darin liegt der Ansatz der gleichnamigen Untersuchung von *Marxen,* aaO. Die Einwände gegen die starre Trennung von materiellem und Verfahrensrecht mehren sich, vgl. *Hassemer,* Einführung in die Grundlagen des Strafrechts, 2. Aufl. 1990, § 18.
168 Von *Neumann* stammt der Versuch, die dialogische Struktur des strafrechtlichen »Verantwortlich-Machens« selbst begreifbar zu machen; *ders.,* Zurechnung und »Vorverschulden«, 1985.

mit einem Rückgriff auf die mitunter verengt als Methode eines wissenschaftlichen Vorstadiums verstandene *Topik* im Recht[169]. Gerade im Strafrecht tangiert diese allerdings, wenn sie mehr als ein Hilfsmittel sein soll, das Gesetzlichkeitsprinzip.

Es läge nahe, diesen Hinweisen nachzugehen. Mein Anliegen beschränkte sich in diesem abschließenden Abschnitt jedoch darauf, über den Hinweis auf die Bedeutung des Zeitfaktors hinaus die Ergiebigkeit der eingeführten Dichotomie von Modalpinzipien aufzuweisen.

---

[169] Zur Übersicht *Engisch,* Einführung in das juristische Denken, 8. Aufl. (1983), 193 ff.; tendenziös *Schünemann,* aaO 13 f. Der Begriff der Topik ist nicht weniger schillernd als der des Systems. Die Topik als »Problemdenken« und »Innovationsinstrument«, als »operatives« und »pragmatisches« Denken drängt sich nicht nur im Zivilrecht, sondern auch im Strafrecht auf. Bedenkt man etwa das Vorgehen in der jungen Lehre von der objektiven Zurechnung, so liegt im Ermitteln von typischen Fallkonstellationen ein topisches Vorgehen. Das juristische Denken ist immer auch Problemdenken und insoweit topisch; gleichwohl kann die Topik, wie es *Engisch* (ZStW 69 (1957) 601) ausdrückte, »nur das vorletzte, nicht das letzte Wort sein«. Krit. zum Anspruch der Topik, eine Theorie der konsensorientierten Rechtsgeltung zu sein, *Lüderssen,* Coing-Festschr. 1982, 549.

Wissenschaft im Dialog e.V.

Dozenten und Studenten, Schüler und Lehrer im Raum München gründeten 1979 auf private Initiative Wissenschaft im Dialog e.V. als eine unabhängige Vereinigung, die das interdisziplinäre Gespräch fördern, das Verhältnis der Wissenschaft zu Technik, Kultur und Politik verdeutlichen und sie dem Alltag näherbringen will. Schon aus dem Verständnis der Aufgaben, die aus dieser Zielsetzung erwachsen, ergibt sich das Bemühen, neben dem genuin wissenschaftlichen Dialog das Gespräch mit ganz unterschiedlichen Institutionen und Gruppierungen anzustreben. Auch diese Vereinigung kann keinen politikfreien Raum schaffen. Wissenschaftliches Tun für die politische Wirklichkeit aufgeschlossener zu machen, kann aber nicht heißen, diesem die kritische Distanz zu nehmen und politischen Direktiven zugänglich zu machen.

Die in diesem Band dokumentierte Veranstaltungsreihe spiegelt die Arbeit dieser Vereinigung. Zu ihren vielfältigen Tätigkeiten und Programmen gehörten bislang Schwerpunktveranstaltungen zu verschiedenen Aspekten der ökologischen Herausforderung und zu den Themen Zukunft und Utopie, moderne Gehirnforschung und Gentechnologie oder zur Frage der Minoritäten. In Form von »Werkstattgesprächen mit Wissenschaftlern« wurde darüberhinaus versucht, zu aktuellen Themen den heutigen Anforderungen an ein öffentliches Gespräch zu genügen und über den vorherrschenden Scheinpluralismus hinauszugehen. Seit 1986 wirkt WiD als Mitveranstalter an einer internationalen Sommerschule mit, die jährlich gemeinsam mit der Waldviertel-Akademie im niederösterreichischen Raabs a.d.Thaya durchgeführt wird. Eine großangelegte Diskussionsreihe an der Ludwig-Maximilians-Universität und an der Technischen Universität München zum Verhältnis von Universität

Wissenschaft im Dialog e.V.

und Gesellschaft wurde unter dem Titel »Wem nützt die Wissenschaft?« im Deutschen Taschenbuch Verlag veröffentlicht (dtv wissenschaft 4385). Wissenschaft im Dialog e.V. arbeitet als gemeinnütziger Verein zur Förderung der Wissenschaft. Seine Arbeit wird von einem Kuratorium unterstützt. dem folgende wissenschaftliche Beiräte angehören:

Prof. Dr. Claus Bärsch, Duisburg
Prof. Dr. Werner Beierwaltes, München
Prof. Dr. Henrik Birus, München
Dr. Ernst-Ludwig Ehrlich, Basel
Prof. Dr. Olof Gigon, Bern/Athen
Prof. Dr. Hedda Herwig, Duisburg
Prof. Dr. Dietmar Kamper, Berlin
Prof. Dr. Arthur Kaufmann, München
Prof. Dr. Christian Graf von Krockow, Göttingen
Prof. Dr. Allen Podet, Buffalo, USA
Prof. Dr. Wilhelm Vossenkuhl, Bayreuth
Prof. Dr. Falk Wagner, Wien

Geleitet wird das Kuratorium von Prof. Dr. Hans Unterreitmeier, München.

Dem Vorstand gehören an:
Dr. Lorenz Schulz, München/Frankfurt

Dr. Ulrich J. Beil, München
Dr. Wolfgang Müller-Funk, München/Drosendorf (Österreich)

Hinweise

1. Bibliographische Hinweise

Der Beitrag von Günther Heine wurde vorab veröffentlicht in NJW 1990, 2425-2434.

Der Beitrag von Rudolph Rengier wurde teilweise veröffentlicht in NJW 1990, 2506 ff.

2. Biographische Hinweise zum Herausgeber

Dr. Lorenz Schulz, M.A. der Philosophie, ist wissenschaftlicher Assistent. Er promovierte am Institut für Rechtsphilosophie und Rechtsinformatik der Universität München zum Thema Pragmatismus und Recht bei Charles S. Peirce. Er ist Vorsitzender der Münchner interdisziplinären Vereinigung Wissenschaft im Dialog e.V.